如何从原产地淘金

"关务通·原产地系列"编委会◎编著

中国海关出版社

图书在版编目（CIP）数据

如何从原产地淘金/“关务通·原产地系列”编委会编著．—北京：中国海关出版社，2013.10
（“关务通·原产地系列”丛书）
ISBN 978-7-80165-982-8

Ⅰ.①如…　Ⅱ.①关…　Ⅲ.①产地证明书-规则-基本知识②优惠关税-关税政策-基本知识　Ⅳ.①F760.6②F745.0

中国版本图书馆 CIP 数据核字（2013）第 215871 号

如何从原产地淘金

RUHECONG YUANCHANDI TAOJIN

作　　者：“关务通·原产地系列”编委会
出 品 人：杨振庆
总 策 划：谭宁
策划团队：马超　钟刘　郭坤　刘倩　赵中娜
责任编辑：马超
责任监制：王岫岩
出版发行：中国海关出版社
社　　址：北京市朝阳区东四环南路甲 1 号　　邮政编码：100023
网　　址：www.hgcbs.com.cn；www.hgbookvip.com
编 辑 部：01065194242-7554（电话）　　01065194234（传真）
发 行 部：01065194221/4238/4246（电话）　　01065194233（传真）
社办书店：01065195616/5127（电话/传真）　　01065194262/63（邮购电话）
北京市建国门内大街 6 号海关总署东配楼一层
印　　刷：北京京都六环印刷厂　　经　　销：新华书店
开　　本：710mm×1000mm　1/16
印　　张：19.75　　字　　数：301 千字
版　　次：2013 年 10 月第 1 版
印　　次：2013 年 10 月第 1 次印刷
书　　号：ISBN　978-7-80165-982-8
定　　价：90.00 元

前　言

近年来，原产地作为货物经济意义上的“国籍”，在各国对外贸易管理中扮演着越来越重要的角色。随着国际经济分工的逐步深化和国际贸易的快速发展，产品的生产加工往往涉及多个国家或地区，这使得具有“多国成分”的商品随处可见，在国际贸易中所占份额越来越大，判定货物原产地的标准和规则也愈加复杂。在这样的趋势背景下，固步自封或单打独斗都将成为一国经济发展的桎梏，区域经济合作、抱团互赢逐步成为了世界各国的共识。各国间的区域贸易安排、优惠协定如雨后春笋般出现，通过更加优惠的贸易和投资条件，将缔约各方的经济利益紧密联系在一起。经济利益的融合又加强了缔约各方之间的政治和外交关系，从而形成了各种利益共同体。作为国家进出境的监督管理部门，海关为了积极应对国际经贸竞争中的这些新趋势、新挑战，逐步建立起了一整套与中国国情相适应的，与国家产业发展相配套的原产地管理体系，为国家对外经贸的良性、可持续发展提供了优质的基础保障。

随着国际竞争的日趋激烈，世界各国在利用区域贸易安排提升本国企业竞争力的同时，也在充分利用原产地规则制定相应的贸易壁垒来限制、打压外国的竞争者。原产地及其规则涉及面广，复杂度高，我国在这方面的研究不多，国内的企业在了解、适用上存在一定的认知障碍，往往在实际操作中因为面临的问题过多而无所适从，并为此付出了一定的代价。

为了解决企业在实务操作中的种种困惑，帮助企业充分了解、运用原产地规则来快速通关、增效减负，“关务通·原产地系列”编委会组织福州、深圳、拱北三个海关总署原产地管理办公室长期从事海关原产地管理、谈判、政策研究、实施监控等工作的专家执笔，编写了“关务通·原产地系列”丛书。旨在立足海关现行规定，采用通俗易懂的写作手法，从企业角度出发，通过政策解读、操作指引、案例分析、海关提醒等，深入浅出地介绍、宣传海关的制度规范，协助企业防范关务风险和国际贸易风险，帮助企业解决纷繁复杂的关务问题，为企业提供更多的国际贸易信息，助力企业更好地拓展国际市场。

本书作为“关务通·原产地系列”丛书之一，重点选取了我国正在实施的五个优惠贸易协定进行介绍，涉及我国正在实施的所有优惠贸易协定的类型：有双边的自由贸易协定（FTA），如《中国—新西兰自由贸易协定》、《中国—巴基斯坦自由贸易协定》；有单向给惠的特惠措施，如我国给予与我建交的最不发达国家的“特别优惠关税待遇”；有区域优惠贸易安排，如《亚太贸易协定》；有一个主权国家不同关境之间的关税优惠安排，如澳门CEPA。全书按照不同优惠贸易协定分章，每章按照相关协定实施情况、如何充分利用协定享受优惠、企业在利用协定中的常见问题以及潜在商机四个环节进行讲解。在内容编写上，突出各项协定中的关税优惠措施及商机信息。

本书以具有国际视野的进出口商、外贸公司及生产型企业为主要使用对象，其目的是为企业创造一个掌握和运用国际规则的平台，使本国企业通过了解我国与其他国家或地区签订的优惠贸易协定中的原产地规则，充分利用好我国各项关税优惠措施，在竞争激烈的国际贸易中赢得商机，占据主动。

本书具有理论联系实际、实例丰富、应用性强、写作手法灵活的特点。在体例安排上，各章设有内容引言和注解。除援引法律文本外、本书更设置了案例分析、问答、海关提醒、小贴士等，在便于理解的同时，更增加了本书的知识性和趣味性。为使本书内容丰富翔实、科学严谨，编写组搜集整理了大量文献资料，反复研究，几易其稿，精勤不倦，付出了许多宝贵的时间与精力。

由于时间仓促，水平有限，书中不妥之处在所难免，恳请读者批评指正。“关务通”邮箱：guanwutong@ mail. customs. gov. cn。

“关务通·原产地系列”编委会

目　录

第一章　稳定实施的《亚太贸易协定》

世界上人口最多的两个国家中国和印度都是《亚太贸易协定》的成员国，《亚太贸易协定》成员国的人口占到了世界人口的40%。作为亚太地区唯一连接东亚和南亚发展中国家间的区域贸易安排，《亚太贸易协定》的签署，使得各成员国通过关税优惠等措施，扩大相互间贸易往来，从而促进亚太地区的经济发展与合作。由此可见，《亚太贸易协定》项下具有潜在的、巨大的商品市场，因此，进出口企业要充分把握住商机。

小贴士　优惠贸易安排与FTA有什么区别?

优惠贸易安排是指成员国之间通过签署优惠贸易协定或其他安排形式，对全部商品或部分商品给予特别的优惠关税及在服务贸易、投资便利化上特殊优惠的系列协议。

FTA是Free Trade Agreement的英文缩写，即为自由贸易协定，是独立关税主体之间以自愿结合的方式，就贸易自由化及其相关问题达成的具有法律约束力的契约。目的在于促进经济一体化，消除贸易壁垒（例如关税、贸易配额和优先级别），允许货品与服务在国家间自由流动。

第一节　初识《亚太贸易协定》

《亚太贸易协定》（ASIA - PACIFIC TRADE AGREEMENT）的前身是《曼谷协定》，全称为《亚洲及太平洋经济和社会委员会发展中成员国关于贸易谈判的第一协定修正案》。

1975 年，经过近两年谈判，在联合国亚太经济社会委员会（The Economic and Social Commission for Asia and the Pacific，简称联合国亚太经社会，ESCAP）主持下，《曼谷协定》正式签订。成员国为孟加拉国、印度、老挝、韩国和斯里兰卡。

20 世纪 90 年代，在继续推进加入 WTO 进程和积极参与 APEC（亚太经济合作组织）经济合作的同时，我国以地缘经济关系为着眼点和出发点，对加强周边区域经济合作的需求十分迫切。

1994 年 4 月，在联合国亚太经社会第五十届年会上，我国正式申请加入该协定，这对我国加强与东亚及南亚的政治、经济合作具有十分重要的意义。

2001 年 5 月，我国正式成为《曼谷协定》的第六个成员国。《曼谷协定》是我国加入的第一个具有实质性优惠安排的区域贸易协议，是我国参与区域经济一体化建设的里程碑。

加入《曼谷协定》在中国关税史上具有重大意义。一方面，在《曼谷协定》框架下我国第一次根据给予其他国家低于最惠国税率的关税优惠税率；另一方面，我国也是第一次通过关税谈判从其他国家获得关税优惠。中国加入《曼谷协定》后，与其他各成员国的贸易额飞速增长。据海关统计，1994 年我国与《曼谷协定》成员国的贸易额为 133 亿美元，2003 年已发展为 728.6 亿美元。中国的加入，给《曼谷协定》注入了更大的活力，进一步促进了各成员国之间的经贸往来和发展。

2005 年 11 月 2 日，《曼谷协定》第一届部长级理事会在北京举行。会上，各成员国代表共同宣布该协定正式更名为《亚太贸易协定》。《亚太贸易协定》现有成员国为中国、孟加拉国、印度、老挝、韩国和斯里兰卡。

一、关税减让逐轮深化，特惠税率给予孟加拉国

虽然《亚太贸易协定》作为优惠贸易安排，但是其降税清单内的产品

并未涵盖整个《税则》①。即便如此，降税产品在一定幅度内的关税减让，对促进各成员国之间的经济往来还是起到了不可忽视的作用。

（一）关税减让整体情况

1972 年—1975 年，《亚太贸易协定》第一轮关税谈判在曼谷举行。各成员国对 104 个税号的产品相互给予了关税优惠，另外在 15 个税号的产品上还给予了老挝特殊优惠。

1984 年—1990 年，第二轮关税谈判在韩国汉城举行，各成员国在 438 个税号上交换了关税优惠；同时，在 63 个税号上给予了孟加拉国特殊优惠，前两轮具体关税减让情况见图 1－1。

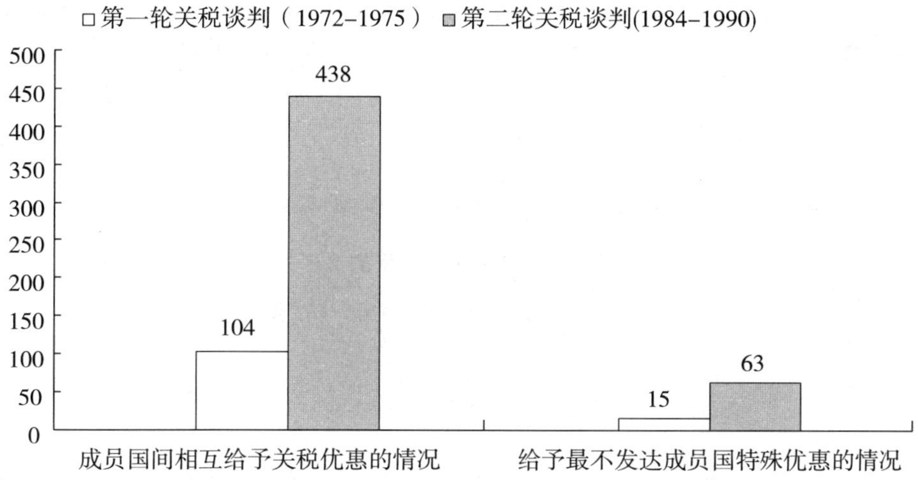

图 1－1　《亚太贸易协定》前两轮关税减让情况

我国在 2001 年成为《亚太贸易协定》成员国，因此，《亚太贸易协定》的第三轮与第四轮关税减让与我国关系密切，从 2006 年 7 月 1 日至今实施的都是第三轮关税减让成果。下面会着重介绍第三轮关税减让的情况，详见表 1－1、表 1－2。

自 2006 年 9 月 1 日起，我国已向其他成员国的 1 717 项 8 位税目产品

① 本书中所提及的《税则》即为《中华人民共和国进出口税则》，均为中国海关出版社出版。

提供优惠关税，平均减让幅度为27%；另外，我国还向最不发达成员国孟加拉国和老挝的162项8位税目产品提供特别优惠，平均减让幅度为77%。同时，根据2005年《税则》计算，我国可享受印度570项6位商品编码、韩国1 367项10位商品编码、斯里兰卡427项6位商品编码和孟加拉国209项8位商品编码产品的优惠关税。

表1－1　第三轮减让我国向其他成员国提供的优惠关税待遇

我国向其他成员国提供的优惠关税待遇（2006年《税则》）				
受惠对象	商品编码数	商品编码位数	平均关税减让幅度	主要产品
印度、韩国、斯里兰卡、孟加拉国、老挝	1 717	8位	27%	农产品、药品、化学品、塑料、纺织品、金属、机电产品等
孟加拉国和老挝	162	8位	77%	农产品、皮革制品、纺织品和服装、小机械产品

表1－2　第三轮减让我国可享受的优惠关税待遇

我国可享受的优惠关税待遇（2005年《税则》）				
成员国	商品编码数	商品编码位数	平均关税减让幅度	主要产品
印度	570	6位	33%	化工产品、木制品、金属制品、机械电气产品
韩国	1 367	10位	35.7%	机械电气产品、塑料制品、精密仪器
斯里兰卡	427	6位	20%	塑料、皮革、纸类、钢铁和机械电气产品等
孟加拉国	209	8位	14%	化工产品、机械电气产品等

第四轮关税减让在2007年开始，谈判成果即将落实。谈判成果一旦落实后，《亚太贸易协定》项下的商品减让清单会扩大，有相关商品进出口

的企业会从中获取更多的关税优惠。

（二）老挝与孟加拉国的特惠税率

在《亚太贸易协定》的文本中对给最不发达成员国的特殊减让是作出规定的，各非最不发达成员国都可以给予最不发达成员国以特殊优惠；同时规定这种特殊优惠不适用于其他非最不发达成员国。《亚太贸易协定》项下的特殊优惠就是给予老挝与孟加拉国的部分原产商品特惠税率，详见表1－3。

表1－3　特惠税率列举

商品编码及商品名称	最惠国税率（%）	协定税率（%）	特惠税率（%）
61033200 棉制针织或钩编的男式上衣	16	12	—
61034200 棉制针织或钩编的男裤	16	13.6	6.4
61044200 棉制针织或钩编的女式连衣裙	16	13.6	—
61044400 人造纤维制针织或钩编的女式连衣裙	16	11.7	—
61045200 棉制针织或钩编的女式裙子及裙裤	14	10.3	—
61046200 棉制针织或钩编的女裤	16	13.6	11.2
61051000 棉制针织或钩编的男衬衫	16	13.6	11.2
61061000 棉制针织或钩编的女衬衫	16	13.6	6.4
61071100 棉制针织或钩编的男内裤	14	—	0
61072200 化纤制针织或钩编的男长睡衣及睡衣裤	16	10.9	—

在2013年《税则》中，我国在《亚太贸易协定》项下给予老挝、孟加拉国可以享受协定税率的原产商品涵盖了1 875个8位商品编码，可以享受特惠税率的商品涵盖了181个8位商品编码。与协定税率相比，特惠税率的降低幅度非常明显，约有六成商品的特惠税率为0。

案例1－1　享受进口税率“折上折”的冻竹荚鱼

以冻竹荚鱼为例，商品编码为03035500，该商品的最惠国税率是15%，《亚太贸易协定》项下协定税率为5%，老挝、孟加拉国两国可享受特惠税率0。如果国内企业进口冻竹荚鱼100万元人民币，从日本进口需交纳关税15万元人民币，从韩国进口只需交纳5万元人民币的关税；如果该企业从孟加拉国进口，则可以免交关税。

小贴士 老挝、孟加拉国享受特惠税率

作为最不发达国家，老挝还同时享有《中国—东盟自由贸易协定》项下的特惠税率，在2013年《税则》中涵盖了325个8位商品编码商品。孟加拉国同时享有我国给予最不发达国家特别优惠关税待遇项下的特惠税率，在2013年《税则》中涵盖了4 318个8位商品编码商品。

海关提醒 进口人进口老挝、孟加拉国的商品享受相关协定下的特惠税率，必须按照相关协定的具体规定办理。例如，享受《亚太贸易协定》项下的特惠税率，必须符合《亚太贸易协定》项下的原产地规则，并申领《亚太贸易协定》规定的原产地证书；享受《中国—东盟自由贸易协定》项下的特惠税率，则应申请《中国—东盟自由贸易协定》规定的原产地证书。

二、受惠货值平稳上升，商品范围逐年拓宽

从2007年至2012年，《亚太贸易协定》项下进口受惠货值总体呈稳步增长态势，进口受惠货值可观。

（一）进口受惠货值总体呈上升趋势

据海关统计，2007年—2012年，我国在《亚太贸易协定》项下进口受惠货物总值达517.31亿美元，关税优惠总金额达45.47亿元人民币。《亚太贸易协定》项下进口受惠货值总体呈稳步增长态势，进口受惠货值在2011年达到峰值，在2012年有所回落。2007年《亚太贸易协定》项下进口受惠货物货值为43.24亿美元，2012年《亚太贸易协定》项下进口受惠货物货值为107.24亿美元，6年间进口受惠货物货值增长了约1.48倍。近几年，《亚太贸易协定》项下进口受惠情况详见图1－2。

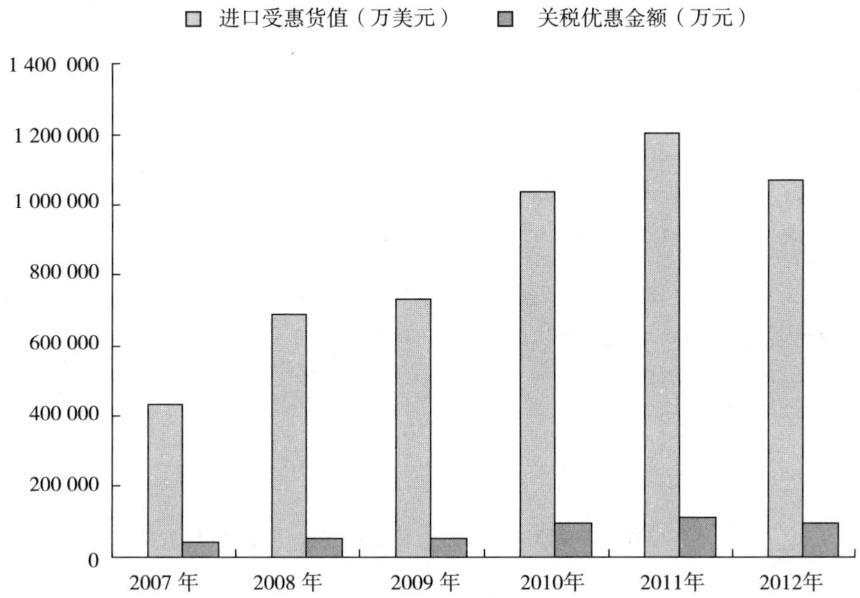

图 1－2　2007 年—2012 年《亚太贸易协定》项下进口受惠情况

（二）进口受惠商品范围不断拓宽

我国实际进口享受《亚太贸易协定》税率的商品，2007 年有 387 个 8 位商品编码商品，2012 年有 546 个 8 位商品编码商品，6 年间受惠商品范围增长了 41%，详见图 1－3。

（三）各成员国受惠进口的情况

2007 年—2012 年，《亚太贸易协定》项下，各国受惠进口总体都呈上升趋势。韩国一直雄踞第一进口受惠国的榜位，进口受惠总值达 489. 5 亿美元，占《亚太贸易协定》各成员国进口受惠总值的九成以上。6 年来，韩国进口受惠货值稳步上升，2011 年受惠货值突破 100 亿美元，2012 年有所回落。6 年来，韩国原产货物享受到的关税总优惠为 39. 46 亿元人民币。详见图 1－4。

印度进口受惠货值除 2009 年表现不佳外，总体呈连年上升趋势。6 年来印度进口受惠总值 25. 7 亿美元，关税优惠金额为 4. 8 亿元人民币，6 年来印度进口受惠货值增长了 4. 5 倍。详见图 1－5。

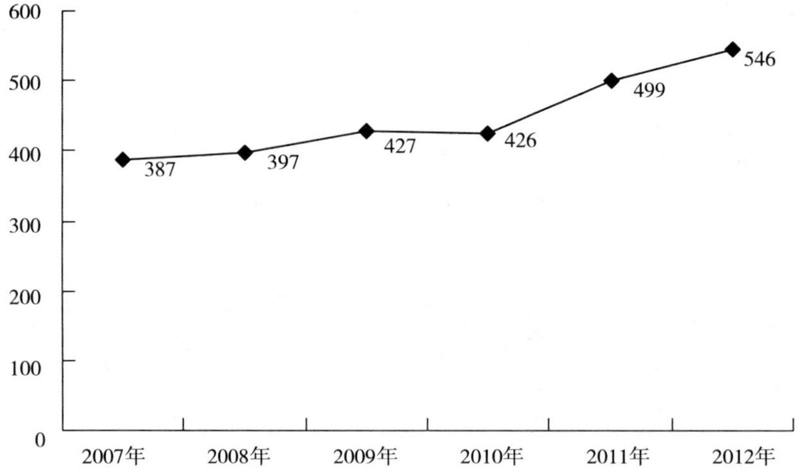

图 1－3　2007 年—2012 年《亚太贸易协定》项下受惠商品数目

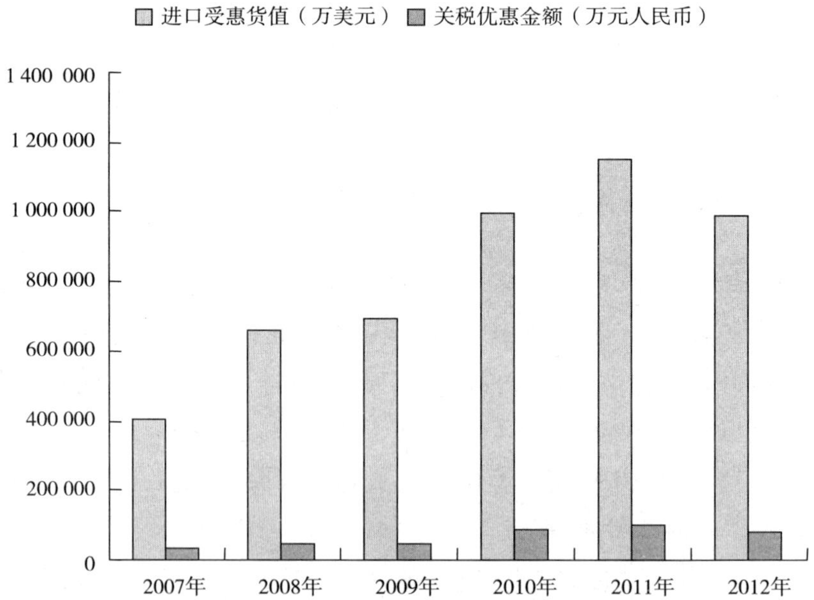

图 1－4　2007 年—2012 年韩国进口受惠货值及关税优惠金额

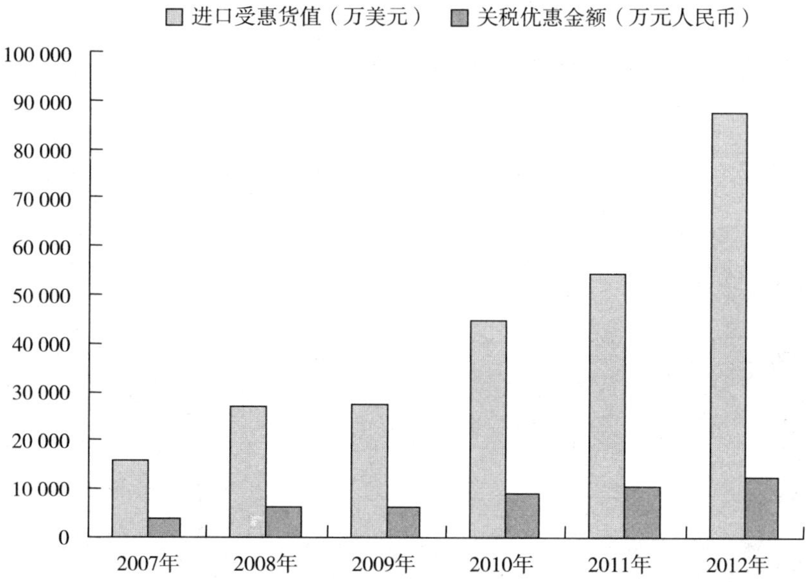

图 1－5　2007 年—2012 年印度进口受惠货值及关税优惠金额

6 年来，孟加拉国进口受惠总值为 3.7 亿美元，关税优惠总金额为 1.23 亿元人民币。孟加拉国进口受惠货值从 2007 年急剧上升，到 2010 年达到峰值后，有所回落。详见图 1－6。

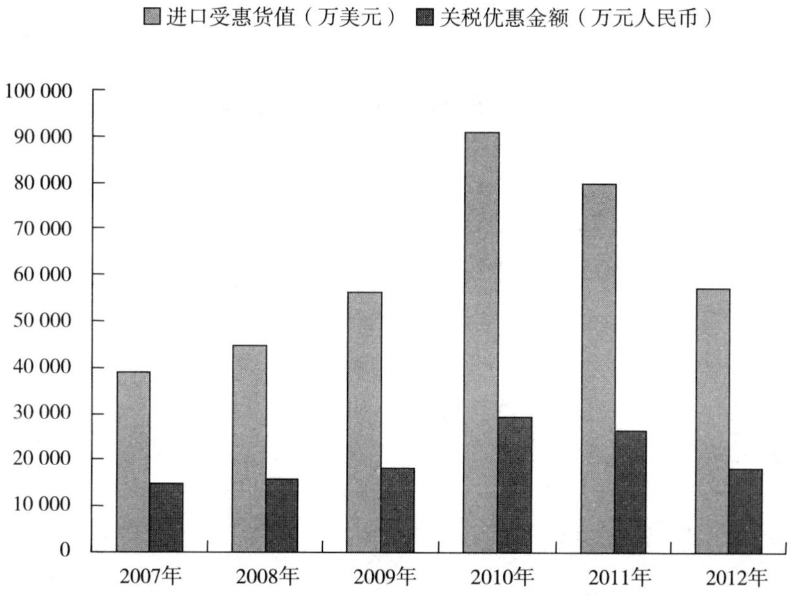

图 1－6　2007 年—2012 年孟加拉国进口受惠货值及关税优惠金额

6 年来，斯里兰卡进口受惠总值为 1.1 亿美元，关税优惠总金额为 1 997.82万元人民币。2007 年，斯里兰卡受惠货值只有 233.6 万美元，关税优惠金额为53.28 万元人民币，到了 2012 年受惠货值增长到 3 518.67 万美元，关税优惠 697.13 万元人民币，分别增长 14 倍、12 倍。详见图 1 –7。

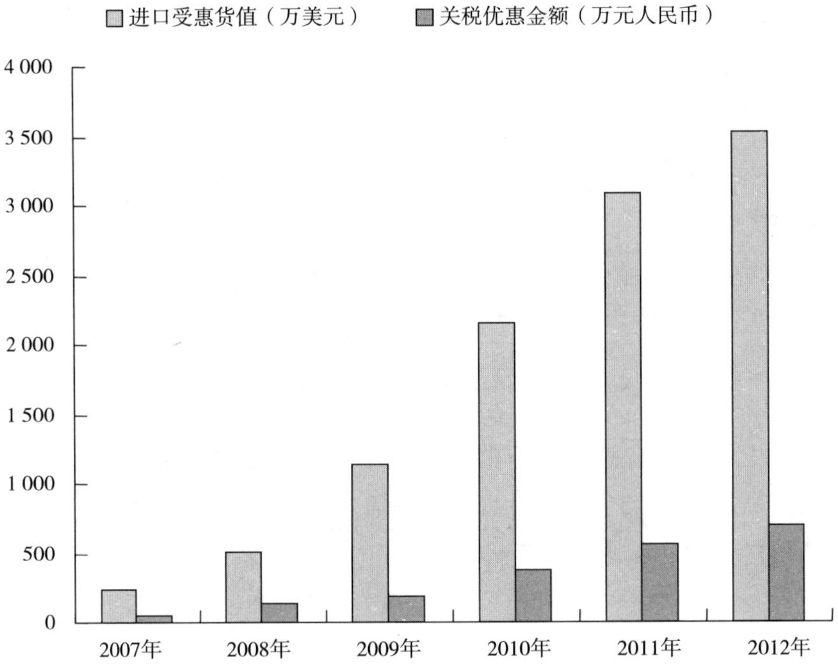

图 1 –7　2007 年—2012 年斯里兰卡进口受惠货值及关税优惠金额

老挝无受惠进口。

三、主要受惠进口口岸

2007—2012 年，全国共有 32 个关区受惠进口《亚太贸易协定》项下商品。其中，进口受惠货值列居前 5 位的关区分别是南京、天津、上海、青岛和宁波，合计占全国受惠进口总货值的 75%。详见表 1 –4。

四、主要受惠进口商品

《亚太贸易协定》自实施以来，其项下主要受惠进口商品一直保持比较稳定的趋势，主要集中在化工品、汽车及配件、塑料、橡胶制品、钢铁卷材等。详见图 1－8。

表 1－4　2007 年—2012 年进口受惠货值前 5 位关区所占比率及主要进口商品

进口关区	占全国进口受惠总值的比率	主要进口商品
南京关区	25.86%	苯乙烯、精对苯二甲酸、其他对苯二甲酸、石油沥青
天津关区	17.87%	小客车、发动机、石油沥青、越野车
上海关区	11.50%	聚乙烯、越野车、乙丙橡胶、小客车
青岛关区	10.76%	零件、聚乙烯、石油沥青、内燃机
宁波关区	9.19%	其他对苯二甲酸、精对苯二甲酸、乙丙橡胶、苯乙烯

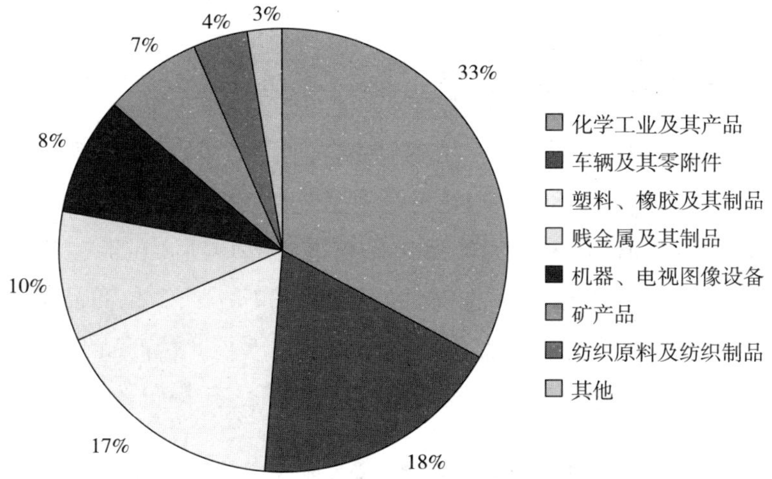

图 1－8　2007 年—2012《亚太贸易协定》项下受惠商品结构

（一）受惠进口前 10 位商品

2007 年—2012 年，在《亚太贸易协定》项下，受惠进口货值在前 10 位的商品（8 位商品编码）主要集中在化工品、汽车及钢铁卷材等，详见表 1－5，其中前 10 位商品占全部受惠进口商品的六成以上。

表 1－5　2007 年—2012 受惠进口货值前 10 位商品

商品编码	商品名称
29025000	苯乙烯
29173611	精对苯二甲酸
29173619	其他对苯二甲酸
27132000	石油沥青
39012000	初级形状的聚乙烯，比重在 0.94 及以上
87032353	2L＜排量≤2.5L 装点燃往复式活塞内燃发动机小客车（9 座及以下）及其成套散件
72091790	其他冷轧普通钢铁卷材，0.5mm≤厚≤1mm
39023010	初级形状的乙烯－丙烯共聚物（乙丙橡胶）
84314990	8426、8429 及 8430 所列机械的其他零件
84073410	3 000ml≥排量＞1 000ml 车用往复式活塞发动机

（二）我国从各成员国进口的主要受惠商品

2007 年—2012 年，《亚太贸易协定》项下，韩国为主要进口受惠国，进口受惠总值为 489.5 亿美元，受惠进口 695 项 8 位商品编码商品；印度进口受惠总值为 25.7 亿美元，受惠进口 220 项 8 位商品编码商品；孟加拉国进口受惠总值 3.7 亿美元，受惠进口 87 项 8 位商品编码商品；斯里兰卡进口受惠总值 1.1 亿美元，受惠进口 45 项 8 位商品编码商品；老挝无受惠进口。详见表 1－6、表 1－7、表 1－8、表 1－9。

表 1－6　2007 年—2012 年进口受惠前 10 位的韩国原产商品

商品编码	商品名称
29025000	苯乙烯
29173611	精对苯二甲酸
29173619	其他对苯二甲酸
27132000	石油沥青
39012000	初级形状的聚乙烯，比重在 0.94 及以上
87032353	2L＜排量≤2.5L 装点燃往复式活塞内燃发动机小客车（9 座及以下）及其成套散件

续表

商品编码	商品名称
72091790	其他冷轧普通钢铁卷材，0.5mm≤厚≤1mm
39023010	初级形状的乙烯－丙烯共聚物（乙丙橡胶）
84314990	8426、8429 及 8430 所列机械的其他零件
84073410	3 000ml≥排量>1 000ml 车用往复式活塞发动机

表 1－7　2007 年—2012 年进口受惠前 10 位的孟加拉国原产商品

商品编码	商品名称
53031000	生的或经沤制的黄麻等纺织用韧皮纤维
53071000	黄麻或 5303 其他纺织用韧皮纤维的单纱
62019310	化纤制男式羽绒短上衣
62034290	棉制其他男裤
62029310	化纤制女式羽绒短上衣
61091000	棉制针织或钩编的 T 恤衫、汗衫、背心
03019999	其他活鱼
12074090	其他芝麻
53072000	黄麻或 5303 其他纺织用韧皮纤维多股纱或缆线
85049090	8504 所列其他货品的零件

表 1－8　2007 年—2012 年进口受惠前 10 位的印度原产商品

商品编码	商品名称
23040090	提炼豆油所得的其他固体残渣
52051200	棉≥85%，232 分特≤细度<714 分特未精梳单纱
03037910	冻带鱼
52052400	棉≥85%，125 分特≤细度<192.31 分特精梳单纱
52051400	棉≥85%，125 分特≤细度<192 分特未精梳单纱
29419059	其他先锋霉素及其衍生物以及它们的盐
29419058	头孢克罗及其盐
12074090	其他芝麻
03037990	未列名冻鱼
70112010	防眩玻壳

表 1-9　2007 年—2012 年进口受惠前 10 位的斯里兰卡原产商品

商品编码	商品名称
53050092	生的或经加工未纺制的椰壳纤维
09024090	红茶及其他半发酵茶，内包装每件净重 > 3kg
09023090	红茶及其他半发酵茶，内包装每件净重≤3kg
62046200	棉制女裤
09021090	绿茶，内包装每件净重≤3kg
40012100	烟胶片
62121010	化纤制胸罩
12074090	其他芝麻
62034290	棉制其他男裤
61091000	棉制针织或钩编的 T 恤衫、汗衫、背心

第二节　如何充分利用协定享受优惠

确定货物的原产地，需要依据一定的规则和标准，《亚太贸易协定》的原产地规则有哪些特点？如何判定一项货物由《亚太贸易协定》的某一成员国原产？《亚太贸易协定》项下对货物直接运输有何要求？对货物开展核查有何相关规定？为了解决上述疑问，我们首先要把《亚太贸易协定》读懂、吃透，只有这样，才能充分利用协定尽享关税优惠。

小贴士｜协定全文查询网址

《亚太贸易协定》全文可查询中国自由贸易区服务网（http://fta.mofcom.gov.cn/index.shtml）

一、协定总体概况

《亚太贸易协定》包括序言、8 章、40 条以及 2 个附件。8 章分别为：

总则、贸易自由化规划、贸易扩大、紧急措施和磋商、常务委员会和本协定的管理、审议和修改、加入和退出、其他条款和最后条款。附件一：国别减让表。附件二：亚太贸易协定原产地规则。

小贴士 常务委员会、部长级理事会

《亚太贸易协定》项下设有常务委员会，简称“常委会”。“常委会”由各成员国代表组成，每年至少召集一次会议，负责就《亚太贸易协定》的实施情况进行审议、磋商，应要求提出建议和做出决定。

《亚太贸易协定》项下设有部长级理事会，由各成员国组建，为了更好地监督、协调和审议《亚太贸易协定》的执行情况，部长级理事会由各参加国相关经济部门的一名部长组成。要求部长级理事会至少每两年召集一次会议，或在任何必要的时候召集会议。常委会应向部长级理事会提供支持以确保理事会履行其职责。

二、原产地规则

“原产地规则”是判定货物原产地的工具，是指一国根据国家法令或国际协定确定的原则制定并实施的，以确定生产或制造货物的国家（地区）的具体规定。《亚太贸易协定》中的原产地规则共 10 条，即原产产品、完全生产或获得的货物、非完全生产或获得的货物、原产地累积标准、直接运输、包装条款、原产地证书、禁止和合作、审议、特殊比例标准。下文选取几项规则进行分析，让我们看看《亚太贸易协定》原产地规则有何特点。

（一）原产产品

《亚太贸易协定》项下对原产产品的规定有两种情形：一是完全在出口成员国境内生产或获得的货物；二是非完全在出口成员国境内生产或获得的货物，但需要满足一定的条件。上述货物要符合直接运输的相关规定。

（二）完全获得货物

“完全获得”是指某一项商品是在一国（地区）生长、开采、收获的，或者完全利用该国（地区）出产的原材料，在该国（地区）境内生产和制造的。完全获得的产品一般不含外国的原材料、零部件或劳务，其生产要素投入和生产过程自始至终都是在一国（地区）境内完成，因而具有“土生土长”的特征。《亚太贸易协定》规定，下列情况被视为完全在出口国境内生产或获得：

（1）从本国的土壤、水域或海床中开采或提取的原材料或矿产品；

（2）在本国收获的农产品；

（3）在本国出生和饲养的动物；

（4）在本国从上述（3）动物中获得的产品；

（5）在本国狩猎或捕捞的产品；

（6）由本国船只在公海捕捞的鱼类和其他海产品；

（7）由本国加工船上加工或制造上述（6）所列产品获得的产品；

（8）从本国不具原有用途，且不能再使用的废旧物品中回收的零件或原材料；

（9）从本国收集的废旧物品，其已不具原有用途，并不再能被储藏或修复，只能被丢弃或从中回收零件或原材料；

（10）在本国加工制造过程中产生的废碎料；

（11）利用上述（1）至（9）项所列产品在本国加工所得的产品。

例如，在印度种植棉花，然后采摘，最后加工成纱线出口。这种纱线属于完全获得产品，原产地是印度。

海关提醒

《亚太贸易协定》的完全获得产品中包括废旧物品。这里所说的废旧物品是指工厂生产加工制造过程中产生的废碎料，或者不能再使用、修复的旧货物。这些废旧货物只能用于回收原材料或零件。国家禁止进口的固体废物，包括电子垃圾、旧服装、建筑垃圾、生活垃圾、医疗垃圾和危险废物等俗称的“洋垃圾”。

（三）非完全获得货物

某一成员国非原产材料成分不超过55%，且最后生产工序在该国境内完成的货物，其原产地为该国。非原产材料包括在生产过程中所使用的进口非原产材料和不明原产地材料。

其计算公式如下：

$$\frac{\text{非原产材料价值} + \text{不明原产地材料价值}}{\text{出口价格（FOB）}} \times 100 \leqslant 55\%$$

案例1-2 非原产材料成分的百分比计算

斯里兰卡某服装厂生产一批服装出口，其中使用巴基斯坦的棉纱，价值1 000美元，其他材料是斯里兰卡的，该批服装的FOB价格为3 500美元。该批棉纱可以视为斯里兰卡原产吗?

案例分析：该批服装所使用的非原产材料占FOB价格的28.57%，小于《亚太贸易协定》规定的非原产材料成分不超过55%的规定，因此，可以视为斯里兰卡原产。

小贴士

（1）《亚太贸易协定》非原产材料成分不超过55%的规定，实际就是《亚太贸易协定》某一成员国成分必须大于货物离岸价格（FOB）的45%；

（2）非原产材料价值是指能够证实的原材料、零件或者产物进口时的成本、运费和保险费（CIF价格）；

（3）不明原产地材料价值也包括在生产或者加工货物最早可以确定为不明原产地原材料、零件或者产物所支付的价格。

（四）孟加拉国、老挝非完全生产或获得的货物

《亚太贸易协定》对于最不发达的孟加拉国、老挝规定，非原产材料成分不超过65%，比其他成员国优惠10%。

例如，老挝生产出口一批混纺布，其中使用巴基斯坦的棉纱46%，老挝的丝36%，马来西亚的涤纶丝18%。这种混纺布原产地应该是哪个国家？巴基斯坦成分与马来西亚成分合计64%，根据《亚太贸易协定》规定，非老挝成分没有超过65%，因此，这批混纺布可视为老挝原产。

（五）累积规则

累积规则是指在确定产品的原产地资格时，把该产品生产过程中所涉及的若干个国家（地区）视为一个统一的经济区域。在该经济区域内对货物进行生产、加工时所产生的价值成分，可以视为本国价值成分而进行累计。

《亚太贸易协定》规定，在某一成员国境内用作生产享受关税优惠最终产品的原材料，如果各成员国材料的累计成分在该最终产品中不低于其船上交货价格（FOB）的60%，则可视为制造或者加工该最终产品的成员国的原产货物。如果制造或者加工该最终产品的成员国为最不发达成员国，各成员国材料的累计成分在该最终产品中不低于其船上交货价格的50%，则可视为该最不发达成员国的原产货物。

案例1－3

韩国某服装工厂生产混纺布出口到中国，在原材料中，使用日本锦纶39%，中国亚麻25%，韩国涤纶20%，印度棉纱16%。这批混纺布原产国应该是哪里？

案例分析：根据《亚太贸易协定》累积规则规定，《亚太贸易协定》成员国之间的成分可以累加，只要累计成分大于或等于60%，那么产品的最后生产国就是原产国。上例中，中国、印度、韩国是《亚太贸易协定》成员国，因此产品成分可以累积。经计算，三国的成分合计61%。由于该产品的生产是在韩国，因此，这批混纺布的原产国应该是韩国。

案例1－4

孟加拉国生产出口一批混纺布到中国，在使用的原材料中，日本锦纶48%，中国亚麻25%，韩国涤纶12%，印度棉纱10%，孟加拉国蚕丝5%。

案例分析：根据《亚太贸易协定》累积规则规定，成员国成分可以累计。经计算，《亚太贸易协定》成员国累计成分是52%。根据《亚太贸易协定》累积规则中对最不发达国家的规定，成员国累计成分不低于货物FOB价格的50%，就可视为原产。因此，孟加拉国生产的混纺布可以视孟加拉国为原产国。如果这批混纺布在印度生产，根据《亚太贸易协定》规定，就不能视印度为原产国。

小贴士 充分利用累积规则

进出口企业可以充分了解和积极应用这一规则，采购《亚太贸易协定》成员国的原材料进行生产，这样能够较为容易获得原产资格。在货物出口到《亚太贸易协定》成员国时享受优惠的税率及相关贸易待遇。

（六）微小加工

“微小加工”是指对货物的基本特征影响轻微的加工或处理。这种处理往往是基于国际贸易运输、储存及展示过程中的相关物流作业或防护性处理，比如简单包装、简单冷藏防腐等，这些加工处理并不影响货物的实质改变，因而各国一般规定简单微小加工不赋予货物原产地资格。

《亚太贸易协定》关于“非完全生产或获得的货物”条款中对微小加工做出了相关规定，下列微小加工或者处理不影响货物原产地确定：

（1）为使货物在运输或者贮存中保持良好状态而作的处理，包括通风、摊开、干燥、冷冻、盐渍、硫化或者其他水溶液处理、去除坏损部分等；

（2）除尘、筛选、分类、分级、搭配（包括部件的组拼）的简单处理，洗涤、油漆和切碎；

（3）改换包装、拆解和包裹；

（4）简单的切片、剪切和再包装，或者装瓶、装袋、装盒、固定于纸板或者木板等；

（5）在货物或者其包装上粘贴标识、标签或者其他类似的用于区别的标记；

（6）简单混合；

（7）将物品的各个部件简单组装成一个完整品；

（8）屠宰动物；

（9）去皮、皮革粒面处理、去骨；

（10）第（1）项至第（9）项中的两项或者多项加工或者处理的组合。

案例 1－5

印度某公司进口法国原产红酒。这些红酒是以橡胶囊包装，每袋1吨，在印度进行装瓶（每瓶750ml）后，出口到中国。中国的进口人应申报该红酒为印度原产还是法国原产？

案例分析：根据《亚太贸易协定》关于微小加工的规定，装瓶、装袋等加工属于简单加工、微小加工，这些加工不赋予货物原产资格。因此，从印度进口的瓶装红酒，进口人应申报原产地为法国。

案例 1－6

韩国某公司从澳大利亚进口活牛进行屠宰，并切片。一部分在本国消费，用于烧烤店；另一部分切片牛肉重新包装，外包装印有该韩国公司名称和地址，并出口到中国。中国的进口人可以申报这批牛肉片的原产地为韩国吗？

案例分析：不可以。根据《亚太贸易协定》关于微小加工的规定，对动物的屠宰不赋予货物原产资格，即从外国进口活牛，在本国屠宰，所得牛肉，不是本国原产牛肉。因此，中国进口的上述牛肉不是韩国原产的。

（七）直接运输规则

直接运输规则是原产货物应当从出口方直接运至进口方的有关规定，主要是为了鼓励优惠贸易协定的各成员方之间进行直接贸易，防止第三方通过“搭便车”骗取相关税收优惠。理论上，在两个国家均设有对外贸易港口的情况下，两国间的货物贸易遵守直接运输规则并不难。但是，世界上有许多国家为内陆国，其对外贸易必然要通过第三方的领土。同时，随着国际贸易的发展，转口贸易已为国际贸易的常态。所以，大多数优惠贸易协定对于经过第三方运输，如果符合相关条件，仍可视为直接运输。

《亚太贸易协定》规定原产货物要符合直接运输的相关要求，即货物运输未经任何非成员国境内；或货物运输由于地理原因或者仅出于运输需要，途中经过非成员国，但是这些货物未在这些国家或者地区进入贸易或者消费领域，且未做除装卸或者其他为使货物保持良好状态所必须处理以外的其他处理。

案例1－7

韩国出口人将本国生产的液晶屏在釜山装船，该船是釜山到青岛的班轮。该班轮在釜山装货后，开到韩国木浦继续装货，然后直达中国青岛。该批货物符合《亚太贸易协定》直接运输规则吗?

案例分析：符合《亚太贸易协定》的直接运输规则。因为该票货物是从韩国直接运到青岛，没有经过第三方。该班轮虽然经过木浦港，但木浦港不属于第三方。所以，液晶屏的运输符合《亚太贸易协定》的直接运输。

案例1－8

斯里兰卡出口本国产的T恤一批。货物在斯里兰卡装在A船（斯里兰卡到新加坡的班轮）运输，到达新加坡后换装B船（新加坡到上海的班轮）运往上海。该批货物符合《亚太贸易协定》直接运输规则吗?

案例分析：货物运输经过第三方（新加坡）是否符合《亚太贸易协定》的直接运输规则，就要看货物运输是否满足以下三个条件。一是地理位置或运输需要。斯里兰卡位于亚洲南部，其货物经过东南亚运输到中国，是主要运输路线之一，该票货物运输符合直接运输需要的条件。二是货物在经过第三方时没有进入贸易领域或消费领域，即没有被买卖。该货物在新加坡时仅是换装运输工具，没有被买卖，也符合直接运输规则。三是没有对货物进行进一步的加工，如果仅是确保货物运输的安全而对货物包装加固、加强等，这种加工是允许的。该批货物在新加坡换船，仍使用原包装，也符合直接运输规则。因此，斯里兰卡T恤在运输中经过新加坡是符合《亚太贸易协定》直接运输规则的。

小贴士 《亚太贸易协定》项下受惠进口货物所涉运输方式以江海运输为主

2007年—2012年，《亚太贸易协定》项下受惠进口货物的运输方式涉及江海运输、航空运输、汽车运输等方式，其中主要以江海运输方式为主，以江海运输方式进口的货值约占总货值的94%。

三、原产地证书签发与核查操作程序

了解《亚太贸易协定》项下原产地证书的签发与核查程序，确保货物顺利进口并享受关税优惠。

（一）签证机构

原产地证书应由出口成员国政府指定的一家或多家机构签发。各成员国应将其签发机构的名称和地址，及证明原产地证书有效的签证印章印模通知其他各成员国。上述资料的任何变化应尽快通知其他成员国。

案例1-9

斯里兰卡某生产企业按照《亚太贸易协定》原产地证书样式，对自己生产的产品签发原产地证书。这份原产地证书在《亚太贸易协定》其他成员国被接受吗?

案例分析:不被接受。因为，该原产地证书不是斯里兰卡指定机构签发的。

小贴士 《亚太贸易协定》规定，进口货物享受关税优惠，进口人必须提交原产地证书。原产地证书必须由成员国指定的机构签发，进出口人自行出具的原产地证书是无效的，不能享受《亚太贸易协定》优惠税率。

海关提醒 《亚太贸易协定》成员国指定的签证机构的原产地证书印章必须通知所有其他成员国，各成员国将其他成员国签证机构印章进行备案，以方便各成员国海关进行核对。海关在原产地证书审核中，如果发现签证机构的印章没有备案，则对相关货物不予《亚太贸易协定》优惠税率待遇。

（二）原产地证书

不同的优惠贸易协定项下对原产地证书格式、签发时间、签发形式、是否允许涂改、是否允许补发等规定是有差别的。原产地证书的各栏要素与原产地证书是否合格紧密相关。表1－10是《亚太贸易协定》项下对签发原产地证书的相关规定。

表1－10 《亚太贸易协定》项下原产地证书的各项要素

签发时间	出口时或者装运后三个工作日内
有无加盖补发章的相关规定	无
签发形式	以手工或者电子形式签发
证书有效期	自签发之日起1年内有效
证书编号	每份证书有单独编号
证书是否允许涂改	不允许涂改
填写语言	英语

原产地证书样本（英文）：

SAMPLE CERTIFICATE OF ORIGIN

Asia – Pacific Trade Agreement

(Combined declaration and certificate)

<table>
<tr><td colspan="3">1. Goods consigned from:
(Exporter's business name, address, country)</td><td colspan="3">Reference No.
Issued in …………….
(Country)</td></tr>
<tr><td colspan="3">2. Goods consigned to:
(Consignee's name, address, country)</td><td colspan="3">3. For Official use</td></tr>
<tr><td colspan="6">4. Means of transport and route:</td></tr>
<tr><td>5. Tariff item number:</td><td>6. Marks and number of packages:</td><td>7. Number and kind of packages/description of goods:</td><td>8. Origin criterion (see notes overleaf)</td><td>9. Gross weight or other quantity:</td><td>10. Number and date of invoices:</td></tr>
<tr><td colspan="3">11. Declaration by the exporter :
The undersigned hereby declares that the above details and statements are correct: that all the goods were produced in

…………………………………
(Country)
and that they comply with the origin requirements specified for these goods in the Asia – Pacific Trade Agreement for goods exported to

…………………………………
(Importing Country)

…………………………………
Place and date, signature of authorized Signatory</td><td colspan="3">12. Certificate
It is hereby certified on the basis of control carried out, that the declaration by the exporter is correct.

…………………………………
Place and date, signature and Stamp of Certifying Authority</td></tr>
</table>

原产地证书样本（中文）：

亚太贸易协定

（申报和证书合一）

<table>
<tr><td colspan="3">1. 货物运自（出口人名称、地址、国家）：</td><td colspan="3">编号：
……………. …. …. …. …. 签发
（国家）</td></tr>
<tr><td colspan="3">2. 货物运至（收货人名称、地址、国家）：</td><td colspan="3">3. 官方使用</td></tr>
<tr><td colspan="6">4. 运输工具及路线</td></tr>
<tr><td>5. 税则号列</td><td>6. 包装唛头及编号</td><td>7. 包装件数及种类；货物名称</td><td>8. 原产地标准（见背页说明）</td><td>9. 毛重或者其他数量</td><td>10. 发票编号及日期</td></tr>
<tr><td colspan="3">11. 出口人声明
下列签字人证明上述资料及申明正确无讹，所有货物产自
…………………………………
（国家）
且符合亚太贸易协定原产地规则的相关规定，该货物出口至
…………………………………
（进口国）
…………………………………
申报地点、日期及授权签字人的签字</td><td colspan="3">12. 证明
根据所实施的监管，兹证明上述出口商的申报正确
…………………………………
地点和日期，签字和签证机构印章</td></tr>
</table>

背页填制说明

一、总原则

享受关税减让优惠的货物必须符合以下条件：

1. 属于《亚太贸易协定》进口成员国关税减让优惠产品清单的范围。

2. 符合《亚太贸易协定》原产地规则。同批货物中的每项商品均要符合该规则。

3. 符合《亚太贸易协定》原产地规则中的直接运输条款规定。一般情况下，货物必须按照《亚太贸易协定》原产地规则第五条规定从出口国直接运输到进口国。

二、表格各栏应填写的内容

第 1 栏：货物出口人。注明出口人的全称、地址和国家。须与发票上的出口人名称一致。

第 2 栏：货物收货人。注明收货人的全称、地址和国家。该收货人名称必须与发票上的进口人名称一致。如果属于第三方贸易，应该注明“凭背书”字样。

第 3 栏：官方使用。由签发证书机构填写。

第 4 栏：运输工具和线路。详细注明出口货物的运输工具和路线。如果信用证等单证未详细列明时，应注明“空运”或者“海运”字样；如果货物运输途中经过第三国时，应当按照下列方式注明：

例如：“空运”“从老挝至印度途经曼谷”

第 5 栏：税则号列。注明各项商品的 4 位商品编码。

第 6 栏：包装唛头及编号。注明包装上的唛头及编号，应当与货物包装上的唛头及编号相一致。

第 7 栏：包装件数及种类，货物名称。注明出口货物名称，应当与发票上的名称相符。准确的货物名称有助于进口国海关快速清关。

第 8 栏：原产地标准。享受关税减让优惠的货物必须符合《亚太贸易协定》原产地规则第二条规定，是在出口成员国完全获得或者生产的；或者在出口成员国非完全获得或者生产的符合《亚太贸易协定》原产地规则

第三条、第四条规定的。

1. 完全获得或者生产的：在第8栏中填写字母“A”。

2. 非完全获得或者生产的：在第8栏中应当按照下列方式填写：

（1）如果符合《亚太贸易协定》原产地规则第三条第一款规定的原产地标准，则在第8栏中填写字母“B”。在字母“B”的后面填上使用非成员国原产或不明原产地的材料、零件或产物的总价值，以在出口货物船上交货价格（FOB价格）中所占的百分比表示（如“B”50%）；

（2）如果符合《亚太贸易协定》原产地规则第四条规定的原产地标准，则在第8栏中填写字母“C”。在字母“C”的后面填上在出口成员国原产成分的累计总和，以在出口货物船上交货价格（FOB价格）中所占的百分比表示（如“C”60%）；

（3）如果符合《亚太贸易协定》原产地规则第十条规定的特殊比例标准，则第8栏中填写字母“D”。

第9栏：毛重或者其他数量。注明货物毛重或其他数量（如件数、公斤）。

第10栏：发票编号及日期。注明发票编号及日期。随附发票上的日期不应当迟于原产地证书格式正式启用的日期。

第11栏：出口人声明。“出口人”是指发货人，该发货人可以是贸易商也可以是制造商。声明中应当注明原产国、进口国、地址和日期。且该栏目应当由公司授权人员签名。

第12栏：证明。本栏目由签证机构签章确认。

案例1－10 签发日期

印度某公司出口冻带鱼，2012年7月5日装船，印度签证机构于7月10日签发原产地证书。这份原产地证书是否符合《亚太贸易协定》规定的签发日期？

案例分析：这份原产地证书符合《亚太贸易协定》规定的签发日期。因为《亚太贸易协定》规定原产地证书应在货物出口时或者装运后3个工作日内签发。该票货物是在7月5日装运，原产地证书应在7月8日或之前签发，但是由于7月7日、7月8日是星期六和星期日，是法定休息日，所以签发日期可以顺延至7月10日。

案例1－11 填制要求

韩国某公司在2013年1月4日装船出口汽车到中国，韩国签证机构于1月7日签发原产地证书。海关在审核原产地证书时发现，原产地证书第10栏“发票编号及日期”填写着“No. 6312，Jan. 14，2013”。这份原产地证书符合规定吗？

案例分析：这份原产地证书不符合《亚太贸易协定》规定。因为，在原产地证书填制说明中要求，第10栏的发票日期不应当迟于原产地证书启用日期。该份原产地证书于1月7日签发，即从1月7日起开始生效。而发票的日期却在1月14日，晚于原产地证书签发日期。所以，该份原产地证书不符合《亚太贸易协定》规定。

小贴士 原产地证书第5栏填写的税则号列（Tariff item number）应是原产地证书涉及货物的《商品名称及编码协调制度》（简称为《协调制度》）4位商品编码。《协调制度》是世界海关组织编制的，《亚太贸易协定》成员国均适用。

（三）原产地核查

《亚太贸易协定》规定，进口成员国海关可以随机请求出口成员国签证机构进行追溯性核查，也可以在有理由怀疑有关文件的真实性或者有关货物原产地的准确性时，提出追溯性核查请求。

小贴士 在等待核查结果期间，进口成员国海关当局可以暂缓给予优惠待遇。如果货物不属于禁止或者限制进口的货物，且无瞒骗嫌疑，海关可以在履行必要的行政手续后将货物放行。

海关提醒 如果进口成员国海关当局在发出核查请求后的4个月内没有收到答复，该海关当局可以拒绝给予优惠关税待遇。

第三节 企业在利用协定时应该注意的几个问题

如何查询货物是否属于产品减让清单范围内？原产地证书在哪里申领？如果货物在报关中，海关需要对原产地证书进行核查，进口人如何处理该批货物？企业在利用《亚太贸易协定》时可能会产生一系列疑问，本节针对企业在利用协定中应注意的问题进行分析，帮助企业更好地运用《亚太贸易协定》。

一、前期准备

一批货物如果要享受关税优惠，首先要确定货物是否在《亚太贸易协定》产品减让清单范围内，货物是否符合相关原产地标准，然后及时申领原产地证书，准备好货物进口通关时的相关单证。

（一）查询货物是否在产品关税减让清单范围内

一项商品如果要享受《亚太贸易协定》项下的关税优惠，首先这项商品必须在关税减税清单范围之内。进出口人要了解商品的《协调制度》商品编码，依托《协调制度》商品编码去查询协定税率。各国一般只颁布本国进口商品的税率情况，对于出口企业而言，可通过查询出口目的国的相关网站了解更多资讯。对我国进口企业而言，可通过查询《税则》，了解有关进口货物是否可享受《亚太贸易协定》税率以及相应的优惠税率是多少，以便做好相关的成本核算。

小贴士 如何查询某项商品是否享受亚太协定税率？

例如：党参的商品编码为12119013，经查询《税则》（2013年），党参的最惠国税率为6%，《亚太贸易协定》的协定税率为3%，说明党参在《亚太贸易协定》项下适用3%的协定税率；咖啡浓缩精汁商品编码为21011100，经查询《税则》（2013年），最惠国税率为6%，《亚太贸易协定》项下协定税率一栏为空，说明该商品不享受《亚太贸易协定》项下的协定税率。

（二）确定货物是否符合《亚太贸易协定》项下的原产地标准

在确定货物属于《亚太贸易协定》关税减让清单范围后，企业接下来要确认自己准备出口或者进口的产品是否符合《亚太贸易协定》项下的相关原产地标准。只有符合原产地标准的货物才能视为《亚太贸易协定》成员国原产货物，出口到其他成员国才能享受关税优惠。

（三）及时到签证机构申领原产地证书

《亚太贸易协定》项下对证书的签发时间是有严格规定的，规定在货物出口时或装运后3个工作日内签发。由于签证机构需要对出口货物的原产地资格进行核实，申领人要在货物出口前做好准备工作，按签证机构要求提交申请及相关材料。如果发现提供的信息有误，还要及时更正。对于进口企业，要提前与受惠国的出口商或生产商沟通好，请对方到当地或临近的有权签发《亚太贸易协定》原产地证书的签证机构申领原产地证书。部分各成员国主要签证机构列表详见表1－11。

案例1－12　原产地证书遗失

出口企业由于粗心，在寄给进口人的原产地证书上写错了地址，导致原产地证书遗失，进口人无法收到原产地证书。在这种情况下，应该怎么办？

案例分析：出口商可以向原签证机构书面申请复制本。该复制本应根据签证机构存档的相关文件制发，并在原产地证书第3栏中注明“经证实的真实复制本”以及原正本的签发日期。经证实的原产地证书真实复制本应在其正本的有效期内签发。

表 1-11　部分各成员国主要签证机构列表

韩国	（1）海关（CUSTOMS） （2）商会（CHAMBER OF COMMERCE）
印度	（1）印度出口组织联盟（FEDERATION OF INDIAN EXPORT ORGANISATIONS） （2）行业委员会、行业协会、行业管理局： 咖啡委员会 COFFEE BOARD 椰壳纤维委员会 COIR BOARD 烟草委员会 TOBACCO BOARD 香料委员会 SPICES BOARD 茶叶委员会 TEA BOARD 服装出口促进协会 APPAREL EXPORT PROMOTION COUNCIL 基础化学制药 & 化妆品出口促进协会 BASIC CHEMICALS PHARMACEUTICALS & COSMETICS EXPORT PROMOTION COUNCIL 化工品 & 类似产品出口促进协会 CHEMICALS & ALIED PRODUCTS EXPORT PROMOTION COUNCIL 电子和计算机软件出口促进协会 ELECTRONICS AND COMPUTER SOFTWARE EXPORT PROMOTION COUNCIL 手工业品出口促进协会 EXPORT PROMOTION COUNCIL FOR HANDICRAFTS 手织机出口促进协会 THE HANDLOOM EXPORT PROMOTION COUNCIL 腰果出口促进协会 THE CASHEW EXPORT PROMOTION COUNCIL OF INDIA 棉织品出口促进协会 THE COTTON TEXTILES EXPORT PROMOTION COUNCIL 塑料出口促进协会 THE PLASTICS EXPORT PROMOTION COUNCIL 体育用品出口促进协会 THE SPORTS GOODS EXPORT PROMOTION COUNCIL 合成纤维 & 人造纤维纺织品出口促进协会 THE SYNTHETIC & RAYON TEXTILES EXPORT PROMOTION COUNCIL 羊毛 & 呢绒出口促进协会 WOOL & WOOLLENS EXPORT PROMOTION COUNCIL 工程出口促进协会 ENGINEERING EXPORT PROMOTION COUNCIL 皮革出口协会 COUNCIL FOR LEATHER EXPORT 出口检查协会 EXPORT INSPECTION COUNCIL 海产品出口发展局 THE MARINE PRODUCTS EXPORT DEVELOPMENT AUTHORITY 农产品和食品加工产品出口发展局 AGRICULTURE AND PROCESSED FOOD PRODUCTS EXPORT DEVELOPMENT AUTHORITY （3）特殊经济区等 维沙卡帕特南（港口）特殊经济区 VISAKHAPATNAM SPECIAL ECONOMIC ZONE 坎德拉（港口）特殊经济区 KANDLA SPECIAL ECONOMIC ZONE 金奈出口加工区 MADRAS EXPORT PROCESSING ZONE （4）其他签证机构

续表

斯里兰卡	(1) 出口发展与国际贸易部商务处 (DEPARTMENT OF COMMERCE, MINISTRY OF EXPORT DEVELOPMENT & INTERNATIONAL TRADE) (2) 贸易、商业与消费者事务部商务处 (DEPARTMENT OF COMMERCE, MINISTRY OF TRADE, COMMERCE & CONSUMER AFFAIRS)
孟加拉国	出口促进局 (EXPORT PROMOTION BUREAU)
老挝	(1) 进出口处 Department of Import and Export (2) 商务部 Ministry of Commerce

(四) 准备好进口通关时需要提交的单证

进口人在货物通关前应检查需要提交的单证是否齐全，这些单证包括有效的原产地证书正本、货物商业发票正本、装箱单及其相关运输单证。货物运经第三方境内的，进口货物收货人还要提交联运提单和符合《亚太贸易协定》直接运输规定的证明文件，比如由第三方海关等部门出具的证明文件。

案例 1-13

2012 年 9 月，中国内地某公司打算从印度 M 公司进口一批香料（在《亚太贸易协定》受惠清单范围内）。M 公司在 2012 年 6 月曾将该批香料销售给中国香港某企业，这批卖给该企业的香料 6 月从印度起运，8 月到达中国香港后，由于该企业未执行合同，导致货物在香港滞留。同年 9 月，M 公司打算将这批香料卖给中国内地某公司，并向印度签证机构申领了这批香料的原产地证书。请问，这批香料是否能够享受《亚太贸易协定》项下的协定税率？

案例分析：这批香料不能享受《亚太贸易协定》项下的协定税率，主要有两点原因：一是证书的签发时间不符合《亚太贸易协定》规定的原产地证书应在货物出口时或装船后 3 个工作日签发；二是该批货物在进口通关时无法提供从印度签发的联运提单，无法满足直接运输规则的相关规定。

案例 1－14

中国内地某公司通过中国香港 A 公司从斯里兰卡进口一批服装（在《亚太贸易协定》受惠清单范围内）。该批货物进口通关时申请享受《亚太贸易协定》的协定税率，进口人报关提供的发票为 A 公司开给中国内地某公司的发票。请问这种发票海关可以接受吗?

案例分析：这种发票中国内地海关可以接受。因为，根据《中华人民共和国海关〈亚太贸易协定〉项下进出口货物原产地管理办法》（海关总署令第 177 号）第十二条规定，进口人应提交货物商业发票正本。中国香港 A 公司出具的发票属于货物商业发票，因此，海关应当接受。

小贴士 海关总署网站可以查到《中华人民共和国海关〈亚太贸易协定〉项下进出口货物原产地管理办法》（海关总署令第 177 号）的相关内容。

二、规范填制报关单

《亚太贸易协定》项下报关单规范填制应注意以下两点：

（1）由于《亚太贸易协定》未实行原产地证书联网管理，报关单“备案号”栏不填写原产地证书编号，而在“随附单证”栏填报原产地证书代码和编号。

（2）随附单证代码栏填写“Y”，即为原产地证书代码；随附单证编号栏“ < > ”内填写的优惠贸易协定代码为“01”，其后填写需证商品序号。例如，《亚太贸易协定》项下报关单中第 1 ~ 3 项和第 5 项为优惠贸易协定项下商品，应填报为：“ <01：1－3，5 > ”。

小贴士 标点符号的输入

《中华人民共和国海关进出口货物报关单填制规范》（海关总署公告2008年第52号）规定尖括号（< >）、逗号（,）、连接符（-）、冒号（:）等标点符号及数字，填报时都必须使用非中文状态下的半角字符。

三、单证提交

货物申报进口时，进口货物收货人应当按照海关的申报规定，填制进口货物报关单，申明适用《亚太贸易协定》的协定税率或者特惠税率，并同时提交下列单证：

（1）由《亚太贸易协定》成员国政府指定的签证机构签发的原产地证书正本。因不可抗力不能在原产地证书签发之日起1年内提交原产地证书的，进口货物收货人还应当一并提交证明材料。

（2）货物商业发票正本、装箱单及其相关运输单证。货物运经第三方境内的，进口货物收货人应当提交货物原产国签发的联运提单、货物商业发票正本及其他证明符合直接运输规则的相关文件。

小贴士 进口人对于提交的相关单证不能充分反映货物原产地的，可以进行补充申报，可根据海关总署公告2009年第49号的要求进一步补充原产地信息。

四、原产资格申报

货物进口时，如进口人不能提交原产地证书的，应当在报关时就进口货物是否具备原产地资格进行申明。“《中华人民共和国海关进出口货物优惠原产地管理规定》进口货物原产资料申明”（以下简称“原产资料申明”）格式如下：

《中华人民共和国海关进出口货物优惠原产地管理规定》
进口货物原产资格申明

本人______（姓名及职务）为进口货物收货人/进口货物收货人代理人（不适用的部分请划去），兹声明编号为______的报关单所列第____项货物原产自______，且货物符合《中华人民共和国海关进出口货物优惠原产地管理规定》以及相应优惠贸易协定项下所确定的原产地规则的要求。

本人特申请对上述货物适用相应优惠贸易协定项下协定税率/特惠税率（不适用的部分请划去），并申请缴纳保证金后放行货物。本人承诺自货物进口之日起1年内补交相应优惠贸易协定项下规定的原产地证书。

签名：________

日期：________

小贴士 进口人在进行“原产资格申明”后，仍应提交其他相关单证。海关在审核相关单证以及“原产资格申明”后，可对相关货物采取收保放行措施。进口人在1年内补交原产地证书后，海关经审核符合《亚太贸易协定》规定的，将退回保证金。

海关提醒 没有进行原产资格申明，不能享受协定税率

货物进口申报时，进口货物收货人没有提交《亚太贸易协定》成员国政府指定机构签发的原产地证书正本的，也没有就货物原产资格进行申明的，相关货物不适用《亚太贸易协定》协定税率。

五、原产地核查

海关对《亚太贸易协定》原产地证书的真实性或者相关货物是否原产于《亚太贸易协定》成员国产生怀疑时，可以向《亚太贸易协定》成员国有关机构提出原产地核查请求。在等待核查结果期间，进口货物收货人可以选择对相关货物进行收保放行。核查完毕后，海关会根据核查结果，立

即办理保证金退还手续或者保证金转为进口税款手续。

小贴士 保密

海关在核查过程中获得的商业秘密依法负有保密义务。未经进口货物收货人同意，海关不得泄露或者用于其他用途，但是法律、行政法规及相关司法解释另有规定的除外。

海关提醒 进口货物属于国家限制进口的，或者有违法嫌疑的，在原产地证书核查完毕前海关不放行货物。

第四节　寻觅商机

在了解了《亚太贸易协定》的原产地规则以及企业在运用协定时应注意哪些问题后，接下来要了解的是《亚太贸易协定》各成员国有哪些优势产品，哪些产品蕴藏着商机。

一、《亚太贸易协定》各成员国的优势产品

亚太各成员国的经济具有一定的互补性，各成员国有自己的产业特点和优势产品。以韩国为例，韩国自然资源贫乏，市场规模较小，其经济对国际市场和资源的依赖程度相当高。自二十世纪六、七十年代以来，韩国致力于发展大进大出的外向型经济，三十多年来韩国的经济始终保持着较高速的增长。韩国经济以重工业、化工工业为主，造船、汽车、半导体、石油化工、IT 等产业均在世界上占有较为重要的地位，但是农林渔业由于成本过高，竞争力较差。据韩国关税厅发布的《2012 年进出口动向（确定值)》显示，2012 年，韩国进出口总额为 10 677 亿美元，同比减少 1.1%。其中，出口 5 481 亿美元，同比减少 1.3%；进口 5 196 亿美元，同比减少 0.9%。中韩双边贸易额为 2 151 亿美元，同比减少 2.5%。其中，韩对华

出口1 343亿美元，同比减少0.1%；自华进口808亿美元，同比减少6.5%。

根据印度商业信息统计署与印度商务部统计，2012年，印度货物进出口额为7 804.7亿美元，比上年同期（下同）增长1.1%。其中，出口2 911.9亿美元，下降5.1%；进口4 892.8亿美元，增长5.2%。印度出口呈多元化发展趋势，主要出口商品有矿物燃料、珠宝及贵金属制品、有机化学品、运输设备、机械设备、机电产品、药品、粮食、原棉、钢材、针织品等；主要进口商品是矿物燃料、宝石及贵金属制品、机电产品、机械设备、有机化学品、钢材、动植物油、塑料制品、船舶、光学仪器设备和矿产品等。印度是中国在南亚地区最大的贸易伙伴。据印度商业信息统计署与印度商务部统计，2012年，印度对中国出口148.5亿美元，下降22.3%，印度自中国进口539.4亿美元，下降2.5%。印度对中国出口的主要产品有棉花、矿产品、铜及制品、有机化学品、建筑材料、动植物油、塑料制品、机械设备、树胶和钢铁制品等。印度自中国进口的商品主要有机电产品、机械设备、有机化学品、文物制品、肥料、珠宝及贵金属制品、钢材、船舶、光学仪器制品、塑料制品、家具和纺织品等。

斯里兰卡为南亚次大陆南端印度洋上的岛国，近年来，斯里兰卡经济保持中速增长。斯里兰卡农林资源丰富，矿产资源有限。斯里兰卡土地肥沃，气候条件优越，盛产热带经济作物，茶叶、橡胶和椰子是斯里兰卡经济收入的主要来源。此外，斯里兰卡的水果农产品也相当丰富。近年来，可可、咖啡、香料、药材等非传统经济作物在农产品中所占的比重逐年增加。相比农业资源，斯里兰卡矿物资源则相当有限，主要以宝石和石墨为主，此外还出产一定的钛铁和磷灰石等。斯里兰卡主要的出口商品为：纺织服装、茶叶、珠宝和宝石、橡胶制品、食品饮料、烟草等。主要的进口商品为：纺织品、机器设备、原油、石油产品、食品饮料、建筑材料、交通工具、食糖、小麦、化肥、纸张、化工产品等。服装、宝石和茶叶是斯里兰卡对华的主要出口产品。

孟加拉国是南亚七国之一，孟加拉国经济发展水平较低，电力、油气、交通等基础产业落后，产业、产品结构单一，日用消费品缺乏，各种制造业所需的原材料、机械设备等大都从国外进口。其主要出口商品多为原料性产品，附加值不高，包括成衣、冷冻海产品、生黄麻及黄麻制品、皮革、药品等；主要进口商品包括工业原材料（纺织纱线、面料、辅料等）、机器设备、化肥、日用消费品等。中孟两国经济互补性强，今后两国经贸领域会继续扩大。孟加拉国属于最不发达国家，享受欧、美、日等给予的关税减免、市场准入等贸易优惠待遇，这相对提高了其产品的竞争力。

老挝位于中南半岛北部，是一个内陆国家，是联合国认定的最不发达国家之一。老挝自然资源丰富。据统计，迄今全国发现各类矿化地200多处，包括金、银、铜、铁等30多种。其中，铁、钾盐、金、锡、宝石、石膏等具有相当优势。万象平原的钾盐矿、氯化钾储量达100多亿吨，平均含氯化钾15%左右。森林覆盖率约40%，林业蓄积量达12亿立方米，有许多名贵木材和林业特产，如柚木、花梨木、紫檀、红木、松木、紫胶、松脂、葛藤等。据老挝工贸部统计，2012财年，老挝对外贸易总金额达42.63亿美元，同比下降0.9%。其中，出口16.96亿美元，下降16.3%；进口25.67亿美元，增长7.8%。主要出口商品：矿产品出口8.13亿美元，电力出口2.54亿美元，农产品出口1.77亿美元，矿石出口1.69亿美元，工业产品出口1.61亿美元。主要进口商品：各类车辆（包括飞机、摩托车）及零配件进口5.54亿美元，燃油燃气进口4.7亿美元，建材进口3.91亿美元，工业用品进口3.61亿美元，电器进口1.92亿美元，粮食进口1.41亿美元，电子器材进口1.2亿美元等。

亚太各成员国优势产品详见表1-12。

表1-12　亚太各成员国优势产品一览表

韩国	化工工业、造船、汽车、半导体、石油化工、IT等产业产品
印度	矿产品、钢铁等贱金属、化工产品、塑料及橡胶、纺织品、珠宝及贵金属、机电产品、皮革、蔬菜、鞋、帽及羽绒
斯里兰卡	纺织、服装、茶叶、珠宝、宝石加工、橡胶制品、化肥、皮革及制品、糖业、水泥、鱼类加工、医药、化工、陶瓷、基于天然气的工业等
孟加拉国	成衣、冷冻海产品、生黄麻及黄麻制品、废塑料、皮革、药品等
老挝	农林产品、资源性初级产品。其中铁、钾盐、金、锡、宝石、石膏等具有相当优势。名贵木材和林业特产，如柚木、花梨木、紫檀、红木、松木、紫胶、松脂、葛藤等

（一）具有价格优势的印度棉纱

印度棉纱的主要特点：价格相对巴基斯坦棉纱廉价。如果是用来生产毛巾等要求相对低的布料，建议采用印度棉纱。如果从有信誉的印度棉纱出口商处进口，还是非常有优势的，尤其是20支以下的，如20支、16支的自动落筒纱和非自动落筒纱。因为巴基斯坦棉纱生产的坯布上色率、染料染着率较高，所以可以节省燃料、芒硝、纯碱、蒸汽等成本费用，使各种成本均有所降低，整体质量稳定。支数在20支以上40支以下的性价比较高。

2012年，我国在《亚太贸易协定》项下进口印度棉纱货值约3.9亿美元，受惠率在九成以上。详见表1－13。

表1－13　2012年我国进口印度棉纱情况

商品编码	商品名称
52051300	棉≥85%，192分特≤细度<232分特未精梳单纱
52051400	棉≥85%，125分特≤细度<192分特未精梳单纱
52052100	精梳单纱，棉≥85%，细度≥714.29分特
52052200	棉≥85%，232分特≤细度<714分特精梳单纱
52052300	棉≥85%，192分特≤细度<232分特精梳单纱
52052400	棉≥85%，125分特≤细度<192.31分特精梳单纱
52053100	棉≥85%，单纱细度≥714分特未精梳多股纱线
52053200	棉≥85%，232分特≤单纱细度<714分特未精梳多股纱线

小贴士　棉纱协定税率（2013年《税则》）

棉纱（商品编码为5205和5206）的最惠国税率是5%，《亚太贸易协定》项下的协定税率为3.5%或4.5%。

（二）世界三大高香茶之印度红茶与斯里兰卡红茶

印度是世界最大的茶叶生产国之一，印度拥有许多世界主要茶叶产区，其中最著名的就是 Darjeeling（大吉岭）和 Assam（阿萨姆）。阿萨姆是世界上最重要的红茶产地之一，印度茶叶的 80% 产自阿萨姆地区。而大吉岭则是世界上最好的红茶产地，占印度红茶总产量的 2%。印度的大吉岭红茶、中国安徽的祁门红茶、斯里兰卡的锡兰红茶被誉为世界三大高香茶，其中尤以大吉岭红茶为最好。

斯里兰卡的红茶又称“锡兰红茶”，是世界红茶的佼佼者，香气和嫩度好，被誉为“献给世界的礼物”。斯里兰卡的茶叶特征是钠含量低，对于有高血压和需要摄入少量钠的人来说是个不错的选择。锡兰红茶香气浓郁持久，带有花香，滋味醇厚，收敛性比阿萨姆红茶还要强；颜色比肯尼亚茶深，但不如阿萨姆茶深；风味强劲，口感醇厚，非常适合做奶茶。

2012 年，我国在《亚太贸易协定》项下进口印度红茶的货值约 1 200 万美元，受惠率在九成以上；进口斯里兰卡红茶货值约 1 000 万美元，受惠率达到七成。仍有部分进口企业因为不了解《亚太贸易协定》项下红茶的优惠税率，从而错失了节省关税的机会。具体情况详见表 1 - 14。

表 1 - 14　2012 年我国进口印度、斯里兰卡红茶情况

商品编码	商品名称
09023090	红茶及其他半发酵茶，内包装每件净重≤3kg
09024090	红茶及其他半发酵茶，内包装每件净重＞3kg

小贴士　红茶协定税率（2013 年《税则》）

红茶（商品编码 09023090、09024090）的最惠国税率为 15%，《亚太贸易协定》项下的协定税率为 7.5%，关税优惠幅度达到一半。

小贴士　锡兰红茶标识

其实一般所说的锡兰红茶只是一个统称，泛指锡兰地区所产的红茶，只有百分之百锡兰地区产的茶叶才能称为锡兰红茶，目前市场上许多红茶宣称是锡兰红茶，可实际上却是印度、肯尼亚等地区所产的红茶。为了规范锡兰红茶的出口，斯里兰卡政府的茶叶出口主管机构统一颁发了锡兰茶质量标识（详见图 1－9）：持剑狮王，该标识上部为一个右前爪持剑的雄狮，下部则是上下两排英文，上排为 CEYLON TEA 字样，即“锡兰茶”，下排为 Symbol of Quality 字样，即“质量标识”之意。标注此标识的锡兰红茶才是经过斯里兰卡政府认可的纯正锡兰红茶，这个标识具有品质象征和原产地保证。

图 1－9　锡兰红茶质量标识

（三）物美价廉的印度辣椒

辣椒是印度的重要经济作物，印度是世界上最大的辣椒生产国之一，占世界总种植面积的 45%，2009 年印度辣椒产量占世界的 40%。印度在红辣椒出口方面具有一定的竞争力，出口价格只有国际进口价格的 50%。马来西亚、孟加拉国、美国、斯里兰卡、墨西哥、印度尼西亚、巴基斯坦和阿联酋等国是其主要出口国。印度东北部山区盛产一种奇辣无比的辣椒，当地人称之为“魔鬼辣椒”，被吉尼斯确认为世界上最辣的辣椒，其身价也迅速上升。

2012 年，《亚太贸易协定》项下，我国进口印度辣椒（商品编码 0904）货值超过 1 000 万美元，受惠率超过九成。具体情况详见表 1－15。

表 1－15　2012 年我国进口印度辣椒情况

商品编码	商品名称
09042100	干未磨辣椒
09042200	已磨辣椒

小贴士　辣椒协定税率（2013 年《税则》）

辣椒（商品编码 09042100、09042200）的最惠国税率为 20%，《亚太贸易协定》项下的协定税率为 10%，关税优惠幅度达到一半。

（四）成本低廉的孟加拉国服装

服装产业是孟加拉国的支柱产业，孟加拉国是仅次于中国的第二大针织品出口国。由于孟加拉国劳动成本低，使孟加拉国快速地融入了全球低端纺织品和服装的供应链。

2012 年，在《亚太贸易协定》项下，我国进口孟加拉国服装（《税则》第 61 章和第 62 章）的货值超过了 1 100 万美元，受惠率只有一成。化纤制针织或钩编的男长睡衣及睡衣裤（商品编码 61072200）的受惠率达到 100%。具体情况详见表 1－16。

表 1－16　2012 年我国进口孟加拉国服装情况

商品编码	商品名称
61033200	棉制针织或钩编的男式上衣
61034200	棉制针织或钩编的男裤
61044200	棉制针织或钩编的女式连衣裙
61044400	人造纤维制针织或钩编的女式连衣裙
61045200	棉制针织或钩编的女式裙子及裙裤
61046200	棉制针织或钩编的女裤
61051000	棉制针织或钩编的男衬衫
61061000	棉制针织或钩编的女衬衫
61071100	棉制针织或钩编的男内裤

续表

商品编码	商品名称
61072200	化纤制针织或钩编的男长睡衣及睡衣裤
61091000	棉制针织或钩编的T恤衫、汗衫、背心
61099090	未列名纺材制针织或钩编的T恤衫、汗衫、背心
61102000	棉制针织钩编的套头衫、开襟衫、外穿背心等
61103000	化纤制针织钩编的套头衫、开襟衫、外穿背心等
61121100	棉制针织或钩编的运动服
61142000	棉制针织或钩编的其他服装
62011100	毛制男式大衣、雨衣、斗蓬等
62019310	化纤制男式羽绒短上衣
62019390	未列名化纤制男式带风帽防寒短上衣、防风衣等
62021390	未列名化纤制女式大衣、雨衣、斗蓬等
62029310	化纤制女式羽绒短上衣
62029390	未列名化纤制女式带风帽防寒短上衣、防风衣等
62033100	毛制男式上衣
62033200	棉制男式上衣
62034290	棉制其他男裤
62034390	合成纤维制其他男裤
62034990	其他纺织材料制其他男裤
62043200	棉制女式上衣
62046200	棉制女裤
62046900	其他纺织材料制女裤
62052000	棉制男衬衫
62059090	未列名纺织材料制男衬衫
62063000	棉制女衬衫

小贴士

表 1－17　服装协定税率与特惠税率（2013 年《税则》）

商品编码及商品名称	最惠国税率（%）	协定税率（%）	特惠税率（%）
61033200 棉制针织或钩编的男式上衣	16	12	—
61034200 棉制针织或钩编的男裤	16	13.6	6.4
61044200 棉制针织或钩编的女式连衣裙	16	13.6	—
61044400 人造纤维制针织或钩编的女式连衣裙	16	11.7	—
61045200 棉制针织或钩编的女式裙子及裙裤	14	10.3	—
61046200 棉制针织或钩编的女裤	16	13.6	11.2
61051000 棉制针织或钩编的男衬衫	16	13.6	11.2
61061000 棉制针织或钩编的女衬衫	16	13.6	6.4
61071100 棉制针织或钩编的男内裤	14	—	0
61072200 化纤制针织或钩编的男长睡衣及睡衣裤	16	10.9	—
61091000 棉制针织或钩编的 T 恤衫、汗衫、背心	14	9.4	—
61099090 未列名纺材制针织或钩编的 T 恤衫、汗衫、背心	14	9.3	0
61102000 棉制针织钩编的套头衫、开襟衫、外穿背心等	14	11	5.6
61103000 化纤制针织钩编的套头衫、开襟衫、外穿背心等	16	10.9	0
61121100 棉制针织或钩编的运动服	16	13.6	—
61142000 棉制针织或钩编的其他服装	16	—	6.4
62011100 毛制男式大衣、雨衣、斗篷等	16	11.7	—
62019310 化纤制男式羽绒短上衣	17.5	12.3	—
62019390 未列名化纤制男式带风帽防寒短上衣、防风衣等	17.5	12.3	—
62021390 未列名化纤制女式大衣、雨衣、斗篷等	19	13.6	—
62029310 化纤制女式羽绒短上衣	17.5	12.3	—
62029390 未列名化纤制女式带风帽防寒短上衣、防风衣等	17.5	12.3	—

续表

商品编码及商品名称	最惠国税率（%）	协定税率（%）	特惠税率（%）
62033100 毛制男式上衣	16	11.7	9.6
62033200 棉制男式上衣	16	14.4	11.2
62034290 棉制其他男裤	16	12.9	11.2
62034390 合成纤维制其他男裤	17.5	13.1	—
62034990 其他纺织材料制其他男裤	16	11.7	0
62043200 棉制女式上衣	16	—	6.4
62046200 棉制女裤	16	14.4	11.2
62046900 其他纺织材料制女裤	16	12	—
62052000 棉制男衬衫	16	8	6.4
62059090 未列名纺织材料制男衬衫	16	11.7	0
62063000 棉制女衬衫	16	13.6	6.4

二、2012 年各成员国受惠进口前 10 位商品的受惠率情况

2012 年，在《亚太贸易协定》项下，对我国从各受惠国进口的前 10 位商品受惠率情况分析，不难发现韩国与印度的受惠率相对较高，斯里兰卡与孟加拉国的受惠率相对较低，详见表 1－18。这说明国内一些进口企业对《亚太贸易协定》优惠政策的了解和应用尚不充分，没有很好地利用《亚太贸易协定》项下的关税优惠政策。

从 2012 年《亚太贸易协定》项下我国从韩国受惠进口前 10 位商品的受惠率来看，《税则》中第 27 章和第 29 章化工产品以及第 84 章和第 87 章的汽车受惠率较高，受惠率都在九成以上。第 72 章钢铁卷材以及第 39 章塑料受惠率相对较低，受惠率分别是七成和八成。

表1－18　2012年韩国受惠进口前10位商品的受惠率

商品编码	商品名称	最惠国税率（%）	协定税率（%）
29025000	苯乙烯	2	1.4
27132000	石油沥青	8	5.6
29173619	其他对苯二甲酸	6.5	6
87032353	2升＜排量≤2.5L装点燃往复式活塞内燃发动机小客车（9座及以下）及其成套散件	25	22.5
39012000	初级形状的聚乙烯，比重在0.94及以上	6.5	6
29173611	精对苯二甲酸	6.5	6
72091790	其他冷轧普通钢铁卷材，0.5mm≤厚≤1mm	3	2.1
39023010	初级形状的乙烯－丙烯共聚物（乙丙橡胶）	6.5	6
84073410	3 000ml≥排量＞1 000ml车用往复式活塞发动机	10	7
87032352	越野车	25	22.5

从2012年《亚太贸易协定》项下我国从印度受惠进口前10位商品的受惠率来看，除《税则》中第53章椰壳纤维外，第3章鱼类、第52章棉纱的受惠率都在九成以上，第29章药类的受惠率达到百分之百，详见表1－19。

表1－19　2012年印度受惠进口前10位商品的受惠率

商品编码	商品名称	最惠国税率（%）	协定税率（%）
52051400	棉≥85%，125分特≤细度＜192分特未精梳单纱	5	3.5
52051200	棉≥85%，232分特≤细度＜714分特未精梳单纱	5	3.5
52052400	棉≥85%，125分特≤细度＜192.31分特精梳单纱	5	3.5
03038910	带鱼	10	5
53050092	椰壳纤维	5	4
52052200	棉≥85%，232分特≤细度＜714分特精梳单纱	5	3.5
29419058	头孢克罗及其盐	6	5
03038990	其他鱼	10	5
52052300	棉≥85%，192分特≤细度＜232分特精梳单纱	5	3.5
52051300	棉≥85%，192分特≤细度＜232分特未精梳单纱	5	3.5

从2012年《亚太贸易协定》项下我国从斯里兰卡受惠进口前10位商品的受惠率来看，除《税则》中第11章细粉及粗粉的受惠率达到百分之百外，其他商品的受惠率普遍较低，服装的受惠率不到50%，详见表1－20。

表1－20　2012年斯里兰卡受惠进口前10位商品的受惠率

商品编码	商品名称	最惠国税率（%）	协定税率（%）
53050092	椰壳纤维	5	4
09024090	红茶及其他半发酵茶，内包装每件净重>3kg	15	7.5
09023090	红茶及其他半发酵茶，内包装每件净重≤3kg	15	7.5
62046200	棉制女裤	16	14.4
62034290	棉制其他男裤	16	12.9
09021090	绿茶，内包装每件净重≤3kg	15	7.5
61091000	棉制针织或钩编的T恤衫、汗衫、背心	14	9.4
61102000	棉制针织钩编的套头衫、开襟衫、外穿背心等	14	11
03023200	鲜、冷黄鳍金枪鱼	12	9
11063000	第8章产品制细粉及粗粉、粉末	20	10

从2012年《亚太贸易协定》项下我国从孟加拉国受惠进口前10位商品的受惠率来看，黄麻和蓄电池的受惠率相对较高，服装的受惠率偏低，详见表1－21。由于孟加拉国同时享有我国给予最不发达国家特别优惠关税待遇，服装的受惠率偏低可能是因为进口企业选择使用我国给予最不发达国家特别优惠关税待遇的相关政策，而未选择《亚太贸易协定》项下受惠。

三、潜在商机

《亚太贸易协定》项下一定有很多商机可以挖掘。比如椰壳纤维等受惠率较低的商品，尚有受惠空间；又如，我国进口的斯里兰卡宝石量比较小，但是全部未享受《亚太贸易协定》项下的关税优惠。

表 1－21　2012 年孟加拉国受惠进口前 10 位商品受惠率

商品编码	商品名称	最惠国税率（%）	协定税率（%）	特惠税率（%）
53031000	生的或经沤制的黄麻等纺织用韧皮纤维	5	—	0
62034290	棉制其他男裤	16	12.9	11.2
62019310	化纤制男式羽绒短上衣	17.5	12.3	—
61091000	棉制针织或钩编的 T 恤衫、汗衫、背心	14	9.4	—
62029310	化纤制女式羽绒短上衣	17.5	12.3	—
85071000	用于启动活塞式发动机的铅酸蓄电池	10	6.9	—
62019390	未列名化纤制男式带风帽防寒短上衣、防风衣等	17.5	12.3	—
62029390	未列名化纤制女式带风帽防寒短上衣、防风衣等	17.5	12.3	—
61051000	棉制针织或钩编的男衬衫	16	13.6	11.2
62046200	棉制女裤	16	14.4	11.2

（一）受惠率较低的商品，尚有受惠空间

2012 年，《亚太贸易协定》项下，一些受惠率相对较低的商品仍有受惠空间，这说明仍然有很多进口企业未能充分利用《亚太贸易协定》减少关税成本。

1. 印度、斯里兰卡椰壳纤维

椰壳纤维主要由纤维素、木质素、半纤维素以及果胶物质组成。椰壳纤维的加工工序主要包括将椰子壳浸泡、脱脂、打松及挑选成纤。椰壳纤维主要用来生产小地毯、垫席、绳索及滤布等。椰壳纤维具有环保功能，可以降解，对环境危害很小。

2012 年，《亚太贸易协定》项下，我国进口印度椰壳纤维（商品编码 53050092）的货值约为 3 324.6 万美元，受惠率只有 57%；进口斯里兰卡椰壳纤维（商品编码 53050092）的货值约为 2 218.8 万美元，受惠率 72%。详见表 1－22。

表 1－22　2012 年我国进口印度、斯里兰卡椰壳纤维的受惠情况

国家	亚太项下受惠货值（万美元）
印度	3 324.6
斯里兰卡	2 218.8

2. 印度药用植物

2012 年，《亚太贸易协定》项下，我国进口印度药用植物（商品编码 1211）的货值约 300 万美元，受惠率只有 33%。大部分进口人未能充分利用《亚太贸易协定》减少关税成本。详见表 1－23。

表 1－23　2012 年我国进口印度药用植物等商品的受惠情况

商品编码及商品名称	亚太项下受惠货值（万美元）
12119039 未列名主要用作药料的植物及其某部分	286
12119050 主要用作香料的植物及其某部分	3.7
12119099 主要用作杀虫、杀菌等用途的植物及其某部分	17

小贴士　药料或香料植物的协定税率（2013 年《税则》）

药料植物（商品编码 12119039）的最惠国税率为 6%，《亚太贸易协定》项下的协定税率为 3%；

香料植物（商品编码 12119050）的最惠国税率为 8%，《亚太贸易协定》项下的协定税率为 4%；

杀虫用植物（商品编码 12119099）的最惠国税率为 9%，《亚太贸易协定》项下的协定税率为 4.5%。

3. 孟加拉国服装

2012 年，《亚太贸易协定》项下，我国进口孟加拉国服装（《税则》第 61 章和第 62 章，涵盖 33 个 8 位商品编码）的货值超过 1 100 万美元，受惠率却只有一成。以“未列名纺材制针织或钩编的 T 恤衫、汗衫及其他背心（商品 61099090）”为例，2012 年《亚太贸易协定》项下，受惠货值为19.795万美元，受惠率不到三成，协定利用率很低。详见表1-24。

表1-24 2012年我国进口孟加拉国服装（部分税号）的受惠情况

商品编码及商品名称	亚太项下受惠货值（美元）	受惠率
61099090 未列名纺材制针织或钩编的T恤衫、汗衫及其他背心	197 950	26.02%

小贴士 部分税号服装特惠税率达到0（2013年《税则》）

棉制针织或钩编的男内裤（商品编码61071100）的最惠国税率为14%，《亚太贸易协定》项下未设协定税率，特惠税率为0；

未列名纺材制针织或钩编的T恤衫、汗衫及其他背心（商品编码61099090）的最惠国税率为14%，《亚太贸易协定》项下的协定税率为9.3%，特惠税率为0；

化纤制针织钩编的套头衫、开襟衫、外穿背心等（商品编码61103000）的最惠国税率为16%，《亚太贸易协定》项下的协定税率为10.9%，特惠税率为0；

其他纺织材料制男裤（商品编码62034990）的最惠国税率为16%，《亚太贸易协定》项下的协定税率为11.7%，特惠税率为0。

（二）被忽略的商机

斯里兰卡的宝石、印度与斯里兰卡的椰子都是这些国家的主要出口产品，而且都在《亚太贸易协定》产品减让清单内，有一定幅度的关税优惠。2012年我国应税进口的斯里兰卡宝石与印度椰子，货值较小，而且全部没有利用《亚太贸易协定》项下的优惠关税。在《亚太贸易协定》项下会有很多类似的商机被进口企业忽略。

1. 斯里兰卡的宝石

斯里兰卡素有“宝石王国”之美称。阿拉伯民间故事《一千零一夜》把斯里兰卡称作Serendib，就是珠宝岛的意思。当今国际宝石界公认，在世界各地出产的蓝宝石中，斯里兰卡和缅甸的蓝宝石质量最佳。对于星光蓝宝石，斯里兰卡则更胜一筹。世界名宝石故乡斯里兰卡的宝石种类繁多，除蓝宝石外，还有猫眼石、亚历山大石、红宝石、月亮石、金绿宝石、黄玉石、石榴石、紫水晶石、绿宝石等30多个品种。斯里兰卡宝石蕴藏量相当丰富，自然界85种基本宝石矿种中，有46种能在斯里兰卡找到。宝石出口仅次于茶叶、橡胶和椰子，是斯里兰卡赚取外汇的第四大产业。以上情况再加上中国是世界奢侈品消费大国，我们可以看到宝石市场蕴含着无限商机。

2012年，我国应税进口斯里兰卡宝石货值约10万美元，货值较小，且全部没有享受《亚太贸易协定》项下的关税优惠，详见表1－25。随着我国珠宝奢侈品市场的升温，对翡翠等宝石的需求会越来越大，内地珠宝市场潜力巨大。进口企业可以利用《亚太贸易协定》的优惠税率，进口斯里兰卡原产的宝石。

表1－25　2012年我国进口斯里兰卡宝石的受惠情况

商品编码及商品名称	应税货值（美元）	亚太项下受惠货值（美元）	受惠率（%）
71031000 未加工或仅简单锯开或粗成形的宝石或半宝石	5 370	—	—
71039100 经其他加工的红宝石、蓝宝石、绿宝石	21 470	—	—
71039990 经其他加工的未列名宝石或半宝石	75 452	—	—

小贴士　宝石协定税率（2013年《税则》）

钻石（商品编码71023900）的最惠国税率是8%，《亚太贸易协定》项下的协定税率为0；

宝石（商品编码71031000）的最惠国税率是3%，《亚太贸易协定》项下的协定税率为2.8%；

经其他加工的红、蓝、绿宝石、翡翠等（商品编码71039100、71039910、71039990）的最惠国税率是8%，《亚太贸易协定》项下的协定税率为4%。

2. 斯里兰卡和印度的椰子

椰子为多年生常绿乔木，主要分布在赤道两侧20度以内的热带滨海地区。椰子全身是宝，是印度重要的经济作物之一，印度是世界第三大椰产国，仅次于菲律宾与印度尼西亚。椰子也是斯里兰卡的主要出口商品。

2012 年，我国应税进口印度椰子（08011200）的货值约为 1 万美元，且全部没有享受《亚太贸易协定》项下的关税优惠，没有应税进口斯里兰卡产椰子。

小贴士 椰子的协定税率（2013 年《税则》）

椰子（商品编码 08011100、08011200、08011990）的最惠国税率是 12%，《亚太贸易协定》项下的协定税率为 6%，在《亚太贸易协定》项下与其他商品相比，优惠幅度相对较大。

（三）税率优惠幅度较大的商品，具有市场潜力

《亚太贸易协定》下的优惠关税较多。进出口企业可以充分研究《亚太贸易协定》项下税率优惠幅度较大的商品，将优惠政策用足。在我国提供的关税减让产品清单里，农产品和皮革等商品的税率优惠幅度较大。以农产品为例：冻鱼、鲜花、水果、蔬菜、药材等都有不同程度的税率优惠。进口企业可以充分利用优惠政策，减少进口关税。详见表 1－26。

表 1－26 《亚太贸易协定》项下税率优惠幅度较大的商品

商品名称	商品编码	2013 年协定税率（%）	2013 年最惠国税率（%）
冻罗非鱼	03032300	5	10
冻其他对虾	03061729	2.5	5
其他鲜花	06031900	5	10
鲜或冷藏的大蒜头	07032010	6.5	13
当归	12119011	3	6
蔓越橘汁	20098100	10	20
蓝湿牛皮	41041111	3.5	7
橡胶、塑料制底及面的其他运动靴	64021900	12	24

（四）老挝进口受惠商品期待“零”的突破

老挝是一个资源丰富的国家，在矿产和农林等自然资源方面具有对华出口潜力。老挝对中国主要出口的产品为矿产品、木材、有色金属、天然橡胶、农产品、手工艺品、服装、藤条和竹子等。尽管中老双边贸易额增长较快，但规模仍然很小。中国为老挝第二大贸易伙伴、第二大进口市场及第四大出口市场。

目前我国进口企业尚未利用《亚太贸易协定》项下我国给予老挝的协定税率及特惠税率，对《亚太贸易协定》的优惠政策尚未用足，老挝市场潜力无限。

第二章　稳步增长的澳门 CEPA

澳门，亚洲最发达、最富裕的地区之一，有发达的轻工业、美食、旅游业、酒店和娱乐场，这些使澳门经济长盛不衰，成为东方一颗耀眼的明珠。2003 年，中国内地与中国澳门特别行政区政府签署了《内地与澳门关于建立更紧密经贸关系的安排》（以下简称“澳门 CEPA”）。澳门 CEPA 实施近十年里，通过内地与澳门各政府部门、社会各界的共同努力，进展十分顺利，提振澳门经济效应明显，但仍与人们当初所期待的热度存在着较大的差距，利用澳门 CEPA 淘金的企业仍是少数。

其实澳门 CEPA 就像“金钥匙”，可以帮助企业降低产品成本，变为企业发展的推手，成为企业发展的引擎。但不是所有企业都会使用这把钥匙，只有拥有更宽广视野、更清晰战略、更大主动性的企业才能从中获利，获得新发展。那么，企业应该如何灵活运用澳门 CEPA 原产地规则？还有哪些澳门特色商品具有潜在的巨大商业价值？企业如何利用澳门 CEPA 获得商机，赢得广阔市场，做大做强呢？本章将向你娓娓道来。

第一节　初识澳门 CEPA

2003 年，中国内地与中国香港、澳门特别行政区政府分别签署了《内地与香港关于建立更紧密经贸关系的安排》、《内地与澳门关于建立更紧密经贸关系的安排》，接着每年又分别签署了《补充协议》、《补充协议二》、《补充协议三》、《补充协议四》、《补充协议五》、《补充协议六》、《补充协议七》、《补充协议八》和《补充协议九》。CEPA 的签署使中国香港地区、中国澳门地区与中国内地的经贸联系更加紧密，它标志着中国入世后港澳与内地经济关系出现了历史性的变革。

签署 CEPA 是中国经济一体化战略的重要环节，是构建中国内地、香港地区、澳门地区、台湾地区的“大中华经济圈”的起点，是实质性区域经济合作的第一步。

2012 年，内地已是澳门地区最大贸易伙伴和进口来源地、第二大出口市场①（仅次于香港地区）。澳门 CEPA 的稳步推进和实施，逐步减少和消除了两地经贸交流中的制度性障碍，促进了内地与澳门之间经济要素的自由流动和经济融合，同时澳门产业结构得到了进一步优化，整体经济实力得到了进一步提升。

一、了解澳门 CEPA

（一）内地对原产澳门并制定原产地标准的进口货物全面实施零关税

对于 CEPA 的读法，大部分人都直接念每一个字母。其实 CEPA 的英文是 Closer Economic Partnership Arrangement，中文直译是“更紧密经济伙伴安排”。CEPA 名称的首次使用是在 2003 年 6 月 29 日内地与香港地区签订《内地与香港关于建立更紧密经贸关系的安排》（Mainland and Hong Kong Closer Economic Partnership Arrangement）时。在内地与香港地区签订 CEPA 后，澳门地区也于 2003 年 10 月在澳门特别行政区政府总部举行签署仪式，与内地在《内地与澳门关于建立更紧密经贸关系的安排》（Mainland and Macao Closer Economic Partnership Arrangement）协议上签字。

澳门 CEPA 的主要框架包括三大方面：一是货物贸易，二是服务贸易，三是贸易投资便利化。其中，在货物贸易方面，根据两地货物贸易和海关监管的实际情况，内地对澳门地区原产的货物，分两批实行零关税。第一批，从 2004 年 1 月 1 日开始，对澳门有较大实际利益的 273 个税号产品，包括化工产品、纺织服装、首饰制品、医药产品、食品、电子及电制产品等，作为首批降税的产品，实行零关税。第二批，自 2006 年 1 月 1 日起，

① 数据来源：澳门特别行政区政府统计暨普查局网站，网址 www.dsec.gov.mo。

内地对原产澳门并制定原产地标准的进口货物全面实施零关税。在服务贸易方面，涉及会议及展览、会计、仓储、物流、货物运输代理服务等18个行业；在贸易投资便利化方面，包括通关便利化、产业合作等7个领域的合作。

海关提醒 内地对原产澳门地区的进口货物全面实施零关税，但不包括内地有关法规、规章禁止进口的和履行国际公约而禁止进口的货物，以及内地在有关国际协议中作出特殊承诺的产品。零关税进口货物须符合双方磋商确定的原产地标准。换句话说，只有经双方磋商确定原产地标准的产品，才可以享受零关税待遇。

案例2-1 利用澳门CEPA进口到底能省多少钱

不少旅客去澳门地区旅游，都喜欢购买澳门杏仁饼做手信。澳门地区某食品公司看到了商机，出口食品到内地销售。但由于价格较高，销售量一般。当公司了解到澳门CEPA规定可免关税后，2012年，该企业首次利用澳门CEPA出口，在内地口岸进口申报完税价格为10万元的杏仁饼。经海关审核后，当即免征进口关税2万元，同时，由于关税计入增值税计税基础，还可免征相应增值税0.34万元，合计免征税款2.34万元。这使得该企业产品的国内市场成本有所降低，销量增加，从而扩大了市场份额。详见表2-1。

表2-1 受惠进口杏仁饼免征税款计算

免征关税额=10万元×20%=2万元
免征关税额相应增值税=12万元×17%-10万元×17%=0.34万元
免征税款=免征关税额+免征关税额相应增值税=2万元+0.34万元=2.34万元

（二）澳门CEPA条款比香港CEPA条款更有弹性

澳门CEPA还充分考虑到澳门地区经济发展的特殊情况，在条款上更具弹性。比如，澳门CEPA特别允许澳门产品经香港地区转运内地，而香港 CEPA 的货物便不能经澳门地区运回内地。由于澳门地区没有深水港，澳门地区的许多货品必须经过香港地区转运。如果不给澳门地区产品转运的权利，享受 CEPA 的便利就会打折扣，因此，才会给予澳门地区产品在原产地规则方面关于直接运输特殊的宽容。澳门地区制造业比较薄弱，可享受澳门 CEPA 零关税货物清单的不仅包括了大部分澳门地区生产的产品，还有一些未生产但有机会生产和预备生产的产品，如不锈钢餐具、电影以及一些电子产品等，为今后澳门地区新产业的发展预留了空间。这些在本章第二节将会逐一分析。协助澳门产业结构的调整和升级，促进澳门整体经济的稳定及可持续发展，成为澳门 CEPA 重要的任务。

CEPA 内容丰富，领域广泛，涵盖内地与港澳地区经贸交流的各个方面。由于澳门 CEPA 涉及的范围较大，笔者将根据自身工作经历和研究，着眼于货物贸易方面，向读者介绍如何通过澳门 CEPA 原产地政策尽享关税优惠政策，寻觅商机。

二、标准逐步完善，产品清单覆盖面广

前面我们提到，澳门 CEPA 是开放的。澳门 CEPA 第三条规定，“双方将通过不断扩大相互间的开放，增加和充实 CEPA 的内容”。自 2004 年以来，每年双方将通过不断扩大相互间的开放，增加和充实 CEPA 的内容，截至 2013 年双方在 CEPA 框架下陆续签署了 9 个补充协议。

每年，内地海关牵头制定的原产地规则都是科学、务实、有效的，这既让澳门企业充分享受零关税政策，也确保享受零关税货物在澳门经过了实质性加工。从 2006 年开始，原产地标准磋商由每年一次改为每年两次，这样做有利于澳门厂商对内地市场即时调整生产结构，把握更多商机。随着澳门 CEPA 零关税措施的不断拓宽拓深，可以享受零关税待遇的澳门产品由 2004 年 1 月的 273 个 8 位商品编码（2004 年《税则》）扩大至 2013 年 7 月的 1 283 个 8 位商品编码（2013 年《税则》），几乎涵盖了所有澳门原产产品的种类，为澳门经济结构的转型升级和产业结构的多元化发展提供了机遇和动力。详见图 2 – 1。

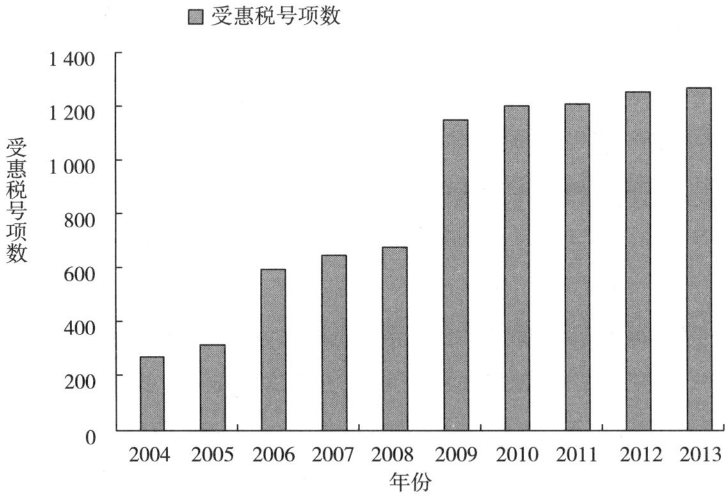

图 2-1　2004 年—2013 年经磋商确定的澳门 CEPA 原产地标准情况

从图 2-1 可以看到，澳门 CEPA 更重视和强调维持并振兴澳门的制造业，以防止产业“空心化”对澳门地区就业所造成的影响。实施首年，澳门 CEPA 享受零关税产品共有 273 种，占澳门总出口的 96%，占对内地总出口的 93%，其中甚至包括部分尚未在澳门生产的产品，产品的原产地标准规定大部分（占 73%）按制造加工工序①规定。这些规定无疑有力刺激了澳门制造业的维持和振兴。在 2008 年，全球爆发国际金融危机，澳门 CEPA 项下受惠金额出现实施以来首次下降。为使澳门地区能够应对国际金融危机，2009 年下半年，内地新增对原产于澳门地区的 475 项货物享受零关税待遇。这是自澳门 CEPA 实施以来，内地给予澳门地区受惠清单商品最多的一次，显示了内地全力支持澳门地区经济适度多元化发展的力度与决心，有利于协助澳门对外贸易渡过难关。

小贴士　查找澳门 CEPA 的最新货物清单，可参阅当年《税则》或海关总署公告；具体澳门 CEPA 货物原产地标准请参阅《享受货物贸易优惠

① 制造或加工工序标准，指在澳门进行赋予加工后所得货物基本特征的主要制造或加工工序的标准。详细可参阅本章第二节。

措施的货物原产地标准表》，可通过海关总署相关公告查询，或者通过香港工业贸易署和澳门经济局网页浏览该表格。

海关总署相关网址为：http：//www. customs. gov. cn/publish/portal0/

香港工业贸易署相关网址为：http：//www. tid. gov. hk/mobile/sc_ chi/cepa/tradegoods/rules_ origin. html

澳门经济局相关网址为：http：//www. economia. gov. mo/web/DSE/public?_ nfpb = true&_ pageLabel = Pg_ CEPA_ TIG&locale = zh_ CN

三、澳门 CEPA 稳步上升，产业呈现多元化

据海关统计，2012 年共有 453 票澳门 CEPA 货物享受零关税进口至内地，受惠货值为 1 661 万美元，关税优惠为 988 万元人民币。其中，受惠货值和关税优惠比去年同期分别增长了 38% 和 54% 。受惠货值创澳门 CEPA 实施以来年度新高，是澳门 CEPA 实施首年的 72 倍。

自 2004 年 1 月 1 日至 2012 年 12 月 31 日，共有 1 975 票澳门 CEPA 零关税货物进口至内地，受惠货值为 4 847 万美元（见图 2 –2），关税优惠为 2 850 万元人民币。在内地与澳门地区各政府部门、社会各界的共同努力下，除了受 2008 年金融危机影响使澳门 CEPA 货物进口受惠货值下降外，澳门 CEPA 以年平均增长率 71% 的速度高速发展（见图 2 –3）。

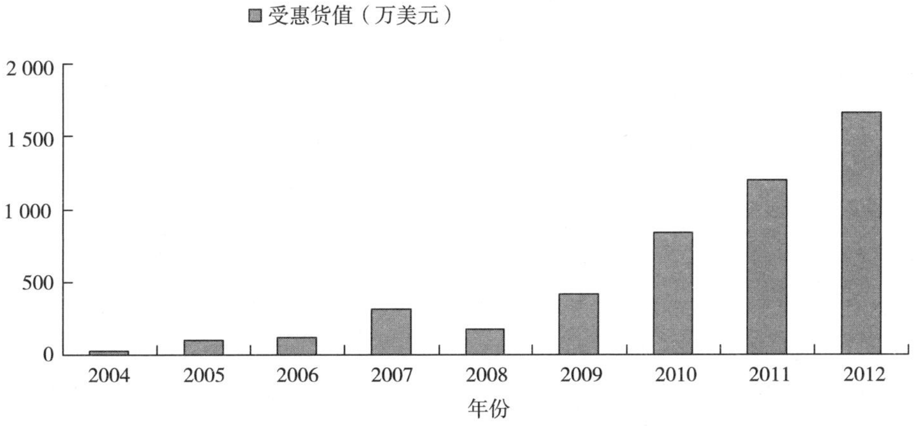

图 2 –2　2004 年—2012 年澳门 CEPA 货物进口受惠货值情况

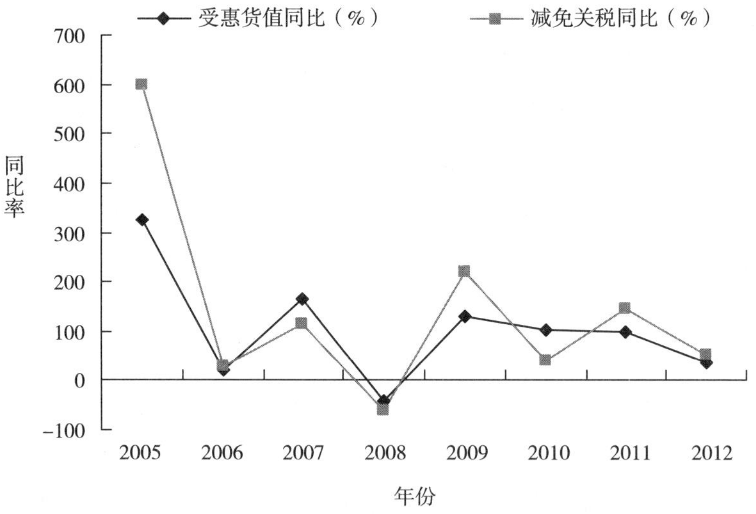

图 2-3　2004 年—2012 年澳门 CEPA 货物进口每年增减情况

一直以来，澳门地区的工业产业基础较为薄弱，主要以纺织轻工业为主。中央实施澳门 CEPA 零关税措施，主要是促进澳门地区经济结构的转型升级和产业结构多元化，惠及澳门地区的弱势产业，提高进入内地的竞争力，促进其可持续发展。另外，也使得澳门地区经济在很大程度上与内地经济紧密联系在一起，内地 13 亿人口的出口市场为澳门地区经济的稳定提供了可靠的保证，增强了澳门地区抵御世界经济波动的能力。

“2006 年以前，公司没有利用 CEPA 政策，产品一直在内地市场外徘徊，直到从报纸宣传和企业宣讲会了解了 CEPA，我们才找到机遇。近年全球经济虽然不景气，但公司的每年销售额仍会增长 15%，这都归功于 CEPA 的实施”，覆铜板生产企业——住友倍克（澳门）公司的执行董事如是介绍。作为澳门 CEPA 项下受惠最多的产品制造商之一，近年来，由于技术的高端性和价格的竞争力，目前该公司在内地的销售额已占到了年产量的一半以上，其中利用 CEPA 的销售额占内地市场销售额的 20% 左右。CEPA 助企业发展一臂之力。

经过近十年的各方付出、磨砺和蜕变，澳门 CEPA 货物开始呈现多元化，澳门传统产业和高新产业齐头发展，弱势产业适度发展。据统计，2004 年—2012 年，对于纺织品、鞋等传统老字号产业，内地累计受惠进口 1 504 万美元，占澳门 CEPA 累计进口受惠总货值的 31%。高新产业主要以覆铜板为主，覆铜板成为零关税措施最大的受惠货物，累计受惠进口 2 160

万美元，占澳门 CEPA 累计进口受惠货值的 45%。值得注意的是，零关税措施同样惠及澳门弱势产业，化工业、塑料制品和收藏品产业得到适度发展。据统计，上述产业受惠货值近 1 200 美元，占澳门 CEPA 累计进口受惠总值的 24%（见图 2 -4）。高新技术和弱势产业的发展，表明零关税措施在一定程度上促进了澳门经济结构的转型升级和产业结构的多元化发展。

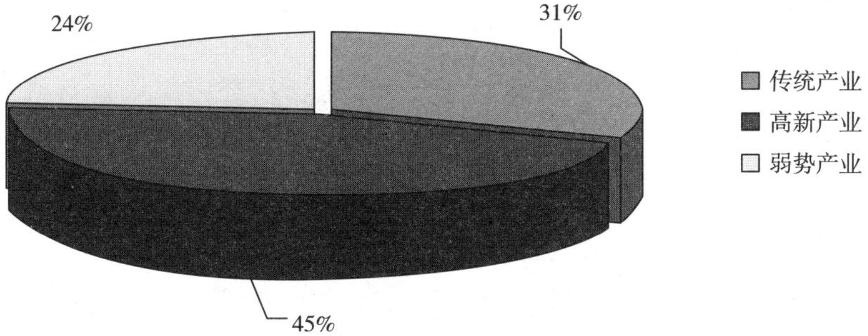

图 2 -4　2004 年—2012 年澳门 CEPA 进口受惠货物分类图

四、澳门 CEPA 助推澳门经济

请看以下一组数据：

（1）从“负”到“正”。澳门回归后第一年，也就是 2000 年，澳门特别行政区扭转回归前连续 4 年经济负增长的局面，从此以后，保持经济连年增长势头。从 2000 年至 2012 年，本地生产总值（GDP）年均增长率约为 95%，其中 2004 年至 2012 年本地生产总值（GDP）年均增长率约为 168%①。

（2）人均 GDP 名列亚洲前茅。2012 年，澳门特别行政区人均 GDP 达到 61.2 万澳门元，是 1999 年的 5.2 倍，是 2003 年的 4.3 倍，位居亚洲前列。

澳门 2012 年全年本地生产总值为 3 482 亿澳门元，是 1999 年的 7.4 倍，是 2003 年的 5.5 倍。

（3）财政收入由 1999 年的 169 亿澳门元增长到 2012 年的 1 381 亿澳门元，翻了三番。

（4）财政盈余逾 3 000 亿澳门元。2000 年至 2012 年财政年度，澳门

① 数据来源：澳门特别行政区政府统计暨普查局网站，网址 www.dsec.gov.mo。

特别行政区政府财政收支连续13年出现盈余。其中，政府财政累计盈余由不足130亿澳门元，增至现在逾3 000亿澳门元，财政实力增长近23倍。

（5）失业率2.6%。澳门回归10年来，失业率呈“下降趋势”。2000年，当地失业率达到回归以来的峰值6.8%，以后逐年下降，2003年第四季是5.5%，已是自1999年以来澳门失业率首次低于6%的水平，到2012年已降至2.6%。

从上述数据可以看到，自澳门回归以来，特别在CEPA的推动下，澳门微型外向经济体系的整体经济实力大为增强，已经完成从古老小城到现代化旅游中心城市的转变。

澳门CEPA的实施对促进内地与澳门地区（以下简称“内澳”）经贸发展也起到了显著作用。据统计，在澳门CEPA实施的头五年中，内澳两地贸易总额逾110亿美元，是实施之前的五年（1999年—2003年）总额的2.4倍。2012年内澳两地贸易总额更达到29.8亿美元，较澳门CEPA实施前一年（2003年）翻了一番，创出澳门回归以来内澳年度进出口贸易额的历史新高。可以说，澳门CEPA的实施，打通了内澳的经脉，促进了内澳经贸合作全方位、多层次、宽领域的开展，使内澳经济融合日趋深入、要素流动日趋顺畅、贸易往来日趋密切。

总体来说，澳门CEPA的实施，一方面促进了内澳贸易量的增长；另一方面，扩大了澳门地区对内地的出口，这在一定程度上降低了澳门地区制造业的成本，吸引一部分制造业工序回流或投资澳门，促进了澳门地区高增值制造业的发展，有利于澳门地区实现产业升级和适度多元化，对增加澳门地区当地就业也有现实意义。同时，可以提高内澳制造业相互配合的效率，加快内澳制造业的融合与协调发展。

第二节　如何充分利用澳门CEPA享受优惠

一、澳门CEPA的总体概况

澳门CEPA协议分为6章23条，另有6个附件，主要涵盖货物贸易、服务贸易和贸易投资便利化三大范畴。协议的实施目标是逐步取消货物贸易的关税和非关税壁垒，逐步实现服务贸易自由化，促进贸易投资便利化，以提高内地和澳门地区之间的经贸合作水平，实现共同发展。其中，与原产地直接相关的主要是第二章货物贸易和第三章原产地规则以及几个相关附件。

二、认识澳门 CEPA 的原产地规则

澳门 CEPA 的原产地规则属于优惠性的，是内地与澳门地区双方经过磋商确定的。CEPA 原产地规则实施的目的，是为了在内地与澳门地区的贸易中，正确判定进口货物的“身份”，以便给予原产于澳门地区的货物零关税待遇，避免经澳门地区转口的非澳门原产的产品享受 CEPA 的优惠。

2003 年，双方经磋商确定了澳门 CEPA 项下《关于货物贸易的原产地规则》。为了落实这个规则，2003 年海关总署颁布了《中华人民共和国海关关于执行〈内地与澳门关于建立更紧密经贸关系的安排〉项下〈关于货物贸易的原产地规则〉的规定》（海关总署令第 107 号），并自 2004 年 1 月 1 日起施行。

2005 年 12 月，海关总署对海关总署令第 107 号进行修改，重点修改了原产地规则，增加了“在规定的情形下可以采用其他附加条件认定”等内容（海关总署令第 142 号），自 2006 年 1 月 1 日起执行。

2010 年 11 月 26 日，海关总署对海关总署令第 107 号进行修改，将零关税适用范围中“以加工贸易方式进口的货物除外”规定删除，扩大了澳门 CEPA 的适用范围（海关总署令第 198 号）。

2012 年 3 月，海关总署根据澳门 CEPA《补充协议八》的规定，对海关总署令第 107 号、第 142 号、第 198 号进行修改，包括修改了“从价百分比”的表述，增加了“澳门使用内地原产的原料或者组合零件在澳门构成出口制成品组成部分的，在计算该出口制成品的从价百分比时，该内地原产原料或者组合零件应当视为原产于澳门；该出口制成品的从价百分比应当大于或者等于 30%，且在不记入该内地原产的原料或者组合零件价格时的从价百分比应当大于或者等于 15%”的规定（海关总署令第 207 号），

这些修改自2012年4月1日起执行。

内地方面关于澳门CEPA原产地规则的修改对澳门货物在内地获得更优惠的关税待遇具有重要意义（见表2－2）。

表2－2　澳门CEPA货物贸易原产地规则的演变过程

实施日期	制定规章	涉及内容
2004年1月1日	海关总署令第107号	落实澳门CEPA《关于货物贸易的原产地规则》
2006年1月1日	海关总署令第142号	修改海关总署令第107号，修改和完善原产地规则
2010年11月26日	海关总署令第198号	修改海关总署令第107号，扩大适用零关税范围
2012年4月1日	海关总署令第207号	修改海关总署令第107号、第142号、第198号，修改原产地规则，调整从价百分比计算范围

小贴士　所谓原产地规则是指各国或地区为了确定产品原产地而采用的法律、规章、普遍适用的行政命令。它是确定进入国际贸易领域货物之“国籍”的法律规则，其本身是一种贸易政策或贸易管理手段，是一国给予另一国产品优惠待遇等的判定依据。在当前世界经济区域化、集团化、贸易垄断不断加强，贸易摩擦日益激烈的情况下，原产地规则已是贸易保护的重要工具之一。

澳门CEPA项下的原产地规则共17条，包括定义、适用范围、原产货物、完全获得货物、微小含量、实质性加工标准、零售用包装材料及容器、直接运输等。原产地规则主要有两个方面内容：一是原产货物认定标准，包括“完全获得”和“实质性加工”两大原则；二是直接运输规定。

（一）原产货物认定的六个标准

澳门CEPA原产地认定标准分两大类：第一类为完全获得，指完全在澳门获得产品；第二类为非完全获得，又称“实质性加工”标准，是指含有非澳门成分但在澳门经过规定的实质性加工后获得的澳门产品。认定标准包括：“制造或加工工序”、“税号改变”、“从价百分比”、“其他标准”或“混合标准”。因此，澳门 CEPA 货物认定标准通常有六个，即完全获得标准、制造或加工工序标准、税号改变标准、从价百分比标准、其他标准或混合标准。这六个标准究竟有什么作用？请看案例 2－2。

案例 2－2 内地商人小张从澳门供应商手中购买一批在澳门地区加工的棉制针织婴儿服装（商品编码 61112000），准备出口到广州并在当地商场出售。据了解，这批服装先在泰国进行车缝和挑撞工序，然后在澳门地区进行打纽扣、熨烫图案塑形、贴商标和包装等加工。小张购买的该批服装在进口时可享受零关税待遇吗？

案例分析：根据澳门 CEPA 货物原产地规则，只是原产于澳门的货物才可以享受零关税优惠。经过澳门转口或简单加工的货物，不能享受关税优惠。在《享受货物贸易优惠措施的澳门货物原产地标准表》中，海关商品编码为 61112000 的婴儿服装，其原产地标准是“裁剪及车缝类：从车缝部件制造。主要制造工序为将部件车缝，制成成衣。如制造工序中涉及连接及（或）挑撞工序，则连接及（或）挑撞工序亦须在澳门进行”。案例中，虽然婴儿服装的部分制造加工工序在澳门完成，但服装的车缝和挑撞工序却在泰国进行，不符合该服装的澳门 CEPA 原产地标准，因此不可以视为原产于澳门，故不能享受 CEPA 零关税待遇。

从上面案例我们看到，通过“制造加工工序”，可以判定服装是否获得澳门 CEPA 原产地资格。换句话说，是否能获得澳门 CEPA 原产地资格，必须依据六个标准之一进行判定。

海关提醒 不是所有在澳门生产或出口的货物都可以享受澳门 CEPA 零关税待遇。什么货物属于澳门 CEPA 原产货物范围，什么货物不能认定为澳门 CEPA 原产货物，应通过对照《享受货物贸易优惠措施的澳门货物原产地标准表》(见表2－3)，运用该货物对应的原产地标准进行判定。

表2－3 《享受货物贸易优惠措施的澳门货物原产地标准表》(节选)(2013)

序号	内地2013年税则号列	货品名称(简称)	原产地标准
1	03051000	供人食用的鱼粉及团粒	从完整的鲜鱼制造。主要制造工序为洗涤、去皮、定型或研磨，且符合从价百分比标准。
2	03053100	干、盐腌罗非鱼等鱼鱼片	(1)在澳门加工下列第(a)项至第(d)项任何一项所得的产品；或(2)在持澳门牌照并经中央政府渔业主管部门批准的船只上加工下列第(d)项所得的产品：(a)在澳门出生并饲养；(b)在澳门从鱼苗起饲养。如鱼类品种为珊瑚鱼(包括龙趸及各种活海斑)，鱼苗重量须不超过150克，且在澳门的饲养期不得少于12个月；如属其他品种，则鱼苗重量须不超过50克，且在澳门的饲养期不得少于10个月；(c)在澳门水域或南海中国管辖水域(北部湾除外)捕捞获得的鱼类和其他海产品；(d)持澳门牌照并经中央政府渔业主管部门批准的船只在公海捕捞获得的鱼类和其他海产品。
3	03053200	干、盐腌犀鳕科等鳕科鱼片	(1)在澳门加工下列第(a)项至第(d)项任何一项所得的产品；或(2)在持澳门牌照并经中央政府渔业主管部门批准的船只上加工下列第(d)项所得的产品：(a)在澳门出生并饲养；(b)在澳门从鱼苗起饲养。如鱼类品种为珊瑚鱼(包括龙趸及各种活海斑)，鱼苗重量须不超过150克，且在澳门的饲养期不得少于12个月；如属其他品种，则鱼苗重量须不超过50克，且在澳门的饲养期不得少于10个月；(c)在澳门水域或南海中国管辖水域(北部湾除外)捕捞获得的鱼类和其他海产品；(d)持澳门牌照并经中央政府渔业主管部门批准的船只在公海捕捞获得的鱼类和其他海产品。

现在，就来认识下这六个标准：

1. 完全获得产品

完全获得产品是指完全在澳门获得的货物。

（1）在澳门开采或者提取的矿产品；

（2）在澳门收获或者采集的植物或者植物产品；

（3）在澳门出生并饲养的活动物；

（4）在澳门从本条第（3）项所述动物获得的产品；

（5）在澳门狩猎或者捕捞所获得的产品；

（6）持澳门牌照并悬挂澳门特别行政区区旗的船只在公海捕捞获得的鱼类和其他海产品；

（7）在持澳门牌照并悬挂澳门特别行政区区旗的船只上加工本条第（6）项所述产品获得的产品；

（8）在澳门收集的澳门消费过程中产生的仅适于原材料回收的废旧物品；

（9）在澳门加工制造过程中产生的仅适于原材料回收的废碎料；

（10）利用本条第（1）项至第（9）项所述产品在澳门加工所得的产品。

小贴士 完全获得产品中的“废旧物品”、“废碎料”是指在澳门消费过程中或在澳门加工制造过程中产生的仅适用于原料回收的物品。生活垃圾属于国家禁止进口货物。

案例 2－3 在澳门收集的矿泉水瓶，将其碾碎后，加工成为小塑料颗粒，若从澳门直接出口至内地，可否申领澳门 CEPA 原产地证书？

案例分析：可以申领澳门 CEPA 原产地证书。小塑料颗粒为“初级形状的聚丙烯”（商品编码 39021000），经查，已在《享受货物贸易优惠措施的澳门货物原产地标准表》内，其原产地标准为“非再生料：税号改变标准。再生料：税号改变标准，且产品的生产来自（a）在澳门收集的在澳门消费过程中产生的仅适于原材料回收的废旧物品，或（b）

在澳门加工制造过程中产生的仅适于原材料回收的废碎料”。矿泉水瓶是在澳门居民和旅客饮用后收集的，其原料属于可回收的原产材料，符合完全获得标准第（8）项的规定，因此满足该税号下原产地标准，可申领 CEPA 原产地证书。

案例 2-4 澳门注册船只在公海捕捞到鲍鱼，想出口到内地销售，可以申领到澳门 CEPA 原产地证书吗？

案例分析：产品“冻、干、盐腌或盐渍的鲍鱼”商品编码为 03078900，澳门 CEPA 原产地标准为：“（1）在澳门加工下列第（a）项至第（c）项的产品；或（2）在澳门加工下列第（a）项至第（c）项任何一项所得的产品；或（3）在持澳门牌照并经中央政府渔业主管部门批准的船只上加工下列第（c）项所得的产品：（a）在澳门出生并饲养；（b）在澳门水域或南海中国管辖水域（北部湾除外）捕捞获得的鱼类和其他海产品；（c）持澳门牌照并经中央政府渔业主管部门批准的船只在公海捕捞获得的鱼类和其他海产品。”为此，澳门注册船只在公海所捕捞到的鲍鱼，应视为符合该产品澳门 CEPA 原产地标准，可申领澳门 CEPA 原产地证书，作为出口至内地享受零关税的凭证之一。

海关提醒 在公海中，若澳门船只向非持有澳门牌照船只购买所捕捞货品，则这些货品是不符合 CEPA 原产地标准的，不能享受澳门 CEPA 零关税待遇。

2. 制造或者加工工序

制造或者加工工序是指赋予加工后所得货物基本特征的主要工序。在澳门境内完成该工序的视为进行了实质性加工。

小贴士 在《享受货物贸易优惠措施的澳门货物原产地标准表》中，若产品的原产地标准是制造或加工工序，生产商必须严格按照标准中的工序完成，缺少任何一个环节都会导致该产品不能满足澳门 CEPA 原产地标准。

3. **税号改变**

税号改变是指非澳门原产材料在澳门境内加工生产后，所得产品在《税则》中 4 位数级的税目归类发生了变化，并且该产品不再在澳门以外的国家或者地区进行任何改变 4 位数级税目归类的生产、加工或者制造。

税号改变主要是指对非原产材料进行制造加工后所得货物某一级的税目归类发生了变化。例如纺织材料制鞋面皮鞋底的鞋靴（商品编码为 64042000），其原产地标准是“税号改变标准”，即只要用与前 4 位税号 6404 不同的任何税号的原产材料生产，都可以视为澳门原产。

小贴士 《税则》的税目是指 8 位商品编码的前 4 位，例如纺织材料制鞋面皮鞋底的鞋靴商品编码是 64042000，前 4 位税号是 6404。

4. **从价百分比**

从价百分比是指完全在澳门获得的原料、组合零件、劳工价值和产品开发支出价值的总和与出口制成品船上交货价格（FOB）的比值。该比值大于或者等于 30%，并且产品的最后制造或者加工工序在澳门境内完成，视为进行了实质性加工。用公式表示如下：

$$\frac{\text{原料价格}+\text{组合零件价值}+\text{劳工价值}+\text{产品开发支出价值}}{\text{出口制成品的船上交货价格（FOB）}}\times 100\% \geqslant 30\%$$

从上述公式，我们可以知道，澳门原产成分只要达到 30%，则可符合澳门 CEPA 从价百分比标准。目前在中国已实施的优惠贸易协定中，如《中国—东盟自由贸易协定》、《中国—智利自由贸易协定》、《中国—新加坡自由贸易协定》等，它们原产地规则中的实质性改变要求原产成分至少达到 40%，远高于澳门 CEPA 的要求。

值得注意的是，为使 CEPA 能够更好地发挥作用，促进内地、香港地区、澳门地区三地经济更紧密融合，自 2012 年 4 月 1 日起，正式实施港澳 CEPA 的《补充协议八》，允许内地与香港地区、内地与澳门地区的原材料或组合零件进行累计计算，国际通常称为累积规则。根据《补充协议八》的有关规定，在计算澳门出口制成品从价百分比时，允许产自澳门的原材料或组合零件价值占产品总值比率不低于15%。这一规定，使澳门生产的货物更容易满足从价百分比标准，只要使用符合规定比率的内地和澳门原材料合计价值至少达到产品总值的30%，即可获得澳门CEPA原产地资格。

海关提醒

（1）“产品开发”是指在澳门境内为生产或者加工有关出口制成品而实施的产品开发。产品开发支出价值应当与澳门出口制成品有关，包括生产加工者自行开发、委托澳门境内的自然人或者法人开发以及购买澳方境内的自然人或者法人拥有的设计、专利权、专有技术、商标权或者著作权而支付的费用。

（2）“从价百分比”的计算价值应当能够依据公认的会计准则和《关于实施1994年关税与贸易总协定第7条的协定》的有关规定明确确定。

（3）对于拟用于生产适用《补充协议八》澳门出口制成品的内地原产原料或组合零件，企业应当在有关货物出口申报前，向当地的出入境检验检疫机构或中国国际贸易促进委员会申请领取标注“CEPA专用”字样的原产地证书。在货物出口报关时，企业应向海关提交上述原产地证书的复印件，并按照有关规定规范申请。

（4）使用内地原产的原料或者组合零件构成CEPA出口制成品组成部分的，虽原产成分增值部分可累计，但只限于内地与香港地区，或者内地与澳门地区，香港地区与澳门地区不能合并计算，内地与港澳地区也不能一起计算。

小贴士

（1）从价百分比标准又称增值百分比标准、区域价值成分标准等，表示在某一国家（地区）对非该国（地区）原产材料进口加工、制造后的增值部分超过了所得货物价值的一定比例。而累积规则是指在确定受惠国产品原产地资格时，把若干个或所有受惠国（地区）视为一个统一的经济区域。在这个统一的经济区域内生产、加工产品时所得的增值，可以视为受惠国的本国成分加以累计。两者既有联系，又有区别，企业需要根据产品的原产地标准，灵活运用。

（2）在未实施累积标准前，产品必须在澳门完成加工工序且从价百分比必须超过 30%（含 30%），其中从价百分比中原料或组合零件只能是澳门原产。但实施了累积标准后，若从价百分比中原料或组合零件使用内地原产的，该内地原产原料或者组合零件应当视为原产于澳门，但澳门原料或组合零件以及增值部分的从价百分比应当大于或者等于 15%。对于产品不能符合从价百分比标准的，企业可将部分非原产材料或组合零件改为从内地采购，以满足该要求从而达到澳门 CEPA 原产地标准。

5. 其他标准

其他标准是指除上述“制造或者加工工序”标准、“税号改变”标准和“从价百分比”标准之外，内地与澳门地区主管部门一致同意采用的确定原产地的其他方法。“制造或加工工序”、“税号改变”和“从价百分比”都是单一的认定“实质性加工”的标准，但确定有关货物应适用什么标准又相当复杂，主要原因是一方面货物的种类繁多，性质各异；另一方面没办法预见以后澳门 CEPA 申请享受零关税待遇的货物类别。因此，考虑到原产地认定标准应具备足够的灵活性和前瞻性，澳门 CEPA 原产地规则规定，除“制造或加工工序”、“税号改变”和“从价百分比”之外，还可以采用双方一致同意的其他原产地确定方法，这是澳门 CEPA 与其他自由贸易协定原产地标准明显不同的地方之一。

6. 混合标准

混合标准是指确定原产地时同时使用的上述两个或者两个以上的标准。如货物“供人食用的鱼粉及团粒”（商品编码为 03051000），其澳门 CEPA 原产地标准为“从完整的鲜鱼制造。主要制造工序为洗涤、去皮、定型或研磨，且符合从价百分比标准”，该标准要求既要满足规定“制造或加工工序”，也要符合“从价百分比”要求。

7. 其他附件条件的规定

这是港澳 CEPA 实施近两年来对原产地规则进行检讨、修改和完善的结果，也是港澳 CEPA 与其他优惠贸易协定的不同之处，具有鲜明的港澳特色。

其他附加条件是指当上述“实质性加工”有关认定标准不足以确认原产地时，经内地与澳门地区主管部门一致同意，可以采用品牌要求等附加条件。例如，机械指示式的其他电子手表（商品编码为 91021100），澳门 CEPA 原产地标准是“（1）从手表零件及配件装配成手表。主要工序为将表芯装嵌在表体内，并将零件及配件包括表扣带、表带、表面及电池等装配成手表，并进行测试、校准及质量检定，且符合从价百分比标准；或（2）从手表零件及配件装配成手表。主要工序为将表芯装嵌在表体内，并将零件及配件包括表扣带、表带、表面及电池等装配成手表，并进行测试、校准及品质检定，且外观设计在澳门完成并属澳门与内地主管部门共同认定的澳门自有品牌的手表。该澳门自有品牌手表须在表壳上刻有明显的澳门原产标记，如‘澳门制造’、‘Made in Macao’、‘Made in Macau’、‘Macao’或‘Macau’等字样”。

海关提醒

（1）上述标准所称“澳门自有品牌”是指：

1）品牌拥有人必须在澳门商业及动产登记局登记和工业登记满一年；

2）品牌拥有人根据澳门《工业产权法律制度》申请注册钟表类产品的商标，并成为有关商标的注册拥有人；

3）商标/品牌的注册包括澳门原创品牌或由澳门已登记公司收购的外国品牌。

（2）中国对原产地标记实施管理。货物或者其包装上标有原产地标记的，其原产地标记所标明的原产地应当与依照该条例或规定所确定的原产地相一致。因此企业在进出口时，货物上的原产地标记必须与报关单申报的原产地一致，且原产地的判定必须通过适用该规定的原产地标准来确定。容易出现原产地标志与申报不符的货物通常为服装、表壳、表链、箱包、机器配件等。

小贴士

（1）确定“澳门自有品牌”手表名单程序为：

1）澳门特别行政区经济局（以下简称“澳门经济局”）核实申请人提交的资料，包括申请人的商标拥有人资格、澳门经济局发出的商标注册证明书及刊登于“澳门特别行政区公报”的注册公告，以确定有关品牌在CEPA框架下属于澳门自有品牌。澳门经济局应实地到工厂视察并核实有关生产情况。

2）经澳门经济局核实后，将澳门自有品牌手表清单通知商务部。商务部在收到清单后60天内完成对澳门自有品牌的认定。清单经商务部逐批认定后，书面通知澳门经济局，同时抄送海关总署，澳门经济局即可签发CEPA原产地证书，而内地则准予有关产品按照CEPA零关税进口。

3）获得确认为澳门自有品牌手表的产品，须将品牌名称清楚打印于CEPA原产地证书上，以便内地海关在货物进口时核实。

（2）原产地标记（Origin Marking），是指在货物或者包装上注明货物原产地的文字或图案，其形式包括标签、铭牌、封志、织物标签等。商品原产地标记一般包括原产国标记和地理标识两大类。其中，原产国标记（英文为 Made in...，或者 Product of...）主要用以注明进出口货物的原产国（地），以便海关根据相关贸易政策的需要对进出口原产地进行管理。地理标识主要用以注明一项产品的具体出产地，如“法国香槟”、“绍兴黄酒”，有时可通过各种符号或图案表明茶品的质量特征或产地的地理特征，从而将产地的自然因素和产品品牌等人文因素涵盖其中，这种地理标识属于知识产品范畴。在国际贸易中，原产地标记与原产地证书一样对于表明货物“身份”具有重要意义，许多国家均将原产地标记作为货物进口通关的重要条件，例如美国《海关法》第14部分“原产国标记”明确规定，每项进口商品均应用英文注明其原产国，以便于美国的最终消费者识别和了解该项货物的原产地。凡是货物入境时未做适当标记的，美国海关将按货物价值的10%征收标记税，并勒令进口商按有关规定对货物粘贴适当的原产地标记，否则不得进入美国市场。

（二）不视为实质性加工的两种情况

（1）下列加工或处理，无论是单独完成还是相互结合完成，凡用于以下规定目的的，即可视为微小加工处理，在确定货物是否完全获得时，应不予考虑：

1）为运输或贮存货物而进行的加工或处理；

2）为便于货物装运而进行的加工或处理；

3）为货物销售而进行的包装、展示等加工或处理。

（2）简单的稀释、混合、包装、装瓶、干燥、装配、分类或者装饰不应当视为实质性加工；企业生产或定价措施的目的在于规避本附件条款的，也不应视为实质性加工。

小贴士

（1）在确定货物原产地时，不应考虑货物制造过程中使用的能源、工厂、设备、机器和工具的产地，也不应考虑虽在制造过程中使用但不构成货物成分或组成部件的材料的产地。

（2）下列情况在确定货物的原产地时应忽略不计：随货物一起报关进口，并在《税则》中与该货物一并归类的包装、包装材料、容器以及附件、备件、工具、介绍说明性材料。

（三）允许中转的直接运输规定

根据CEPA实行零关税的澳产货物，应当从澳门地区直接运输至内地口岸。若进口货物从澳门地区经过香港地区运输至内地口岸，企业需提供“未再加工证明”；证明货物由于地理原因或者运输需要，未在香港进行贸易或者消费；除装卸或者保持货物处于良好状态所需的加工外，在香港未进行其他任何加工（见图2－5）。

在直接运输这一要点上，大家细心对照，会发现香港CEPA与澳门CEPA有所区别。香港CEPA原产地规则规定货物必须直接运输至内地的口岸，中途不得经过第三方关境。由于澳门所处的地理位置没有深水码

直接运输规则

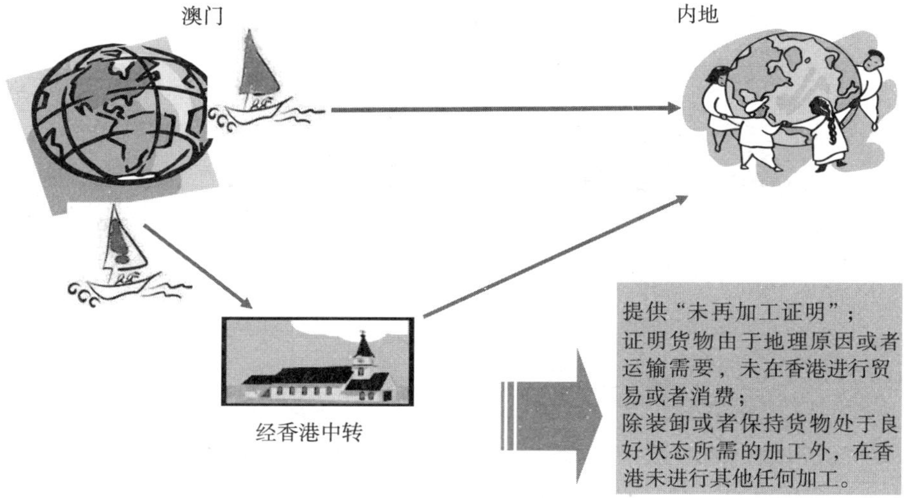

图 2－5　直接运输规则示意图

头，中央政府对澳门 CEPA 的运输规则作出了特殊安排，在一定条件下可经香港中转，这体现了对澳门经济的扶持和支持。

案例 2－5　内地商人小王在澳门购买了一批原产澳门的番茄汁，并将其进口至鄂尔多斯，因数量不大，且澳门没有航班直接抵达鄂尔多斯，承运人先通过水路把该批货物运输到香港，再从香港机场空运至内蒙古机场。该批货物可以享受 CEPA 零关税待遇吗？

案例分析： 根据澳门 CEPA 原产地规则，货物因运输需要可经香港中转，但需出具相关的证明文件。

（四）实施电子联网的澳门 CEPA 原产地证书

根据澳门 CEPA 原产地规则，澳门 CEPA 原产地证书实行电子联网管理（见图 2－6）。经海关联网核对无误的，海关准予按照零关税办理货物进口手续。经海关核对确认证书无效的，不适用零关税。

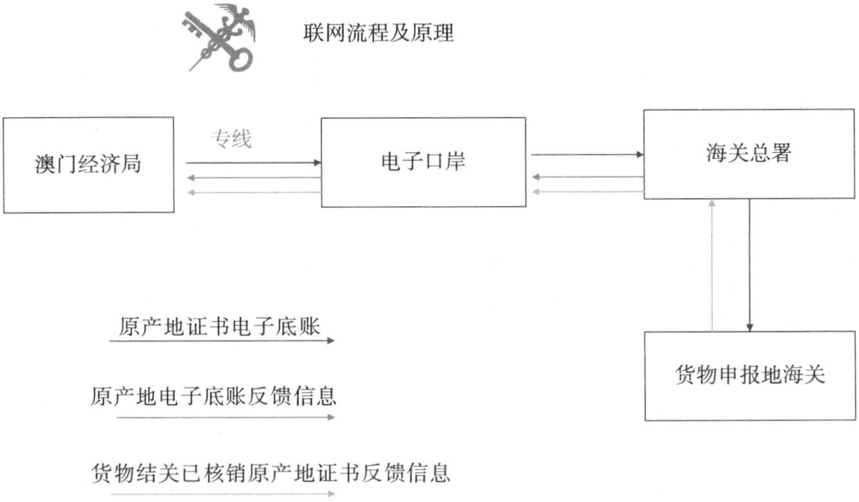

图 2－6　澳门 CEPA 联网流程及原理图

CEPA 是目前内地唯一采取联网核查进行原产地申报管理的。零关税的澳门货物通过专线，将下列情况以电子数据方式传送到海关总署：

（1）澳门经济局签发原产地证书后，应立即将原产地证书的基本情况，包括原产地证书编号、到货口岸、产品内地协制编号、货物名称、计量单位及数量、金额及币制、发证机关名称等信息经专线传送到海关总署。

（2）申报地海关将澳门经济局所传送的电子资料与进口人申报时呈交的原产地证书核对无误后，在 7 天内完成核注并向澳门经济局反馈。

海关提醒

（1）澳门 CEPA 原产地证书签发机构为澳门经济局。澳门 CEPA 项下实施零关税的澳门原产货物输入内地前，应由出口人或生产企业按规定向澳门经济局产地来源处申领原产地证书（见表 2－4）。企业要申领澳门 CEPA 原产地证书，就必须向澳门经济局申领。

（2）与其他协议有效期不同，我国已实施的其他自由贸易协定项下原产地证书的大部分有效期为 1 年，而澳门 CEPA 原产地证书有效期为自签发日起 120 天，一旦过期，CEPA 证书就会失效，无法再使用。

表 2－4　澳门 CEPA 原产地证书格式

表格 1

<table>
<tr><td colspan="2">出口商（名稱及澳門地址)Exportador (nome completo e morada em Macau)</td><td>證書編號 NO. DO CERTIFICADO
簽證日期 DATA DA EMISSÃO
證書有效截止日期VÁLIDO ATÉ</td></tr>
<tr><td colspan="2">收貨人（名稱及內地地址）Consignatário (nome completo e morada no continente chinês)</td><td rowspan="2">原 產 地 證 書
[內 地 與 澳 門 關 於 建 立 更 緊 密 經 貿 關 係 的 安 排]
CERTIFICADO DE ORIGEM DE MACAU
(ACORDO DE ESTREI TAMENTO DAS RELAÇÕ ES ECONÓMICAS E COMERCI AIS ENTRE O CO NTINENTE CHINÊS E MACAU)
澳門特別行政區政府經濟局
Governo da Região Administrativa Especial de Macau
Direcção dos Serviços de Economia</td></tr>
<tr><td>離境日期 Data de Saida</td><td>工業准照編號 NO. de Licença Industrial</td></tr>
<tr><td>船隻／飛機／火車／貨車編號
N°. de Navio/Voo/Comboio/Veículo</td><td>裝貨地 Local de Carregamento</td><td rowspan="2">內部專用 Apenas para Uso Interno</td></tr>
<tr><td>到貨口岸 Porto de Descarga</td><td>最終目的地（貨物須駁運者適用）
Destino Final(no caso de haver Transbordo)</td></tr>
</table>

<table>
<tr><td>包裝標誌，數量及貨櫃編號：包裹件數及種類：貨物摘要及產品內地協制編號：離岸價(澳門幣)
Marcas, Quantidades e Número de Contentor; Quantidades e Tipos de Embalagem; Descrição das Mercadorias e Número de SH do continente chinês：Valor FOB (MOP)</td><td>數量（計量單位）
Quantidade (Unidade)</td><td>商標名稱或標籤
Denominação da Marca ou Etiqueta (se tiver)</td></tr>
<tr><td colspan="3">本人謹證明以上描述之貨物均符合「內地與澳門關於建立更緊密經貿關係的安排」下貨物貿易的原產地規則的要求。
EU, ABAIXO ASSINADO, CERTIFIC O QUE AS MERCADORIAS AC IMA MENCIONADAS OBEDECEM AS RE GRAS DE ORIGEM ESPECIFICADAS NO ÂMBITO DO ACORDO DE ESTREITAMENTO DAS RELAÇÕES ECONÓMICAS E COMERCIAIS ENTRE O CONTI NENTE CHINÊS E MAC AU.

鋼印 Selo Branco　　　　簽署 Assinatura</td></tr>
</table>

印 務 局

在填报上述原产地证书时，企业应注意以下问题：

1）原产地证书上具有唯一的编号；

2）一份原产地证书只能对应一批同时进入内地的货物，一份原产地证书可包括不多于 5 项 8 位数级税目的货物；

3）原产地证书上列明指定的单一到货口岸；

4）原产地证书的产品内地协制编号，按适用的《税则》8位数级税号填写；

5）原产地证书的计量单位，按适用的实际成交的计量单位填写；

6）原产地证书不许涂改及叠印，否则应重新签发；

7）原产地证书所用文字为中文；

8）如原产地证书被盗、遗失或毁坏，出口人或生产企业可在保证原证未被使用的基础上，向原发证机构书面申请签发一份原证的副本，且该副本上应注明“经证实的真实副本”。如原证已被使用，则后发副本无效。如后发副本已被使用，则原证无效。

海关提醒 澳门CEPA原产地证书实施电子联网管理，因此企业必须准确填写表格中的每项信息。若企业填写错误需要修改的，必须在内地进口报关单放行前，提出修改要求，否则原产地证书将无效，需向澳门经济局提出重新签发的要求。

小贴士 原产地证书列明指定的到货口岸，可以填写某直属海关，如上海海关（22），也可以填写隶属海关，如浦东海关（2210）。两者主要区别是填写直属海关可以在该直属海关下的任何隶属海关进口，而填写隶属海关只能在该隶属海关进口。如填写上海（22），可以在吴淞海关（2202）、宝山海关（2208）、浦东海关（2210）等上海海关管辖下的隶属海关进口，若填写浦东海关（2210），则只能在浦东海关进口。建议企业填报直属海关。

（五）严格的后续核查管理

当企业向进境地海关提交澳门CEPA原产地证书申请享受CEPA零关税待遇时，若进境地海关对原产地证书内容的真实性产生怀疑，应通过海关总署关税司或拱北原产地管理办公室向澳门经济局提出协助核查的请求。澳门经济局在90天内会予以答复。在等待澳门经济局核查结果并确认有关原产地证书期间，有关货物按非澳门CEPA项下适用的进口关税税率收取相当于税款的保证金。待澳门经济局完成核查后，进境地海关根据核查结果，立即办理退还保证金手续或将保证金转为进口关税手续。企业遇到上述情况，应及时向进境地海关咨询最新核查情况。

若内地海关对澳门进入内地货物的原产地信息、享受零关税优惠的货物是否符合原产地规则、澳门企业适用原产地规则问题等信息需要进行了解的，经内地海关与澳门经济局双方同意后，可派员到澳门生产厂商进行实地访问，了解情况。

海关提醒 经内地海关或澳门经济局任何一方核查证实实行零关税的货物不符合 CEPA 规定的，双方海关立即互相通报，并按适用法律采取行动，严厉打击非法的商业瞒骗行为。因此，企业必须严格遵守相关规则。

三、《享受货物贸易优惠措施的澳门货物原产地标准表》的分析与申请

与其他自由贸易协定不同，每年内地与澳门地区双方都会就澳门生产厂商提出申请享受产品进行原产地标准磋商，或对原有的原产地标准作出修订，因此《享受货物贸易优惠措施的澳门货物原产地标准表》每年基本都会发生变化。海关总署对新增的澳门享受零关税货物原产地标准都在海关总署网页上予以公告。若企业要查看最新的《享受货物贸易优惠措施的澳门货物原产地标准表》，可到澳门经济局网站浏览。

（一）如何灵活应用《享受货物贸易优惠措施的澳门货物原产地标准表》

前面提到，截至 2013 年 6 月 30 日，共有 1 283 个 8 位级税号（2013 年《税则》）可享受澳门 CEPA 零关税待遇。其中，采用了制造或加工工序标准的有 797 个税号，占 62. 10%；采用了税号改变标准的，有 258 个税号，占 20. 10%；采用了混合标准的共 133 个税号，占 10. 38%。除了上述标准外，《享受货物贸易优惠措施的澳门货物原产地标准表》中的某些货物原产地标准，是在上述标准中，可以选择其中之一适用，我们在此统称为“标准的选择”，共涉及 62 个税号，占 4. 84%（表 2 –5）。

表 2－5　2013 年《享受货物贸易优惠措施的澳门货物原产地标准表》实质性改变标准分布表

实质性改变标准		产品项数（个）	所占比率（%）
制造加工工序		797	62.10
税号改变		258	20.10
混合标准	加工工序＋从价百分比	114	8.89
	税号改变＋从价百分比	7	0.55
	完全获得＋税号改变	5	0.39
	完全获得＋制造加工工序	5	0.39
	其他标准＋制造加工工序	2	0.16
标准的选择		62	4.84

一看到表 2－5，大部分人肯定会有疑惑，标准这么复杂，有规律可循吗？怎样熟悉并灵活运用这些标准呢？其实，在这些标准里，大部分都采用了澳门原有的原产地标准，部分采用最新国际通用的原产地标准，部分标准具有澳门 CEPA 特色，如“光电显示式的其他电子手表”（商品编码 91021200），可选择适用“澳门制造”原产地标准。

1. 采用制造或加工工序标准的《税则》共 52 章

这 52 章分别是 04～05 章、09 章、15～17 章、19～22 章、25 章、27～35 章、37～39 章、42 章、48 章、50～56 章、58 章、60～63 章、65 章、67～68 章、71 章、73～74 章、82 章、85 章、87 章、91～92 和 94～97 章，主要是食品、矿产品、化工品、药品、塑料制品、纸品、纺织品、金银珠宝、金属产品、机电产品及杂项制品等。其中，纺织品的制造或加工工序标准占整体制造或加工工序标准的 55%。

案例 2－6　某企业想在澳门设厂，生产茶包出口至内地销售。如何生产才能满足获得澳门 CEPA 原产地资格的条件呢？

案例分析：在《享受货物贸易优惠措施的澳门货物原产地标准表》中已有茶产品的相关标准，企业可先按照澳门 CEPA 原产地标准，采购原料，设计产品生产流程。如生产“每件净重＞3kg 的乌龙茶”（商品编码为09024010)，其澳门 CEPA 原产地标准为：“从茶叶加工。主要制作工序为发酵、揉捻、干燥、调和”。乌龙茶的制造，其工序概括起来可分为：萎凋（发酵）、做青、炒青、揉捻、干燥。即使茶叶本身不是从澳门本地采摘，或茶叶本身已经过初步加工，只要在澳门完成发酵、揉捻、干燥、调和等加工工序，即可视为原产澳门。但需要注意的是，一些茶包如花茶、绿茶的澳门 CEPA 原产地标准要求“从未加工茶叶开始制作。主要制作工序为加热、揉捻、干燥”，企业在采购原料时应注意茶叶可进口，但必须从未加工。否则，就不能满足澳门 CEPA 原产地标准。

2. 采用税号改变标准的《税则》共31章

这31章分别是15~21章、29~30章、32~35章、39~40章、42章、44章、46章、56章、64章、67章、70章、73章、76章、84~85章、87章、90和94~96章，遍布各类产品。因为企业更容易理解税号改变标准，目前越来越多的原产地规则运用此标准。

案例2-7 我公司从澳大利亚进口一批再生皮革，在澳门制作成钱包，请问钱包是澳门原产的吗？

案例分析：在澳门加工成以皮革、再生皮革作面的“钱包”的前四位商品编码为4202，而原料“再生皮革”前四位商品编码为4115，两者前四位税号不同，符合税号改变标准，可视为原产澳门。

小贴士 牛皮分为三类：生牛皮、蓝湿牛皮、牛皮制品。每类的规格也有三种：全张、楠皮、开边（全张一分为二）。生牛皮经用石灰、硫化碱、氯粉、硝酸等进行去油、去脂、脱毛处理后成为蓝湿牛皮，蓝湿牛皮再经过剖层、修整、染色、打磨、晾干、烘干、定型、压花后变为可直接用于生产皮革制品的牛皮制成品。生牛皮进口状态通常为：带毛和脂肪、用于盐渍，呈带水分的潮湿状态。蓝湿牛皮又称熟牛皮，是牛皮加工过程的半制成品，进口状态通常为：蓝色，带水分，可能经过剖层处理，但未经晾干、修整、染色等进一步加工。经过剖层处理的可分为两层：头层皮也叫青皮，主要用于服装、鞋等高档商品；二层皮较粗糙，主要用于劳保手套等低档商品。进口边角料以腩皮为主，主要用于生产手套。目前内地每年进口大量的生牛皮、蓝湿牛皮和牛皮制品，制成各类皮革制品。澳门企业有较厚中西文化底蕴，利用高端设计和技术，可制造各类高消费品。

3. 采用了混合标准的《税则》共 17 章

这 17 章分别是 03 章、04 章、08 ~ 09 章、12 章、15 章、21 ~ 22 章、38 章、59 章、68 章、70 章、84 ~ 85 章、87 章和90 ~ 91 章，主要是食品、塑料品、石材、机电产品和钟表产品等。混合标准涉及从价百分比标准、税号改变标准、加工制造工序标准等，其中的两个或两个以上的组合。这里，我们简单介绍一下最常见的加工制造工序标准与从价百分比的混合标准。

案例 2 - 8 某澳门石材公司接到内地客户订单，对原产意大利的大理原石在澳门进行各类切割、打磨和装配等制造工序后，销往内地，这批石材可享受澳门 CEPA 零关税待遇吗？

案例分析：产品“大理石、石灰华及蜡石制石刻”的商品编码为 68029110，其澳门 CEPA 原产地标准为：“从原材料制造。主要制造工序为切割、打磨以及抛光和装配，且符合从价百分比标准。”这表明，要取得 CEPA 原产地资格必须同时符合“制造加工工序标准”和“从价百分比标准”，目前企业生产符合了制造加工工序，还必须计算大理石的从价百分比是否大于或等于 30%，才可以确定是否满足该货品的 CEPA 原产地标准。若大理石从价百分比大于或等于 30%，则可以申领澳门 CEPA 原产地证书。申领证书后，该货品直接运输到内地，并按海关申报要求填制报关单，就可以享受 CEPA 待遇。

海关提醒

（1）混合标准中涉及的多个标准需要同时满足。

（2）享受 CEPA 零关税待遇需记住四个要领：一是领取有效的 CEPA 原产地证书，二是符合直接运输规则，三是在有效期内使用，四是进口申报时规范填制报关单。

小贴士 申领到 CEPA 原产地证书并不意味着可以享受 CEPA 待遇。只有符合 CEPA 原产地规则并根据内地海关申报要求规范填制报关单，才可以享受 CEPA 零关税待遇。

2012 年新实施的澳门 CEPA 累积标准，允许内地与澳门的原材料或组合零件进行累计计算。很多企业都不太懂得运用，下面通过一个案例，来看看如何选择原料或组合材料，才能使产品可达到澳门 CEPA 货物原产地标准。

案例 2－9 某澳门公司从印尼采购未加工的燕窝在澳门进行蒸洗、浸泡、除杂、挑毛、烘干和真空包装等多项处理，该公司可以申领到燕窝的澳门 CEPA 原产地证书吗？

案例分析： 产品“燕窝”的内地海关商品编码为 04100010，澳门原产地标准为：“喷湿处理、清除杂毛、风干及定型，且符合从价百分比标准。”该公司的加工工序已符合该标准，但必须同时符合从价百分比标准。假设在澳门加工处理后燕窝的 FOB 价为 10 万美元，其中在印尼采购的燕窝 6 万美元，澳门材料费 1 万美元，支付澳门工人工资 1 万美元，根据原“从价百分比标准”计算公式，得出从价百分比为 20%，不符合从价百分比标准。

那么，企业如何能达到标准呢？澳门本地没有燕窝原料，材料必须依靠进口，假设企业把燕窝原材料改为从内地进口，根据澳门 CEPA 累积标准，内地和澳门材料可累计，通过累积规则，计算从价百分比为 80%，且不记入该内地原产的原料或者组合零件价格时的从价百分比大于或者等于 15%（表 2－6），根据前面澳门原产材料及增值为 20%，增值大于等于 15%，符合该累积标准，可以申领到澳门 CEPA 原产地证书。

表 2-6　燕窝使用内地原料时计算从价百分比标准

从价百分比 = （原料价格 + 组合零件价值 + 劳工价值 + 产品开发支出价值）÷ 出口制成品的船上交货价格（FOB）×100% = （6+1+1）÷10×100% = 80% ≥30% 澳门的增值 = （原料价格 + 组合零件价值 + 劳工价值 + 产品开发支出价值）÷ 出口制成品的船上交货价格（FOB）×100% = （1+1）÷10×100% = 20% ≥15%

小贴士　在未实施累积规则前，燕窝必须在澳门完成加工工序且从价百分比标准必须超过30%（含30%），即澳门原产原料或组合零件至少30%。但实施了累积规则后，新标准从价百分比计算公式不变，若从价百分比中原料或组合零件使用内地原产的，该内地原产原料或者组合零件应当视为原产于澳门，但澳门原料或组合零件以及增值部分的从价百分比应当大于或者等于15%。

4. **标准的选择**

案例 2-10　澳门某眼镜企业生产金属眼镜架，企业使用的金属原材料主要从日本进口。该企业应怎样安排生产，其产品进口到内地可以享受澳门 CEPA 零关税。

案例分析：澳门 CEPA 金属眼镜架（商品编码 90031900）原产地标准是“（1）主要制造工序为切割、焊接及绕圈；或（2）在澳门装配，且符合从价百分比标准”。根据这个标准，澳门眼镜企业可以从日本进口金属丝或条，在澳门进行切割、焊接，然后绕圈成型；也可以从日本进口金属架零配件，在澳门装配，但要满足从价百分比 30% 的要求。企业可以根据自己的实际情况，分析选择哪种方式生产。

这种可以选择使用哪种原产地标准的“标准的选择”具有较大的灵活性，更加方便企业选择和安排生产。

（二）提交享受澳门 CEPA 零关税的货物清单三部曲

内地某企业希望通过在澳门设厂生产黄油，但该产品目前尚不在

《享受货物贸易优惠措施的澳门货物原产地标准表》范围内，该企业应如何让其产品能够符合澳门原产地的判定标准呢？具体实施步骤如下：

1. **提交**

国内企业首先在澳门设厂，然后，由该澳门生产企业向澳门经济局提交享受零关税申请表（见表2－7），并提交有关货物名称及生产情况的详

表2－7　对澳门原产货物实行零关税（测算由澳门生产商提供资料）申请表

澳門特別行政區政府經濟局

要求內地對澳門原產貨物實行零關稅
(澳門生產商提供資料)

申請表

根據《內地與澳門關於建立更緊密經貿關係的安排》補充協議二之規定，現要求將列於附表之澳門產品於 201　年　月　日起進口內地享受零關稅之優惠。

I.　生產商資料

1. 公司/工廠名稱＿＿＿＿＿＿＿＿
2. 公司/工廠地址＿＿＿＿＿＿＿＿
3. 工業准照編號(如未領有工業准照，不須填寫)＿＿＿＿＿＿＿＿
4. 聯絡人姓名＿＿＿＿＿＿＿＿
5. 聯絡電話及傳真號碼＿＿＿＿＿＿＿＿

II.　其他各項資料

1. 工廠面積＿＿＿＿＿＿＿＿
2. 投資金額＿＿＿＿＿＿＿＿
3. 僱員數目＿＿＿＿＿＿＿＿
4. 機器設備及數量(可以附件形式提交)＿＿＿＿＿＿＿＿

<u>注意事項:</u>

1. 除填寫本表格第1及2頁資料外，申請人可同時遞交其認爲有助經濟局了解各項資料的補充文件或說明。
2. 所有填報的資料及補充說明有任何變更，應立即向經濟局作出書面更正。
3. 申請人需按經濟局要求，對有關申請事項各項內容提交進一步詳細資料，且需協助經濟局對有關申請資料的核查和認定工作的進行。
4. 申請人如違反上述注意事項，經濟局可拒絕處理此表格所提之享受零關稅要求。

入　件

＿＿＿＿＿＿＿＿＿＿＿＿
申請人簽名及蓋章(本人聲明載於上述表格之內容屬實)
日期:　　/　　/

第1頁

III.要求享受零關稅貨物資料及生產能力的數據

貨物分類編號		貨物名稱及詳細資料	主要原料		在澳門進行的各項詳細生產工序	年度生產及出口狀況		
澳門貨物協調制度編號(8位數)	內地稅則號列(如知悉，請提供予本局參考)		原料名稱	原料來源地		年度生產總數量	年度總出口數量	年度出口往內地數量

第2頁

细资料，如货品名称、产品描述及构成、制造工序等材料。澳门经济局将分别于每年3月1日和9月1日前，将按澳门特别行政区政府的有关规定对企业所提交的资料进行核查和认定，并将核查和认定后的货物清单提交中华人民共和国商务部（以下简称商务部）。

2. **磋商和公布**

商务部对货物清单进行确认后转给海关总署。海关总署与澳门经济局就有关货物的原产地标准进行磋商。双方于每年6月1日和12月1日前完成原产地标准的磋商，将货物清单及相应的原产地标准分别补充列入实行零关税的原产澳门的进口货物清单和《享受货物贸易优惠措施的澳门货物原产地标准表》中，并对外公布。

3. **实施**

内地将分别不迟于当年7月1日和第二年1月1日根据澳门经济局签发的原产地证书，准予有关货物按照澳门CEPA零关税进口。

小贴士

（1）每年澳门经济局分两期接受有关享受零关税申请，如有关申请在当期截止日期后提出，澳门经济局将顺延一期处理。第一期是每年2

月 15 日前向澳门经济局提出申请，有关货物若磋商通过可于当年 7 月 1 日起享受零关税出口往内地；第二期是上述期限后，并于每年 8 月 15 日前提出申请，有关货物若磋商通过将于下一年度 1 月 1 日起享受零关税出口往内地。

（2）澳门生产商提交的申请加入《享受货物贸易优惠措施的澳门货物原产地标准表》，必须以书面申请表形式递交。以其他形式递交的申请，澳门经济局是不予受理的。

申请表下载网址：http：//www. economia. gov. mo/web/DSE/public？_nfpb = true&_ pageLabel = Pg_ CEPA_ TIG&locale = zh_ CN

企业对提交的材料存在疑问，可拨打以下咨询电话：

澳门经济局咨询电话：00853 －28562622

表格递交地址：澳门澳门半岛罗保博士街国际银行大厦 6 楼

（3）企业要查阅最新公布的《享受货物贸易优惠措施的澳门货物原产地标准表》，可浏览海关总署网页中的相关公告，或者通过香港工业贸易署和澳门经济局网页下载相关表格。

（三）《享受货物贸易优惠措施的澳门货物原产地标准表》的货物原产地标准修订

如因生产技术改进或其他原因，内地或澳门其中一方认为需要对有关货物的原产地标准作修订，可向另一方提出磋商要求并提交书面说明及支持数据和资料，通过 CEPA 联合指导委员会磋商解决。

至目前，澳门 CEPA 已就咖啡（商品编码 09012100）、机械指示式的其他电子手表（商品编码 91021100）、机械指示式的其他电子手表（商品编码 91021200）、即食或快熟面条（商品编码 19023030）、香水及花露水（商品编码 33030000）、唇用化妆品（商品编码 33041000）、眼用化妆品（商品编码 33042000）、指（趾）甲化妆品（商品编码 33043000）、其他美容品或化妆品及护肤品（商品编码 33049900）、水泥（商品编码 25239200）共 10 项产品的原产地标准进行修订（见表 2 －8）。

表 2－8　2007—2012 年澳门 CEPA 零关税货物原产地标准修订表

商品编码	产品	相关法规	原标准	新标准
09012100	未浸除咖啡碱的已焙炒咖啡	海关总署公告〔2004〕20 号	从咖啡豆制造。主要制造工序为烘焙及研磨。如制造工序中涉及混合，则混合亦须在澳门完成。	（1）从咖啡豆制造。主要制造工序为烘焙及碾磨。如制造工序中涉及混合，则混合亦须在澳门进行；或（2）从咖啡豆制造，且符合从价百分比标准。主要制造工序为烘焙。
91021100	机械指示式的其他电子手表	海关总署公告〔2005〕54 号	从手表零件及配件装配成手表，并进行测试、校准及品质检定，且符合从价百分比标准。	（1）从手表零件及配件装配成手表。主要工序为将表芯装嵌在表体内，并将零件及配件包括表扣带、表带、表面及电池等装配成手表，并进行测试、校准及品质检定，且符合从价百分比标准；或（2）从手表零件及配件装配成手表。主要工序为将表芯装嵌在表体内，并将零件及配件包括表扣带、表带、表面及电池等装配成手表，并进行测试、校准及品质检定，且外观设计在澳门完成并属澳门与内地主管部门共同认定的澳门自有品牌的手表。该澳门自有品牌手表须在表壳上刻有明显的澳门原产标记，如“澳门制造”、“Made in Macao”、“Made in Macau”、“Macao”或“Macau”等字样。

续表

商品编码	产品	相关法规	原标准	新标准
91021200	光电显示式的其他电子手表	海关总署公告〔2005〕54号	从手表零件及配件装配成手表，并进行测试、校准及品质检定，且符合从价百分比标准。	(1) 从手表零件及配件装配成手表。主要工序为将表芯装嵌在表体内，并将零件及配件包括表扣带、表带、表面及电池等装配成手表，并进行测试、校准及品质检定，且符合从价百分比标准；或 (2) 从手表零件及配件装配成手表。主要工序为将表芯装嵌在表体内，并将零件及配件包括表扣带、表带、表面及电池等装配成手表，并进行测试、校准及品质检定，且外观设计在澳门完成并属澳门与内地主管部门共同认定的澳门自有品牌的手表。该澳门自有品牌手表须在表壳上刻有明显的澳门原产标记，如"澳门制造"、"Made in Macao"、"Made in Macau"、"Macao"或"Macau"等字样。
19023030	即食或快熟面条	海关总署公告〔2006〕36号	混合、塑形及烘焙。	(1) 从谷类或面粉制造。主要制造工序为混合、烹煮及塑形。如制造工序中涉及烘焙，则烘焙亦须在澳门进行；或 (2) 从干面条、肉类及蔬菜制造。主要制造工序为烹煮、调味、混合及冷冻。

续表

商品编码	产品	相关法规	原标准	新标准
33030000	香水及花露水	海关总署公告〔2006〕79号	从天然或化学成分制造。主要制造工序为按特定配方进行混合、高温处理和搅拌，使基本化学品产生实质变化。	从天然或化学成分制造。主要制造工序为按特定配方进行混合、搅拌或乳化，使基本化学品产生实质变化。
33041000	唇用化妆品	海关总署公告〔2006〕79号	从天然或化学成分制造。主要制造工序为按特定配方进行混合、高温处理和搅拌，使基本化学品产生实质变化。	从天然或化学成分制造。主要制造工序为按特定配方进行混合、搅拌或乳化，使基本化学品产生实质变化。
33042000	眼用化妆品	海关总署公告〔2006〕79号	从天然或化学成分制造。主要制造工序为按特定配方进行混合、高温处理和搅拌，使基本化学品产生实质变化。	从天然或化学成分制造。主要制造工序为按特定配方进行混合、搅拌或乳化，使基本化学品产生实质变化。
33043000	指（趾）甲化妆品	海关总署公告〔2006〕79号	从天然或化学成分制造。主要制造工序为按特定配方进行混合、高温处理和搅拌，使基本化学品产生实质变化。	从天然或化学成分制造。主要制造工序为按特定配方进行混合、搅拌或乳化，使基本化学品产生实质变化。

续表

商品编码	产品	相关法规	原标准	新标准
33049900	其他美容品或化妆品及护肤品	海关总署公告〔2006〕79 号	从天然或化学成分制造。主要制造工序为按特定配方进行混合、高温处理和搅拌，使基本化学品产生实质变化。	从天然或化学成分制造。主要制造工序为按特定配方进行混合、搅拌或乳化，使基本化学品产生实质变化。
25232900	其他硅酸盐水泥，不论是否着色	海关总署公告〔2007〕10 号	税号改变标准。	从水泥熟料制造。主要制造工序为熟料均化、配料、研磨、选粉。

四、澳门 CEPA 下零关税货物的通关

（一）规范填制报关单

海关经常接到企业的咨询电话，称向海关报关时信息反馈没有这份原产地证书的电子数据。这种情况，很多时候都是企业报关单填制不符合要求导致的。因为 CEPA 原产地证书实施联网管理，实现数据对碰，所以，十分容易出错，一旦出错，就会造成没有数据，特别是“备案号”栏和报关单表体中“项号”的填制最容易出现失误。

（1）报关单“备案号”栏应填写原产地证书代码“Y”及 11 位原产地证书编号（见图 2－7）。

（2）报关单“随附单证”的代码栏填写“Y”，即为原产地证书代码；“随附单证”的编号栏“< >”内填写的优惠贸易协定代码为“04”。

（3）“项号”栏分两行填写，第一行填报报关单中的商品顺序编号，第二行填报该项商品对应的原产地证书上的“序号”。（见图 2－8）

（4）一份证书可包括不多于 5 项的货物。

（5）如果一票进口货物涉及多份原产地证书或含有非原产地证书商

品，应分单填报。

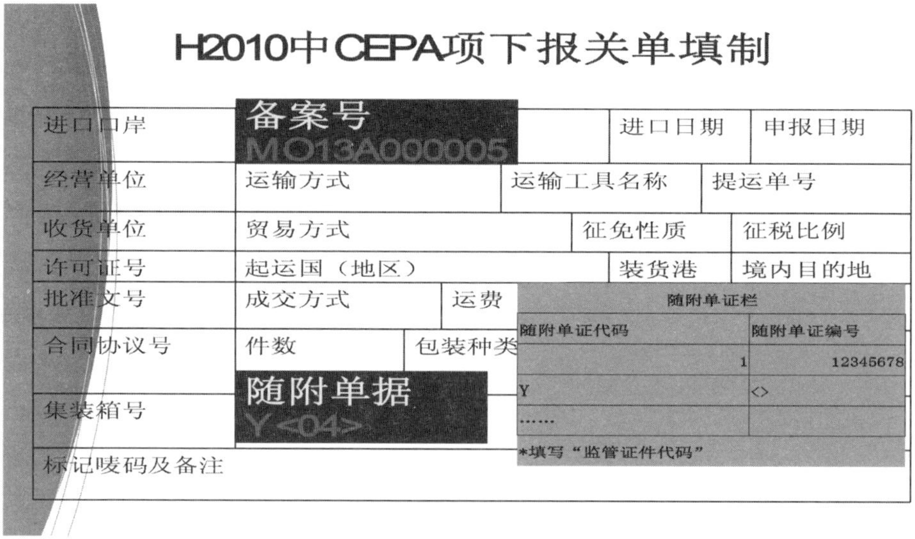

图 2 -7　澳门 CEPA 产品进口报关单填制格式 1

海关提醒

（1）“随附单证”栏填写的数字及字符均应为英文半角字符，否则海关 H2000 系统将无法接受申报。

（2）澳门 CEPA 原产地证书的号码，注意英文字母“O”与阿拉伯数字“0”的区别。

（3）澳门 CEPA 项下进口报关单填制规范，可参考《中华人民共和国进出口货物报关单填制规范》及其附件（海关总署公告 2008 年第 52 号和海关总署公告 2009 年第 6 号）。

（二）主动申报和原产资格补充申报

澳门 CEPA 货物，在内地进口报关时，进口人应主动向进境地海关申明有关货物享受零关税，并提交有效澳门 CEPA 原产地证书。如不能提交原产地证书，根据海关总署令第 181 号，进口人应当就进口货物是否具备澳门 CEPA 原产地资格向海关进行补充申报（见表 2 -9）。

报关单上"项号"栏分两行填写，第一栏填写报关单中商品顺序编号，第二栏填报该商品对应的原产地证书上的"序号"，以便电子数据的对碰。

澳门CEPA原产地证书：

序号	HS编码	货物名称	数量	FOB价
1.	09012100	已焙炒咖啡	150kg	9000
2.	17049000	花生糖	200kg	6500
3.	19052000	姜饼	200kg	4800
4.	19053100	曲奇饼	300kg	7500

报关单（表体）：

项号	商品编号	商品名称、规格型号		数量及单位	原产国（地区）	单价
1 (1)	09012100	已焙炒咖啡	150	35	121	60
2 (4)	19053100	曲奇饼	300	35	121	25

(1)
(4)

图 2－8　澳门 CEPA 产品进口报关单填制格式 2

表 2－9　原产地补充申报格式

《中华人民共和国海关进出口货物优惠原产地管理规定》进口货物原产资格申明
本人______（姓名及职务）为进口货物收货人/进口货物收货人代理人（不适用的部分请划去），兹声明编号为________的报关单所列第____项货物原产自__________，且货物符合《中华人民共和国海关进出口货物优惠原产地管理规定》以及相应优惠贸易协定项下所确定的原产地规划的要求。
本人特申请对上述货物适用相应优惠贸易协定项下协定税率/特惠税率（不适用的部分请划去），并申请缴纳保证金后放行货物。本人承诺自货物进口之日起1年内补交相应优惠贸易协定项下规定的原产地证书。
签名：________
日期：________

案例 2－11　内地商人周先生，从澳门直航一批服装到上海海关申报进口，因各种原因服装在上海通关时，澳门 CEPA 原产地证书仍在澳门，

周先生应如何才能享受澳门CEPA零关税待遇？

案例分析：周先生在上海海关通关过程中，只要主动向海关进行补充申报，并在该货物放行之日起1年内且原产地证书的有效期内，向海关补提交CEPA原产地证书正本，他的货物就可以享受澳门CEPA零关税待遇。

海关提醒 进口人在进口申报时应主动向进境地海关申明有关货物享受零关税，并提交有效澳门CEPA原产地证书。如不能提交原产地证书，应向海关进行补充申报。若进口人在申报时不能提交澳门CEPA原产地证书，且不向海关进行补充申报，货物放行后进口人再补提交澳门CEPA证书，是不能享受澳门CEPA零关税待遇的。

（三）征收保证金的情况

申报地海关经联网核对无误后，准予进口货物享受CEPA零关税待遇；因故不能联网核对的，应进口人要求并填写原产地补充表格申请，申报地海关按规定办理进口手续并放行货物，但对该货物按最惠国关税税率征收相当于税款的保证金。申报地海关应自该货物放行之日起90天内核对其原产地证书情况，根据核对结果办理退还保证金手续或将保证金转为进口关税手续。通常情况下，若对CEPA货物采取收保放行，海关可对货物查验，企业应协助海关做好货物查验工作。

海关提醒

（1）澳门生产商对澳门CEPA的货物包装应尽量使用澳门原产地标记，减少使用中性包装，方便海关查验。原产地标记的使用，不仅可提高澳门品牌在内地市场的认识度，而且可以保护澳门企业的知识产权。

（2）内地对原产地标记实施管理。货物或者其包装上标有原产地标记的，其原产地标记所标明的原产地应当与依照该条例或规定所确定的原产地相一致。因此企业在进出口时，货物上的原产地标记必须与报关单申报的原产地一致，且原产地的判定必须通过适用该规定的原产地标

关务通
便捷通关一本通
行邮物品通关攻略
快速通关自查手册
通关典型案例启示录
电子口岸实用功能
国际海关新视野
加工贸易实务操作与技巧
关务通

准来确定。

最后，在本节结束前，通过享受澳门 CEPA 零关税待遇流程图（见图 2－9），再次展现原产澳门的货品是如何获得澳门 CEPA 原产地证书的，以及在海关通关时的流程图，以便企业逐一对照，尽享澳门 CEPA 关税优惠。

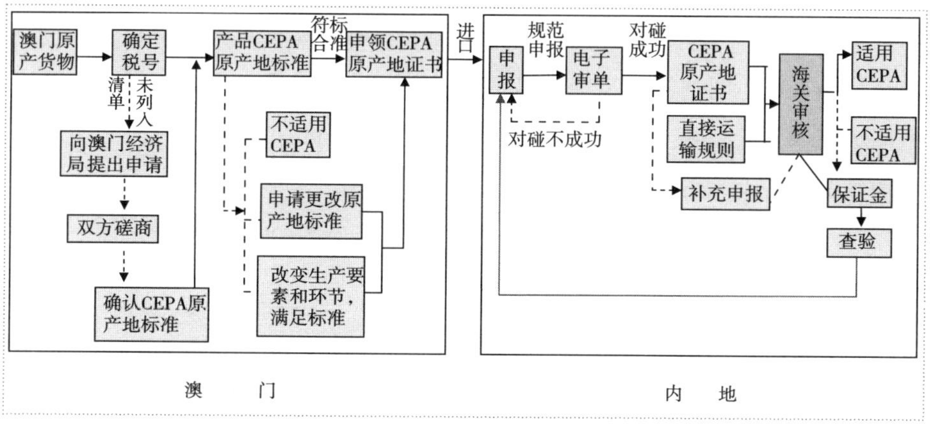

图 2－9　享受澳门 CEPA 零关税待遇流程图

小贴士

（1）若澳门原产货物不在 2013 年《享受货物贸易优惠措施的澳门货物原产地标准表》范围内，企业可参照本节三（二）“提交享受澳门 CEPA 零关税的货物清单三部曲”的内容，熟悉相关流程，使货物尽快加入澳门 CEPA 原产地《享受货物贸易优惠措施的澳门货物原产地标准表》中。

（2）企业在通关过程中未能提交 CEPA 原产地证书的，应主动向海关进行补充申报，并在该货物放行之日起 1 年内且在原产地证书的有效期内，向海关补提交 CEPA 原产地证书正本。

（3）企业在通关过程中的“规范申报”和“收取保证金”等具体要求，可参照本节“澳门 CEPA 下零关税货物的通关管理”，熟悉相关程序。

第三节 寻觅商机

澳门作为中国南部的弹丸之地，陆地总面积为29.7平方公里（截至2010年底），却居住着53.5万人，人口密度高达每平方公里1.8万人，这在世界上也是罕见的；人均本地生产总值达到61.2万澳门元，亚洲排名第一。然而，由于多方面的原因，目前制造业在澳门经济产值中的比重已下降至不足2%。如何在CEPA框架下，配合澳门经济适度多元发展战略，把握大珠三角合作机遇，振兴本地经济，拓展外部市场，大浪淘金呢？在这里，我们一起寻觅商机……

一、澳门制造业简况

据澳门统计暨普查局资料显示，2012年澳门进出口货物总值达790.9亿澳门元，比去年同期增长14.2%。其中，出口货值为81.6亿澳门元，同比增长17.1%；主要是再出口货值上升28.2%，本地产品出口货值则下跌4.4%。而进口货值为709.3亿澳门元，同比增长13.9%（见图2-10）。2012年澳门货物贸易逆差为627.7亿澳门元，同比扩大13.5%。澳门出口贸易持续低迷，澳门逆差规模的不断扩大，极大地影响了澳门GDP的增长幅度。

从图2-10可以看到，近几年澳门的出口市场持续萎缩，特别是2008年全球金融海啸导致欧美等传统出口市场需求急降，对澳门出口造成直接的影响。2009年全年澳门的出口货值同比大跌52.1%，创1985年以来的最低出口货值。更值得注意的是，当年输往美国、欧盟的货值分别大幅减少79.6%和60.3%。为此，现在澳门社会各界更关注制造业在澳门的持续发展，希望保持澳门产业结构多元化，不能过于依赖博彩业。

经过近几年澳门地区与内地各方的努力，特别是澳门CEPA的实施，大大促进了内地、香港地区、澳门地区三地经济的融合发展，降低了澳门对欧美市场的高度依赖。据澳门统计暨普查局资料显示，2012年澳门出口

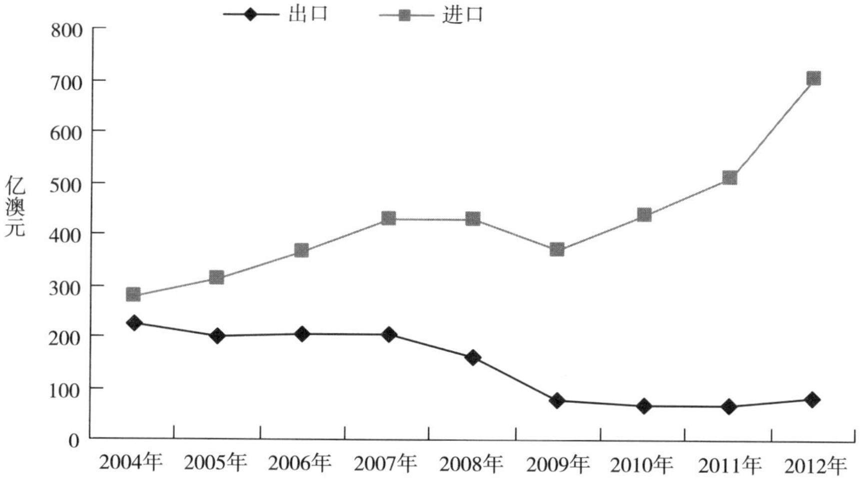

图 2－10　2004 年—2012 年澳门进出口贸易情况

至香港的货值为 41.0 亿澳门元，同比增长 31.7%；出口至内地为 13.7 亿澳门元，同比增加 24.7%；出口至美国和欧盟分别为 5.1 亿澳门元和 3.2 亿澳门元，货值分别减少 8.7% 和 17.7%。

目前，澳门制造业对外存在极大的依赖性，澳门制造业的生产过程，是接受海外客商发来的订单后，输入所需原料设备，经过加工生产，再将产品输往内地或海外市场的。由于纺织品配额取消等多方面因素，过往澳门制造业在国际市场上的优势逐渐减少，CEPA 零关税政策的实施在一定程度上可协助企业转移市场，开拓内地业务。此外，目前澳门工业企业规模小，技术设备也比较落后，整个工业生产仍处于低加工度、低附加值和低技术密集形态。随着越南、泰国等东南亚国家的发展，以及来自内地的竞争，劳动密集型产业的纺织业已失去了原有的竞争优势，这直接导致澳门制造业的疲软，加上旅游业成本上涨，澳门本地企业迁移到邻近地区发展，从而导致本地制造业规模持续萎缩。

二、澳门的优势产品

（一）逐渐走向多元化结构的澳门零关税产品

据海关统计，截至 2012 年 12 月，澳门 CEPA 项下累计受惠货值 4 847

万美元，关税优惠金额2 850万元人民币。主要的受惠产品包括：贱金属制品、服装、塑料制品、化工业及动植物油脂、收藏品、食品等共24章货物。“原产澳门”与“零关税”吸引了不少生产商的眼球，“老字号”和“新产业”共同从澳门CEPA觅到了发展机会（见表2－10）。

表2－10　2004年—2012年澳门CEPA项下进口受惠货物情况

受惠货物名称	占总受惠货值比重（%）
74章 铜及其制品	44.50
61章 针织或钩编的服装及衣着附件	15.54
62章 非针织或非钩编的服装及衣着附件	11.88
97章 艺术品、收藏品及古物	10.37
39章 塑料及其制品	4.47
64章 鞋靴、护腿和类似品及其零件	3.60
15章 动、植物油、脂、蜡，精制食用油脂	2.56
32章 鞣料、着色料、涂料、油灰、墨水等	1.73
25章 盐、硫黄、土及石料、石灰及水泥等	1.71
96章 杂项制品	1.42
09章 咖啡、茶、马黛茶及调味香料	0.88
85章 电机、电气、音像设备及其零附件	0.78
19章 谷物粉、淀粉等或乳的制品，糕饼	0.28
17章 糖及糖食	0.12
33章 精油及香膏，芳香料制品，化妆盥洗品	0.06
35章 蛋白类物质、改性淀粉、胶、酶	0.03
55章 化学纤维短纤	0.02
22章 饮料、酒及醋	0.01
70章 玻璃及其制品	0.01
38章 杂项化学产品	0.01
53章 其他植物纤维、纸纱线及其机织物	0.01
51章 羊毛等动物毛、马毛纱线及其机织物	0.0011
28章 无机化学品	0.0010
65章 帽类及其零件	0.0007

单项进口商品中，印刷电路用覆铜板、使用过或未使用过的邮票和棉制针织或钩编的男衬衫3项商品受惠货值合计超过3 000万美元，分别为2 108万美元、498万美元和478万美元，位居前3位。受惠进口货值前10位产品中（见表2－11），粗甘油已停止3年受惠进口，粗甘油停产主要受澳门生产成本不断提高以及内地对该税号实施暂定税率4%的影响。2012年，除绘图墨水及其他墨类同比增长30%外，其余商品同比均有较大幅度增长，特别是棉制男衬衫，同比增长235%，成为拉动整体进口增长的主要因素。

表2－11　2004年—2012年澳门CEPA受惠进口货值前10位货物

受惠货物	受惠货值（万美元）	占受惠总值比重（%）
74102110 印刷电路用覆铜板	2 108	43
97040010 使用过或未使用过的邮票	498	10
61051000 棉制针织或钩编的男衬衫	478	10
62052000 棉制男衬衫	205	4
62046200 棉制女裤	204	4
39021000 初级形状的聚丙烯	140	3
15200000 粗甘油；甘油水及甘油碱液	124	3
64039100 橡、塑或革外底，皮革鞋面的短统靴（过踝）	123	3
61091000 棉制针织或钩编的T恤衫、汗衫、背心	105	2
32159090 绘图墨水及其他墨类	84	2
合　计	4 069	84

虽然，澳门CEPA受惠货值在逐年提高，但澳门本地产品出口却在下降，澳门生产成本不断攀升。如何在已有的基础上，进一步巩固澳门CEPA成果，力保稳中求进；如何扭转诸多不利因素，实现盈利，这需要企业充分掌握并运用澳门CEPA的零关税政策。

（二）非纺织行业成为澳门制造业支柱

过去，纺织业一直是澳门出口的传统产业。根据澳门统计暨普查局的资料显示，2012年的纺织品及成衣出口约为10.5亿澳门元，同比下降21.3%，占澳门出口货值的12.9%，所占比重连续3年下降；非纺织品出口货值为71.1亿澳门元，同比增长26.2%，占澳门出口货值的87.1%，所占比重连续3年增长。非纺织品出口主要包括机器设备与零件、旅行用物品及手袋，2012年，分别增加了127.1%及110.1%（见表2-12①），体现产业逐渐迈向多元化发展。而早年占一定出口份额的钟表，其出口持续萎缩，近3年已跌出非纺织品主要出口额的前6位。

三、被忽略的商机

据海关统计，2012年，内地进口澳门CEPA货物共涉及28个8位商品编码，占降税范围的比重仅2.2%，受惠货值占澳门CEPA受惠清单项下内地从澳门应税进口总额比重仅为11.0%。而自2004年1月至2013年7月，虽然降税范围已扩大至1 283项（2012年8位《税则》商品编码），但只有70个商品编码项下产品享受了零关税优惠，占降税范围的比重为5.4%，其余1 213项税号项下产品实施至今未受惠进口，占降税范围的比重为94.6%。

据澳门官方统计，在2012年至2013年5月期间，澳门纺织及成衣制造工厂有49间，食品制造工厂7间，香烟制造工厂3间，酒制造工厂2间，药品制造工厂2间，其他产品制造工厂12间。虽然内地自澳门进口食品、酒、药货值不多，但从表2-10中，可以看到酒、药品从未享受澳门CEPA受惠进口，只有少量食品享受澳门CEPA受惠进口。

综上所述，澳门CEPA货物贸易额仍有较大上升潜力，企业商机无处不在。

（一）从澳门出口优势产品中觅商机

从表2-12，我们看到非纺织业方面，澳门出口优势较明显的是机器设备与零件、铜及其制品、旅行用物品及手袋、钻石及钻石首饰。对比表2-11，我们不难发现，除了有衬背的其他精炼铜箔（商品编码74102190）外，其他铜及其制品、旅行用物品及手袋、钻石及钻石首饰均没有以澳门CEPA零关税待遇进口。

---

① 数据来源：澳门特别行政区政府统计暨普查局网站，网址www.dsec.gov.mo。

表 2-12　2012 年澳门主要出口货物情况

货物	2010 年			2011 年			2012 年		
	金额（百万澳门元）	同比（%）	比重（%）	金额（百万澳门元）	同比（%）	比重（%）	金额（百万澳门元）	同比（%）	比重（%）
总　额	6960.0	-9.3	100.0	6970.9	0.2	100.0	8159.7	17.1	100.0
纺织品及成衣	1627.3	-34.1	23.4	1339.0	-17.7	19.2	1053.4	-21.3	12.9
其中：非针织或非钩织成衣	599.1	-31.8	8.0	558.4	-0.1	8.0	477.8	-14.4	5.9
针织或钩织成衣	755.1	-41.1	10.8	511.3	-32.3	7.3	411.5	-19.5	5.0
纺织布料	96.9	-14.8	2.7	155.0	-18.0	2.2	66.7	-57.0	0.8
非纺织品	5332.7	2.5	76.6	5631.9	5.6	80.8	7106.2	26.2	87.1
其中：机器设备与零件	449.0	-28.3	6.8	627.8	39.8	9.0	1426.0	127.1	17.5
香烟及其制品	470.3	47.6	6.8	669.6	42.4	9.6	768.3	14.8	9.4
铜及其制品	374.1	40.5	5.4	382.0	2.1	5.5	371.5	-2.7	4.6
娱乐专用制品	286.5	-24.3	5.1	356.2	26.7	5.1	365.0	2.5	4.5
旅行用物品及手袋	/	/	/	100.5		1.4	211.1	110.1	2.6
钻石及钻石首饰	736.8	-2.2	10.6	225.2	-63.3	3.2	199.8	-11.3	2.4

2012年，澳门出口铜及其制品3.7亿澳门元，但仅有印刷电路用覆铜板受惠进口，且受惠率①仅有23.7%（见表2－13）。铜及其制品用途广泛，涉及领域大部分为高新技术，铜及其制品仍有无限潜力，享受澳门CEPA零关税待遇空间巨大。

表2－13　澳门CEPA项下铜及其制品的受惠情况

商品编码	货品名称	原产地标准	最惠国税率（%）	受惠率（%）
74032100	未锻轧的铜锌合金（黄铜）	从在澳门收集的，在澳门消费过程中产生的或在澳门加工制造过程中产生的废铜、锌制造，主要制造工序为加添合金元素熔炼、浇铸或铸造。	1	0
74072111	直线度不大于0.5毫米/米铜锌合金条、杆	从在澳门收集的，在澳门消费过程中产生的或在澳门加工制造过程中产生的废铜制造，主要制造工序为加添合金元素熔炼、浇铸或铸造。	7	0
74072119	其他铜锌合金条、杆	从在澳门收集的，在澳门消费过程中产生的或在澳门加工制造过程中产生的废铜制造，主要制造工序为加添合金元素熔炼、浇铸或铸造。	7	0
74072190	其他黄铜条、杆、型材及异型材	从在澳门收集的，在澳门消费过程中产生的或在澳门加工制造过程中产生的废铜制造，主要制造工序为加添合金元素熔炼、浇铸或铸造。	7	0
74102110	印刷电路用覆铜板	从铜、树脂及化学溶剂制造。主要制造工序为混合、涂层及压片。	4	23.70
74102190	有衬背的其他精炼铜箔	从铜、树脂及化学溶剂制造。主要制造工序为混合、涂层及压片。	4	0

① 受惠率是指该货物在澳门CEPA项下的受惠进口货值占该货物从澳门进口到内地的应税进口总额的比重。

小贴士

（1）铜锌合金是一种记忆合金。金黄色，像金子的颜色，俗称黄铜。铜锌合金又称假黄金。铜锌合金是铜金属单质（Cu）、锌金属单质（Zn）组成的混合物。其特点是密度大，容易充型，导热性能好，氧化倾向因合金成分不同而各异。其中，铸造锡青铜的结晶温度范围宽，易产生缩松缺陷，氧化不强烈。

（2）印刷电路覆铜板是组装电子零件用的基板，是在通用基材上按预定设计形成点间连接及印制元件的印制板。该产品的主要功能是使各种电子零组件形成预定电路的连接，起中继传输的作用，是电子产品的关键电子互连件，有“电子产品之母”之称。印刷电路覆铜板作为电子零件装载的基板和关键互连件，任何电子设备或产品均需配备。其下游产业涵盖范围相当广泛，涉及一般消费性电子产品、信息、通信、医疗，甚至航天科技（资讯、行情、论坛）产品等领域。随着科学技术的发展，各类产品的电子信息化处理需求逐步增加，新兴电子产品不断涌现，使印刷电路覆铜板产品的用途和市场不断扩展。新兴的 3G 手机、汽车电子、LCD、IPTV、数字电视、计算机的更新换代还将带来比现在传统市场更大的 PCB 印刷电路覆铜板市场。

2012 年，澳门出口旅行用物品及手袋近 2 亿澳门元，但出口至内地仅为 122 美元，澳门 CEPA 项下无享受零关税记录。旅行用物品及手袋的零关税率和最惠国税率间存在较大的税差，在 10% ~25% 之间（见表 2－14），值得内地及澳门地区相关企业予以关注。

表 2－14　澳门 CEPA 项下旅行用物品及手袋的受惠情况

商品编码	货品名称	原产地标准	最惠国税率（%）	受惠率（%）
42021290	塑料或纺织材料作面的其他箱包	税号改变标准。	20	0
42022100	以皮革、再生皮革作面的手提包	从皮革、再生皮革制造。主要制造工序为切割及车缝。	10	0

续表

商品编码	货品名称	原产地标准	最惠国税率（%）	受惠率（%）
42022200	以塑料片或纺织材料作面的手提包	税号改变标准。	10	0
42022900	以钢纸或纸板作面的手提包	税号改变标准。	20	0
42023100	以皮革、再生皮革作面的钱包等物品	税号改变标准。	10	0
42023200	以塑料或纺织品作面的钱包等物品	税号改变标准。	20	0
96032100	牙刷，包括齿板刷	制把手及植刷毛。	25	0
96032900	剃须刷、发刷、睫毛刷等人体化妆用刷	制把手及植刷毛。	20	0

小贴士 澳门是一个热门的国际旅游城市，其中内地游客逾六成。企业可通过在本地建立澳门品牌，设计具有中西文化特点的旅行用物品及手袋，从而打开内地市场。

在澳门旅游，你看到最多的店铺是金饰店。琳琅满目、设计独特的各式珠宝钻石吸引了不少旅客购买。2012 年，澳门出口钻石及钻石首饰近 2 亿澳门元，但澳门 CEPA 项下却无享受零关税记录。钻石及钻石首饰的零关税率和最惠国税率间存在很大的税差，在 20% ~35% 之间（见表 2 – 15）。若企业在澳门加工一批镶嵌钻石的其他贵金属制首饰（商品编码 71131991），完税价格为 100 万元，如该商品按照澳门 CEPA 的零关税进口，则可免交关税约 35 万元人民币。这值得内地及澳门地区相关企业予以关注。

小贴士 澳门素有“亚洲拉斯维加斯”的美誉，澳门珠宝钟表展览会自 2008 年始，每年都在澳门举行。从事珠宝行业的企业，可前往参观或参展。

表 2－15　澳门 CEPA 项下钻石及钻石首饰的受惠情况

商品编码	货品名称	原产地标准	最惠国税率（%）	受惠率（%）
71131110	镶嵌钻石的银首饰及其零件	从珍贵金属制造。主要制造工序为模塑，如制造工序中涉及装配，则装配亦须在澳门进行。	20	0
71131190	其他银首饰及其零件	从珍贵金属制造。主要制造工序为模塑，如制造工序中涉及装配，则装配亦须在澳门进行。	20	0
71131911	镶嵌钻石的黄金制首饰及其零件	从珍贵金属制造。主要制造工序为模塑，如制造工序中涉及装配，则装配亦须在澳门进行。	20	0
71131919	其他黄金制首饰及其零件	从珍贵金属制造。主要制造工序为模塑，如制造工序中涉及装配，则装配亦须在澳门进行。	20	0
71131921	镶嵌钻石的铂制首饰及其零件	从珍贵金属制造。主要制造工序为模塑，如制造工序中涉及装配，则装配亦须在澳门进行。	35	0
71131929	其他铂制首饰及其零件	从珍贵金属制造。主要制造工序为模塑，如制造工序中涉及装配，则装配亦须在澳门进行。	35	0
71131991	镶嵌钻石的其他贵金属制首饰及其零件	从珍贵金属制造。主要制造工序为模塑，如制造工序中涉及装配，则装配亦须在澳门进行。	35	0
71131999	其他贵金属制首饰及其零件	从珍贵金属制造。主要制造工序为模塑，如制造工序中涉及装配，则装配亦须在澳门进行。	35	0
71132010	镶嵌钻石的以贱金属为底的包贵金属制首饰	从珍贵金属制造。主要制造工序为模塑，如制造工序中涉及装配，则装配亦须在澳门进行。	35	0
71132090	其他以贱金属为底的包贵金属制首饰	从珍贵金属制造。主要制造工序为模塑，如制造工序中涉及装配，则装配亦须在澳门进行。	35	0

在非纺织品澳门出口产品中，出口货值最大的是机器设备与零件，约14.3亿澳门元，同比增长127.1%。根据海关统计，从2009年到2012年四年间，内地从澳门进口应税机器与零件货物（内地海关归类第十六类—第十七类，即84—89章）中，前10位的进口货物均没有列入《享受货物贸易优惠措施的澳门货物原产地标准表》，暂不能享受澳门CEPA零关税待遇（见表2-16）。未列入澳门CEPA原产地标准清单的主要原因：一是该货物的关税已经为零；二是该货物只是在澳门经过简单加工，无法获得澳门本地的原产地标准或国际通用的原产地标准。其中，在前10位货物中，有6种货物的最惠国税率在3%-12%之间，仍有一定的减免空间，企业应关注自己的产品是否属于上述情况，若是，可根据实际生产情况向澳门经济局提请申请，将相关的产品列入《享受货物贸易优惠措施的澳门货物原产地标准表》范围内。

表2-16　2009年—2012年自澳门进口的前10位应税货物

货物名称	进口货值（万美元）	最惠国税率（%）
85234100 未录制光学媒体	1 016	0
89019090 其他非机动货运船舶及客货兼运船舶	470	8
89012011 载重量不超过10万吨的成品油船	335	9
89019080 其他机动货运船舶及客货兼运船舶	291	9
89040000 拖轮及顶推船	250	9
89051000 挖泥船	143	3
84518000 纱、织物等整、涂机器，列诺伦等布基涂布机	125	12
84439000（其他印刷）打印机、复印机及传真机的零件和附件	110	0
85423200 集成电路	70	0
85414020 太阳能电池	52	0

前些年，澳门钟表占一定的出口份额，2012年澳门钟表出口约1.8亿澳门元，比2011年下降了29%，比2010年下降了48%，且全部出口至香港。钟表的零关税率和最惠国税率间存在较大的税差，在12.5%～23%之间（见

表 2－17），这值得内地及澳门地区相关企业予以关注。

表 2－17　澳门 CEPA 项下钟表的受惠情况

商品编码	货品名称	原产地标准	最惠国税率（%）	受惠率（%）
91021100	机械指示式的其他电子手表	（1）从手表零件及配件装配成手表。主要工序为将表芯装嵌在表体内，并将零件及配件包括表扣带、表带、表面及电池等装配成手表，并进行测试、校准及品质检定，且符合从价百分比标准；或（2）从手表零件及配件装配成手表。主要工序为将表芯装嵌在表体内，并将零件及配件包括表扣带、表带、表面及电池等装配成手表，并进行测试、校准及品质检定，且外观设计在澳门完成并属澳门与内地主管部门共同认定的澳门自有品牌的手表。该澳门自有品牌手表须在表壳上刻有明显的澳门原产标记，如“澳门制造”、“Made in Macao”、“Made in Macau”、“Macao”或“Macau”等字样。	12.5	0
91021200	光电显示式的其他电子手表	（1）从手表零件及配件装配成手表。主要工序为将表芯装嵌在表体内，并将零件及配件包括表扣带、表带、表面及电池等装配成手表，并进行测试、校准及品质检定，且符合从价百分比标准；或（2）从手表零件及配件装配成手表。主要工序为将表芯装嵌在表体内，并将零件及配件包括表扣带、表带、表面及电池等装配成手表，并进行测试、校准及品质检定，且外观设计在澳门完成并属澳门与内地主管部门共同认定的澳门自有品牌的手表。该澳门自有品牌手表须在表壳上刻有明显的澳门原产标记，如“澳门制造”、“Made in Macao”、“Made in Macau”、“Macao”或“Macau”等字样。	23	0

续表

商品编码	货品名称	原产地标准	最惠国税率（%）	受惠率（%）
91031000	以表芯装成的电子钟	（1）制造表芯及装配，且符合从价百分比标准；或（2）制造钟壳及装配，且符合从价百分比标准。	23	0
91051100	电子闹钟	（1）制造表芯及装配，且符合从价百分比标准；或（2）制造钟壳及装配，且符合从价百分比标准。	23	0
91081100	已组装的机械指示式完整电子表芯	表芯装配、测试及校准，且符合从价百分比标准。	16	0
91081200	已组装的光电显示式完整电子表芯	表芯装配、测试及校准，且符合从价百分比标准。	16	0
91081900	其他已组装的完整电子表芯	表芯装配、测试及校准，且符合从价百分比标准。	16	0
91089090	其他已组装完整机械表芯	表芯装配、测试及校准，且符合从价百分比标准。	16	0
91112000	贱金属制的表壳	（1）从粗坯制造。主要制造工序为车床铯削、钻孔及装配；或（2）从金属片或板制造。主要制造工序为切割、塑形及装配。	14	0
91132000	贱金属制的表带及其零件	制造金属零件（但次要附件，如弹簧等可属进口）及装配。主要制造工序为制造零件及装配（包括拴珠工序）。	14	0
91149090	钟、表的其他零件	从金属或从橡胶或塑胶制造。主要制造工序为切割（包括冲切）。如切割后的制造工序中涉及以车床刨削及（或）模塑及（或）装配，则以车床刨削及（或）模塑及（或）装配亦须在澳门进行。	14	0

小贴士 与珠宝行业一样，自 2008 年开始，每年澳门都举行钟表展览会。据澳门统计暨普查局资料显示，2012 年，钟表及珠宝销售额达 157.3 亿澳门元，同比增长 28%，占 2012 年澳门零售总额的 52%。可以说，珠宝及钟表市场已成为了澳门零售业的主要命脉，珠宝及钟表行业也因此扬名内外。内地企业应结合 CEPA 所带来的关税优惠，利用旅游宣传澳门制造的钟表，使澳门钟表冲出澳门，走向内地。

（二）从澳门国际旅游经济体中寻商机

澳门的制造业过去一直是为国外厂商提供加工服务，不仅市场需求来自国外，而且加工利润极低。与此同时，澳门作为一个国际旅游经济体，本地高达 2 800 万人次的旅客市场需求却大部分依靠进口解决，澳门旅游收入的漏出效应很高。因此，从入境旅客量的增长和旅客需求不断向高品质化发展的趋势来看，澳门制造业依托本地的旅游市场发展，存在着巨大的商机，可以以旅游业为中心，向其他产业领域全面扩展，让澳门制造走向内地。

图 2－11

1. 澳门特色食品

到了澳门旅游，你会带什么手信？相信大部分朋友会选择澳门的杏仁饼、哥夫车厘糖、蛋卷、肉脯等特色食品。澳门特色食品在食品安全、口味创新以及包装等方面都占有优势。据澳门统计暨普查局资料显示，2012 年澳门特色食品出口额达 5.2 亿澳门元，同比增长 36%。但特色食品中仅有甜饼干、华夫饼干及圣餐饼和其他面包、糕点、饼干及其焙烘糕饼享受澳门 CEPA 零关税待遇。2009 年—2012 年，上述产品在澳门 CEPA 项下受惠货值仅有 19.1 万美元，个别产品受惠率较高（见表 2-18）。而特色食品的零关税率和最惠国税率间存在较大的税差，在 15%~30%之间，澳门生产厂家如何扩大市场，内地企业如何获得国内食品销售市场的商机，这值得相关企业予以关注。

表 2-18　澳门 CEPA 项下部分特色食品的受惠情况

商品编码	货品名称	原产地标准	最惠国税率（%）	受惠率（%）
19041000	谷物或谷物产品经膨化或烘炒制的食品	税号改变标准。	30	0
19043000	碾碎的干小麦	税号改变标准。	30	0
19049000	其他谷物制品	税号改变标准。	30	0
19051000	黑麦脆面包片	税号改变标准。	20	0
19052000	姜饼及类似品	税号改变标准。	20	0
19053100	甜饼干	混合、塑形及烘焙。	15	100
19053200	华夫饼干及圣餐饼	混合、塑形及烘焙。	15	100
19054000	面包干、吐司及类似的烤面包	混合、塑形及烘焙。	20	0
19059000	其他面包、糕点、饼干及其焙烘糕饼	混合、煮沸、塑形及切割。	20	80
21069090	其他税号未列名的食品	税号改变标准。	20	0

海关提醒　澳门特色食品，如杏仁饼、鸡蛋卷、肉松卷等，含有猪油和小量肉松，肉制品涉及内地对从动物疫病流行国家或地区输入的动物及其产品禁止进口的管理。请相关进口商在货物进口前向当地的国家质量监督检验检疫部门进行咨询，或者上网查阅相关法规，避免进口时由于检验检疫问题无法通关。

小贴士 若食品中含有偶蹄动物及其产品，而这些偶蹄动物的原材料采购来自内地，请各生产厂商保留好相关买卖资料，如合同、发票等，以备国家质量监督检验检疫总局检查、审核。

2. 澳门原产咖啡

近几年，不少咖啡生产企业，看到澳门 CEPA 带来的商机，在澳门投资建厂，并涌现出 SIM、捷荣等品牌咖啡。据海关统计，2009 年—2012 年上述产品在澳门 CEPA 项下的受惠货值共 43 万美元，个别产品受惠率较高（见表 2－19）。目前咖啡生产只是起步阶段，受惠货值不多，2012 年受惠值为 20 万美元，同比增长 92%。2013 年一季度的受惠货值已达 8.5 万美元，表明发展势头良好。

虽然澳门不出产咖啡豆，但澳门企业加工制造的咖啡豆可享有进入内地市场的零关税政策，这个产品给我们最大的启发是，缺乏资源的澳门，其实仍有很多发展空间，澳门加工业仍可以找到相对优势。其中的关键是必须向高附加值方向发展，这是大势所趋。现时利用零关税政策进入内地市场的产品，都是高附加值产品，证明内地市场有空间，也证明澳门商人利用 CEPA 获得市场优势、内地商人在进口时通过 CEPA 获得成本优势。

表 2－19 澳门 CEPA 项下咖啡的受惠情况

商品编码	货品名称	原产地标准	最惠国税率（%）	受惠率（%）
09012100	未浸除咖啡碱的已焙炒咖啡	（1）从咖啡豆制造。主要制造工序为烘焙及碾磨。如制造工序中涉及混合，则混合亦须在澳门进行；或（2）从咖啡豆制造，且符合从价百分比标准。主要制造工序为烘焙。	15	72
09012200	已浸除咖啡碱的已焙炒咖啡	从咖啡豆制造。主要制造工序为除碱、烘焙、调配及（或）研磨。	15	100
09019020	含咖啡的咖啡代用品	从咖啡豆及咖啡代用品制造。主要制造工序为混合、烘焙、调配及研磨。	30	0

小贴士 进口食品代理商、进口商、收货人等经营者在食品进口前，应了解我国食品相关法律法规和标准，涉及的法律法规有：《食品安全法》、《国务院关于加强食品等产品安全监督管理的特别规定》（国务院令第503号）、《食品安全法实施条例》、《进出口食品安全管理办法》（总局令第144号）、《进出口乳品检验检疫监督管理办法》、《中华人民共和国食品安全法》、《中华人民共和国进出口商品检验法》、《中华人民共和国进出境动植物检疫法》等。

3. 澳门原产的酒

目前，澳门有两家酒厂，一间白酒厂，一间啤酒厂。根据海关统计，2009年—2012年内地自澳门进口原产地为澳门的啤酒32万美元，但目前该货物未列入《享受货物贸易优惠措施的澳门货物原产地标准表》清单中。企业可向澳门经济局提出申请加入清单，使其可以在出口到内地时享受澳门CEPA零关税。而酒的零关税率和最惠国税率间存在较大的税差，在10%~40%之间，借力中葡平台，将葡语国家的优势产品引入澳门生产的方式值得企业予以关注。详见表2-20。

表2-20　澳门CEPA项下酒的受惠情况

商品编码	货品名称	原产地标准	最惠国税率（%）	受惠率（%）
22029000	其他无酒精饮料	从浓缩香料或相类物料制造，且符合从价百分比标准。主要制造工序为混合、溶解。如制造过程中涉及碳化，则碳化亦须在澳门进行。	40	0
22060010	黄酒	发酵及酿制。	40	0
22060090	其他发酵饮料	发酵及酿制。	40	0
22071000	浓度≥80%的未改性乙醇	发酵及酿制。	30	0
22089020	白酒	混合、提取上清液及勾兑，且符合从价百分比标准。	10	0
22089090	其他蒸馏酒及酒精饮料	混合、提取上清液及勾兑，且符合从价百分比标准。	10	0

（三）从澳门传统纺织业中发现商机

对于任何一个经济体来说，产业结构过于单一，都不利于抵御外来冲击，世界经济的波动都会对其有较大影响，澳门就是这样一个经济体。就制造业而言，纺织服装一直占据着主导地位，目标市场也相对集中，过分依赖纺织品配额限制带来的便利。但是随着纺织品配额的取消，澳门纺织服装将面临严重的冲击。因此，澳门 CEPA 的签署给澳门纺织服装业提供了一个零关税的巨大市场，再加上澳珠跨境加工区的迅速建设，不仅可以有效缓解这一冲击，还可以促进澳门纺织服装业的发展，增强抵御外界冲击的能力。

目前，在2013 年1 月的《享受货物贸易优惠措施的澳门货物原产地标准表》中，涉及纺织的《税则》税号共446 项，占整个受惠原产地《享受货物贸易优惠措施的澳门货物原产地标准表》的35%，其中涉及纺织原料及制品的共204 项，占整个受惠原产地《享受货物贸易优惠措施的澳门货物原产地标准表》的12%；服装232 项，占整个受惠原产地《享受货物贸易优惠措施的澳门货物原产地标准表》的18%。而据海关统计，自澳门 CEPA 实施以来，澳门 CEPA 项下纺织品涉及《税则》税号38 项，仅占《享受货物贸易优惠措施的澳门货物原产地标准表》中纺织项数的8%。其中，纺织原料及制品涉及《税则》税号3 项，服装涉及《税则》税号35 项；纺织品的覆盖率①较低（见表2－21）。

表2－21　澳门 CEPA 项下纺织品受惠进口情况

货物	澳门 CEPA 清单税号（项）	实际进口受惠税号（项）	覆盖率（%）	受惠率（%）
纺织品	446	38	8.52	16.03
纺织原料	204	3	1.47	0.05
服装	232	35	15.09	19.00

① 覆盖率是指实际受惠产品税号个数与《享受货物交易优惠措施的货物原产地标准表》税号总数之比。

小贴士 纺织品的零关税率和最惠国税率间存在较大的税差，在5%至20%之间，这值得内地及澳门地区相关企业予以关注。相关产品关税可查阅（海关总署公告2012年第63号《2013年关税实施方案》）。

（四）从澳门CEPA受惠清单中获商机

由于澳门本地制造业有限，澳门CEPA实施九年来，总受惠货值为4 848万美元，不足香港CEPA受惠货值的8‰，仅占内地从澳门进口货值的2.3%（见表2－22）。可以看到近几年澳门CEPA受惠货值所占比重有所上升，但整体比重与其他自由贸易协定相比，仍然较低，澳门CEPA在货物贸易方面促进澳门产业结构多元化虽然有限，但是可发掘的潜力和商机却是无限的。

表2－22　2004年—2012年澳门CEPA占内地进口自澳门应税货物的比率表

年份	澳门CEPA受惠货值（万美元）	内地进口澳门货物货值（万美元）	所占比率（%）
2004年	23	21 576	0.1
2005年	99	26 454	0.4
2006年	118	25 681	0.5
2007年	315	28 161	1.1
2008年	179	30 599	0.6
2009年	412	24 606	1.7
2010年	840	12 355	6.8
2011年	1 201	16 227	7.4
2012年	1 661	27 918	5.9

（五）从澳门新兴产业中挖商机

近年来，澳门工业发展缓慢，其中一个重要原因在于以劳动密集型产品为主，成本上升，缺乏竞争力，劳动力高龄化。事实上，澳门的传统工业仍有优势，关键是要用先进的技术、先进的管理来加以改造，以提高它们的产品附加值，并向“小批量”、“多样化”、“精品化”方向发展，向智慧型产业方向转型。要积极发展高新技术工业，可以通过引进外资，利用澳门 CEPA 政策，加强区域经济合作等途径，逐步建立起适应澳门特点的现代化工业体系，主要是一些技术密集型的新兴产业，使澳门在竞争中处于有利地位；同时，针对澳门地少的特点，重点发展规模较小、高科技和高含金量的行业，改造现有工业，促进产业转型升级。

例如借与澳门特别行政区一水之隔的珠海横琴新区筹建中医药园的机会，澳门企业可从中华文化精髓中，探讨软实力与生物科技产业结合的新方向，启动创新思维，加大两方合作，共同发展澳门药业。

小贴士 新兴产业通常是指区内还未形成市场规模但有一定发展潜力的高新技术产业。新兴产业特别依赖智力资本的优势，可以通过发展各类的新兴产业来实现新的经济增长点，为此澳门企业有必要研究及选择符合区域竞争优势及互补原则的新兴产业并加大投入力度，逐步实现产业优势。

（六）加快澳门品牌发展创商机

澳门制造业是澳门经济结构的重要组成部分，中央政府与澳门特别行政区政府都从未间断对制造业的扶持，如扩大市场、降低营运成本、企业融资、引进技术和提升品牌，实施澳门 CEPA 零关税政策。如澳门特别行政区政府贸易投资促进局打造的首家“商汇馆”，那里凝聚了澳门人的信念、创意和力量，希望海内外客商通过“商汇馆”进一步了解澳门的生产、服务及设计等能力及潜能。“商汇馆”展馆总面积接近 600 平方米，馆内的设计和布置融汇了中葡文化的特色。目前，展馆内汇聚了 76 家企业的 450 多件商品，包括服饰、食品及饮品、药品、家居用品及家具、文化特色商品、旅游商品等。其中，葡语国家专区内除了展出葡萄酒、橄榄油、罐头沙甸鱼、咖啡粉等多款产品外，还有各葡语国家的营商环境和投资情况介绍。“商汇馆”是澳门首间集“澳门制造”、“澳门品牌”、“澳门设计”及“葡语国家代理产品”的商品展示中心，以期向海内外客商展示澳门商品的多元化。

澳門本地
名優商品的展示中心
The Macao Products Display Centre
Centro de exposição de produtos de Macau
商業配對
Business Matching
Correspondência comercial
商品展示的四大類別
THE VARIETY OF MACAO REVEALED
IN MACAO IDEAS
A variedade de Macau revela - se em Macao Ideas
MACAU BRAND
澳門本地品牌商品
澳門本地設計商品
澳門本地製造商品
澳門代理葡語國家商品
「商匯館」- 澳門商品展示中心，由澳門貿易投資促進局籌備及設置，是以宣傳「澳門製造」、「澳門品牌」、「澳門設計」、「葡語國家產品」為目標，並打造本地商品知名度而設的嶄新展示平台，是澳門名優商品的新匯點。
"Macao Ideas" – The Macao Products Display Centre set up by Macao Trade and Investment Promotion Institute (IPIM), which aims to be the brand new showcase platform for products of "Made in Macao", "Macao Brand", "Macao Design" and "Portuguese-Speaking Countries". It is an integrated exhibition venue for Macao famous brands and products.
Os trabalhos preparatórios e de instalação do "Macao Ideas" encontram-se a cargo do Instituto de Promoção do Comércio e do Investimento de Macau (IPIM). Para promover "Marca de Macau", "Fabricados em Macau", "Concepção de Macau" e "Agenciamento de Produtos dos Países de Língua Portuguesa". Trata-se de um centro concebido para a exposição dos produtos afamados e de outros produtos das empresas de Macau.

图 2－12

Macao · 商匯館
IDEAS

图 2－13

“商汇馆”是以推动澳门中小企业发展，以及打造本土商品知名度为目标而设的一个商品展示中心，是本地打造“澳门制造”品牌的缩影之一，目的是促进经济适度多元政策，协助本地中小企业拓展市场。建议企业可利用此平台，并结合澳门 CEPA 零关税政策，打造“澳门制造”品牌，增强市场竞争力。尽管在转型时可能会遇到不同问题，但只要把握澳门经济自身发展的优势和特点，把握产业转型发展的方向，利用澳门在旅游业、服务业和文化业方面的影响力，就会让澳门制造业转型升级和价值增值，扬“澳门制造”品牌、设计、研发和营销之长，避土地匮乏、劳动力短缺、规模不足和产业单一之短。

小贴士

澳门商汇馆网址：http：//macaoideas. ipim. gov. mo/zh/index. do

澳门商汇馆地址：澳门金莲花广场旁边

四、内地进口澳门 CEPA 货物口岸情况

2004 年是澳门 CEPA 实施首年，内地进口澳门 CEPA 货物仅在拱北海关一个海关，经过近十年的发展，增加至 7 个海关，分别是上海、拱北、北京、广州、深圳、青岛和江门。在贱金属制品、服装、塑料制品、化工业及动植物油脂进口带动下，上海和拱北海关受惠货值占全国口岸约八成（见表 2－23）。

表 2－23　2004 年—2012 年内地各口岸进口澳门 CEPA 货物情况表

关区	进口货值所占比例（%）	主要进口货物
上海	44. 84	覆铜板、服装
拱北	35. 50	覆铜板、服装、聚丙烯、粗甘油、油墨、色带、咖啡等
北京	10. 38	邮票、首日封
广州	5. 12	鞋、服装、绘图墨水
深圳	4. 13	服装、食品
青岛	0. 03	服装
江门	0	咖啡

在印刷电路用覆铜板和服装进口拉动下，上海口岸连续3年进口澳门CEPA受惠货值居全国之首，主要是覆铜板和服装；毗邻澳门的拱北口岸居第2位，但受惠货物品种最多，超过50个税号，主要为覆铜板、服装、聚丙烯、粗甘油和油墨等；而北京关区则进口邮票和首日封。

目前，内地海关在积极推行通关便利化，确保CEPA货物快速通关。与澳门最大接壤的拱北海关，通过密切与澳门海关合作，积极实施查验结果参考互认、货物分类通关、粤澳过境货物监管、粤澳空陆联运等便捷通关模式，加快跨境物流运转，提升监管效能；通过加强CEPA通关管理与服务，配合海关总署与澳门经济局密切磋商零关税货物原产地标准，实施CEPA商品预归类措施，降低由于商品归类不准而导致的货物不能享受零关税政策或滞留口岸的概率。

从表2-23中，我们不难发现，与香港CEPA从内地进口31口岸和货物种类相比，澳门CEPA的发展仍有较大空间，尤其对于处在微利、无利甚至亏损状态的部分澳门制造业企业来说，是一个可以充分利用的政策。

五、区域经济带来的影响

相对澳门的博彩业、服务业，澳门现在的制造业是最不具有区位优势与生产力的产业。劳动力密集的外向型纺织业，形成澳门制造业的基础，但近来已失去原有的优势。为此，澳门应进一步加强区域经济合作，努力拓展澳门的经济发展空间。澳门经济发展与“香港因素”、“内地因素”和“国际因素”的积极作用是分不开的。20世纪70年代以来，澳门通过吸引香港的资金和技术，逐步建立起了现代工业体系。20世纪80年代后，随着工业的发展和比较优势地位变化，澳门工业大批迁往内地，与珠江三角洲形成了“前店后厂”的产业协作关系，有力地促进了澳门经济结构调整和第三产业发展。目前澳门经济发展面临着成本高，人才、资金缺乏及其技术水平不高等问题，需要通过与周边地区尤其是与内地的经济合作，利用澳门CEPA，提高现有产业发展层次，实现经济的有序转型。在产业合作中，要真正做到“平等互利、共同发展”，使澳门地区成为中国走向世界的一个“窗口”，发挥澳门的中介和纽带作用。

（一）横琴新区——有望成为企业成本洼地

2013 年 8 月 1 日起，海关总署对横琴新区实行选择性征税，这成为结构性减税的突破口。在目前全国 900 个报关现场，横琴新区是采取选择性征税的两个现场之一。这意味着什么呢？从国外进原材料至横琴，按“一线放宽”① 备案，加工成品后内销，可选择按进来横琴的原材料征税，或者实际报验状态的成品征税。选择性征税，让横琴生产销往内地的货物，取得在进口环节税上的巨大优势。据统计，2013 年《税则》有 8 194 个税号，关税、进口环节增值税，两者加起来的综合税约 20%，对于进口商来说是比较高的。不同材料、货物，在 8 194 个税号各有不同对应，企业自主选择将减少税负。横琴的货物越多，免税额越大。

下面，我们看看具体例子：

案例 2－12 某企业在横琴新区生产一批扫描仪（制成品），其商品编码为 8471605000，然后销往内地。根据 2013 年《税则》，其关税税率为 0，增值税税率 17%。表 2－24 为扫描仪的组成零件情况：

表 2－24 扫描仪的组成零件情况

项号	品名	商品编码	关税税率（%）	增值税税率（%）	原产地
1	扫描仪用注塑件	8473309000	0	17	中国
2	线路板	8534009000	0	17	中国
3	连接件	8536900000	0	17	中国澳门
4	晶体管	8541210000	0	17	韩国
5	集成电路	8542390000	0	17	中国
6	电线	8544422900	0	17	中国
7	马达	8501109190	9	17	日本
8	电感器零件	8504909000	8	17	中国台湾
9	镜片单组	9002909090	15	17	中国台湾

① 横琴与澳门之间的口岸设定为“一线”管理，横琴与中华人民共和国关境内的其他地区（以下称“区外”）之间的通道设定为“二线”管理。

案例分析：从表2－24看到，扫描仪成品关税税率小于料件关税税率，因为第7～9项的零件关税税率在8%～15%之间，当企业在横琴新区申报进口至内地时，则可选择按成品关税报税，即申报扫描仪（商品编码8471605000）的关税税率为零。若在保税区，其制成品含有进口料件的，进口至内地时只能按照料件计征进口关税，即第3～4项和第7～9项必须申报，并根据其关税税率计征关税和增值税。

案例2－13 某企业在横琴新区生产一批全棉梭织男装长裤（制成品），其商品编码为6203429062，然后销往内地，根据2013年《税则》，其关税税率为16%，增值税税率为17%；主要生产的料件是来自意大利的全棉梭织布，商品编码为5209420090，其关税税率为10%，增值税税率为17%。

案例分析：我们看到，上述成品关税税率高于料件关税税率，当企业在横琴新区申报进口至内地时，可选择按料件关税报税，即申报为全棉梭织布（商品编码5209420090），关税税率为10%。目前在国内大部分的特殊监管区域，如出口加工区、综保区等，该批货物进口至内地时必须按照进口时的实际状态申报，即必须申报为全棉梭织男装长裤（商品编码6203429062），关税税率为16%。

案例2－14 某企业在横琴加工的摄像机，销到内地时可按摄像机成品报税，企业应该如何交税？

案例分析：假如整机税率高于机架、机头等零部件税率，企业亦可按零部件报税。企业把摄像机成品拆成机架、机头等报税时，必须是零部件进入横琴时的状态。如果企业发现有零部件的零部件税率更低时，不能把零部件镜头拆成零部件的零部件镜片、螺丝再向海关报关。

小贴士 企业想了解横琴新区的监管办法，请查阅《中华人民共和国海关对横琴新区监管办法（试行）》（海关总署令第209号）。

横琴新区的征税选择给企业带来了不少的税收减免。若企业在横琴新区范围内应用澳门 CEPA，特别是运用累积规则，成品或材料的价格会更低，加之区内各项配套优惠，尤其是企业登记等优惠，这些有望使横琴新区成为企业运作成本的低洼区，各企业应该重视并灵活运用。为何这样说呢？我们在下面的案例中，将全棉梭织布从意大利进口更换成从澳门进口，看看关税有何变化。

案例 2－15 某企业在横琴新区生产一批全棉梭织男装长裤（制成品），其商品编码为 6203429062，然后销往内地，根据 2013 年《税则》，其关税税率为 16%，增值税税率为 17%；主要生产的料件是来自澳门的全棉梭织布，商品编码为 5209420090，澳门 CEPA 关税税率为 0，增值税税率为 17%。

案例分析：根据横琴新区选择性征税规定，如果横琴企业选择料件征税，那么其生产的全棉梭织男装长裤出区到内地时，可以免交关税，只需交纳澳门产全棉梭织布的 17% 增值税。

小贴士

（1）在横琴新区范围内，对应料件如涉及优惠贸易原产地管理的，企业应当在该料件备案时主动向海关申明并提交有关单证，否则在内销征税时不得适用相应的优惠税率；对应料件如涉及反倾销、反补贴等贸易救济措施，海关应按照有关贸易救济措施执行。

（2）经横琴运往区外的优惠贸易政策项下的货物，符合海关相关原产地管理规定的，可以申请享受优惠税率。

（二）葡语国家经贸合作论坛——中国与葡语国家之间的“新立交桥”

由于地理位置优越，澳门几个世纪以来一直是中国与世界各地贸易往来的货物集散地之一。迄今，澳门与 120 多个国家和地区保持稳定的经贸关系，是约 30 个国际经济组织的成员，160 多项国际公约或多边条约适用于澳门。由于历史原因，澳门与葡语国家一直保持着悠久而紧密的历史文化关系。如今，澳门是中国唯一与这些国家保持如此特殊关系的地区，这些国家分布于四个大洲，人口约2.5亿。据统计，2012年全年中国与8个葡语国家的贸易额达1 285亿美元，同比增长9.6%。澳门的企业已活跃在所有葡语国家，澳门的商品经由葡语国家进入欧盟、南美、非洲市场。

澳门CEPA在澳门与葡语国家的紧密经贸联系中发挥着积极作用。葡语国家可以为澳门CEPA提供丰富的材料资源，在澳门进行实质性加工后，零关税进口内地。澳门CEPA为葡语国家产品进入内地架起了桥梁，同时也为内地与葡语国家的经贸合作提供了平台。澳门咖啡是中葡合作的典型例子。一些葡语国家企业来澳门投资办厂，或澳门本地企业转型投资，进口巴西、东帝汶的咖啡，加工后再进入中国内地市场。如澳门捷成咖啡有限公司，通过进口东帝汶风味独特的阿拉比卡豆，在澳门制造成咖啡，从而获得澳门CEPA原产地书，进入内地可享受零关税待遇。

中国是世界最大的发展中国家，自然资源丰富，中国和葡语国家在经贸合作空间上存在巨大的发展潜力。由于澳门特别行政区的历史因素，作为中国与葡语国家中介和桥梁的优势明显。澳门早与葡语国家有广泛和密切的联系，亦采用与欧洲大陆相近的法律和行政架构，这有利于葡语国家通过澳门了解中国内地。由见及此，中华人民共和国政府倡议举办中国—葡语国家经贸合作论坛，利用澳门和葡语国家的特殊关系和潜力，作为中国和葡语国家之间经贸发展的平台。

小贴士 中国—葡语国家经贸合作论坛（简称中葡论坛、中葡经贸合作论坛）是由中华人民共和国政府发起的国际经贸论坛，以经济合作及发展为主题。其宗旨除加强中国与葡语国家间的经贸交流与合作外，更发挥了澳门在联系中国与葡语国家的平台角色，深化了彼此间的全面合作。中葡经贸合作论坛于2003年10月12日在澳门成立，同时，举行第一届部长级会议，签署了《经贸合作行动纲领》。目前中葡经贸合作论坛的成员由中国和葡语国家所组成，葡语国家成员主要有：葡萄牙、东帝汶、巴西、佛得角、几内亚比绍、安哥拉和莫桑比克。

（三）跨境工业园区——产业结构走向优质化

自 2006 年启用的珠澳跨境工业园区，是目前国内两个跨境工业区之一，建立的主要目的是优化澳门产业结构，促进澳门工业多元化，带动经济整体发展。作为一种全新的区域合作模式，从其功能定位和发展规划来看，珠澳跨境工业区正是顺应全球化时代区域竞争的趋势和潮流，按工业化区位要求发展区域合作或大都市圈模式。但是，从目前跨境工业区利用 CEPA 来看，经该园区享受 CEPA 政策的货物仍然较少，收效甚微。

企业应该充分利用跨境工业园区两地企业区位优势，极大地方便两地企业在原材料的配送和生产加工上的合作，再利用国家给予的跨境工业园区的特殊优惠政策，这样能够生产出符合澳门 CEPA 的产品，促进区内经济的发展。

（四）泛珠三角——融入区域经济的切入点

从 CEPA 零关税措施的实施效应看，澳门制造应当是发展全新的生产基础和技术基础的产业，而不是发展落后产业。在泛珠三角区域一体化的条件下，澳门企业要充分意识到澳门得天独厚的区域位置。作为珠江西岸地区唯一的一个自由港和实施“一国两制”的地区，加上澳门历史上与葡语国家、欧盟的特殊关系，以及它在大珠三角和泛珠三角中的有利地位和优势决定了其在这个区域中的定位。同时，应该运用澳门 CEPA 原产地规则，尤其是累积规则，充分利用泛珠三角特别是广东制造业和资源优势，重新配置资源与分工，走高端、专业化生产。

小贴士 “泛珠三角”包括珠江流域地域相邻、经贸关系密切的福建、江西、广西、海南、湖南、四川、云南、贵州和广东 9 省区，以及香港、澳门 2 个特别行政区，简称“9 + 2”。“泛珠三角”面积 200.6 万平方公里，2011 年 GDP 总值为 162 575.9 亿元人民币。其中，9 省区面积占全国的 20.9%，GDP 总值占全国的 34.5%。

（五）港珠澳大桥——为粤港澳合作注入强大的活力

已动工建设的港珠澳大桥，将是迄今为止世界上最长、建设难度最大的跨海大桥，也是一座连接澳门、香港和珠海三地的桥梁，是沟通珠海口岸东西两岸和珠三角南部地区的一条大动脉。港珠澳大桥的全面建成，将从更深层次上拉动经济的发展，促进我国沿海城市的经济链调整和产业结构转型。“一小时经济圈”将使珠三角地区成为一体，南北文化、港澳文化可得到更加充分的展示。港珠澳大桥在促进香港、澳门和珠江三角洲西岸地区经济上的进一步发展具有策略意义，使珠江三角洲地区成为亚太最开放、最便捷、最高效、最安全的客流和物流中心。

由于地理原因，澳门没有深水港，很多进口货物必须先运到香港，再转船到澳门。港珠澳大桥的建立，让澳门的交通劣势得到了改善，有利于企业的原材料采购。企业应利用便利的交通条件，结合 CEPA 零关税政策，寻觅更广阔的商机。

第三章　进入收获期的《中国—巴基斯坦自由贸易协定》

在2008年中国四川汶川大地震发生后，有一个国家在向中国提供援助时“动用国家全部的运输机”、“搬光国家战略储备的帐篷”倾囊相助。这个让中国人民感动的国家就是我们的老朋友——巴基斯坦。事实上，早在1951年5月21日，中巴两国就正式建立了外交关系。建交60多年来，中巴两国建立了“全天候”友谊，开展了全方位的合作。两国在和平共处五项原则的基础上发展睦邻友好和互利合作关系，进展顺利。中巴牢固关系和深情厚谊并非一朝一夕所建立，而是来自两国政府和人民几十年来在经济、政治、社会等各领域的相互帮助、相互支持和相互鼓励。

进入21世纪以来，中巴全面合作伙伴关系进一步深入发展，双方高层接触频繁，政治互信不断增强，双边经贸关系和经济合作全面发展，文化、科技与教育等方面的双边交往与合作日益深入。近年来，中巴合作步伐更加紧密，两国在基础设施建设、能源、水利、农业、矿产、电信等领域的合作项目顺利推进，造福于两国人民。中国是巴基斯坦第三大贸易伙伴，巴基斯坦是中国在南亚地区的第二大贸易伙伴和第一大投资目的地，而且巴基斯坦是南亚地区第一个承认中国市场经济地位并同中国签署自由贸易协定的国家。在这样的历史背景下，《中国—巴基斯坦自由贸易协定》的实施无疑进一步拉近了中巴企业的贸易合作关系。本章我们将带您进一步了解《中国—巴基斯坦自由贸易协定》的内容，寻找巴基斯坦还有哪些隐藏着的商机。

第一节　初识《中国—巴基斯坦自由贸易协定》

2003 年 11 月 3 日，《中国—巴基斯坦优惠贸易安排》在北京签署，并从 2004 年 1 月 1 日起实施。2005 年，中巴两国进行了双边自由贸易协定的联合可行性研究，同时开始了对《中国—巴基斯坦自由贸易协定早期收获协议》的磋商。2006 年 1 月，早期收获计划协议生效。在这期间，自由贸易协定的谈判继续进行，历经 5 轮谈判后，于 2006 年 11 月 11 日结束。中华人民共和国与巴基斯坦伊斯兰共和国于 2006 年 11 月 24 日在伊斯兰堡签署了《中国—巴基斯坦自由贸易协定》，这一协定于 2007 年 7 月 1 日起正式生效。

《中国—巴基斯坦自由贸易协定》共分 12 章 85 条，主要包括：初始条款、一般定义、国民待遇与市场准入、原产地规则、贸易救济、卫生与植物卫生措施、技术性贸易壁垒、透明度、投资、争端解决、管理和最终条款等。在这些内容中最受进出口企业关注的、也是与进出口企业贸易息息相关的是货物贸易自由化方面双方关税的降税措施，以及实施近 7 年来的总体受惠情况。笔者将在本节着重为您详细介绍这些内容。

小贴士　协定全文查询网址

《中国—巴基斯坦自由贸易协定》全文可查询海关总署网站首页的“原产地管理”栏目。

网址：http：//www. customs. gov. cn/publish/portal0/tab39251/

一、关税大幅削减，企业受益巨大

《中国—巴基斯坦自由贸易协定》的降税过程从“早期收获”计划开始。2005 年 12 月 9 日，中巴双方签署自由贸易协定“早期收获”协议，自 2006 年 1 月 1 日起实施。根据协议，双方实施先期降税的税目合计

3 000多个，分为零关税产品和优惠关税产品两大类。中方向原产于巴基斯坦的769个8位数级税目产品实行零关税，巴方向原产于中国的486个8位数级税目产品实行零关税。对于实施零关税的商品，零关税安排分为三个阶段实施，到2008年1月1日，有关商品的关税全部降为零。对于实行优惠关税的商品，自2006年1月1日起，中方对原产于巴基斯坦的1 671个8位数级税目产品实施优惠关税，平均优惠幅度27%；巴方对原产于中国的575项6位数级税目产品实施优惠关税，平均优惠幅度22%。

根据《中国—巴基斯坦自由贸易协定》，中巴两国将分两个阶段对全部产品实施降税。第一阶段为在该协定生效后5年内，双方对占各自税目总数85%的产品按照5种类别，以不同的降税幅度实施降税（见表3－1）。其中，3年内，双方将约占各自税目总数36%的产品关税降为零。中方降税产品主要包括畜产品、水产品、蔬菜、矿产品、纺织品等，巴方降税产品主要包括牛羊肉、化工产品、机电产品等。这一阶段的降税现在已经完成。

第二阶段从《中国—巴基斯坦自由贸易协定》生效第6年开始，双方将在对以往情况进行审评的基础上，对各自产品进一步实施降税。目标是在不太长的时间内，在照顾双方各自关注的基础上，使各自零关税产品占税号和贸易量的比率均达到90%。2012年7月1日，《中国—巴基斯坦自由贸易协定》第二阶段的谈判已启动，现在仍在进行中。

小贴士 《中国—巴基斯坦自由贸易协定》第一阶段降税计划表（见表3－1）。

据海关统计，2012年共有17 637票《中国—巴基斯坦自由贸易协定》项下货物享受协定税率进口至中国，受惠货值14.53亿美元，关税优惠2.79亿元人民币，同比分别大幅增长85.9%和98.0%，增长形势良好。受惠货值创2007年实施以来年度新高，是正式实施首年的35.4倍。

自2007年7月1日至2012年12月31日，共有45 268票《中国—巴基斯坦自由贸易协定》项下货物进口至中国，受惠货值、关税优惠金额总体呈稳定增长态势，累计已分别达到33.42亿美元和6.18亿元人民币。

2007年，受惠货值仅9 547万美元，至2012年受惠货值已猛增至14.53亿美元，发展迅猛。近几年，《中国—巴基斯坦自由贸易协定》总体实施情况详见图3－1。

表3－1　第一阶段降税计划表

	中方	巴方
3年内（2007年—2010年）降为零	畜产品、蔬菜、矿产品等2681个税号	牛羊肉、化工产品、机电产品等2 423个税号
生效5年内（2007年—2012年）削减到0—5%	化工品、水产品等2 604个税号	机电产品、农产品、化工产品等1 338个税号
生效5年内（2007年—2012年）削减50%	蔬菜、果汁、服装等604个税号	水产品、化妆品、陶瓷等157个税号
生效5年内（2007年—2012年）削减20%	水产品、家电、纺织品等529个税号	蔬菜、水果、服装、塑料、棉机织物等1 768个税号
暂不进行关税减让①	部分木材和纸制品、关税配额产品、食用植物油等1 132个税号	纺织品、汽车及零部件、部分家电产品等1 025个税号

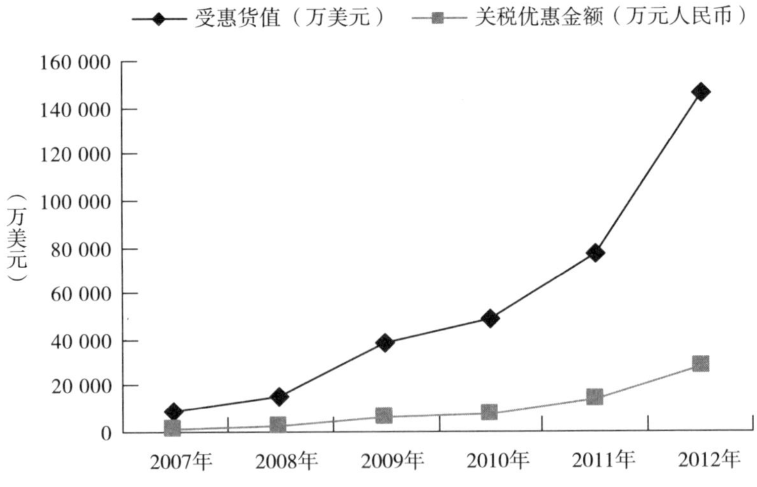

图3－1　《中国—巴基斯坦自由贸易协定》总体实施情况（2007年—2012年）

① 因宗教和安全等原因巴方禁止进口的部分产品，如猪肉、酒等，也不参加降税，共计92个8位税号。

2012年我国进口的巴基斯坦产品主要涉及121个8位税目的产品，其中进口货值增长最快的商品主要包括矿石与其他矿产品、皮革制品、纺织品、水果和蔬菜等商品。根据2013年的《关税实施方案》，我国对6 509个8位税目的巴基斯坦进口商品实施协定税率。

表3-2　2012年进口货值同比增长前20位商品

商品编码	商品名称	同比（%）
25309099	未列名矿产品	15 167
65069910	皮革制帽类	6 517
08045020	鲜或干的芒果	2 544
42032100	皮革或再生皮革制专供运动用手套	2 031
42031000	皮革或再生皮革制的衣服	1 801
52083200	棉≥85%染色平纹布，100g<平米重≤200g	1 724
41044990	其他牛、马干革（坯革）	1 303
07139090	其他未列名脱荚干豆	1 274
52061200	棉<85%、232分特≤细度<714分特未精梳单纱	1 093
52091900	其他棉≥85%未漂布，平米重>200g	1 081
90189030	内窥镜	922
52081300	棉≥85%未漂三或四线斜纹布、平米重≤200g	626
52091100	棉≥85%未漂平纹布、平米重>200g	623
52052100	精梳单纱、棉≥85%、细度≥714.29分特	549
52081200	棉≥85%未漂平纹布、100g<平米重≤200g	465
61034200	棉制针织或钩编的男裤	377
61159500	棉制针织或钩编短袜及其他袜类	341
25010020	纯氯化钠	328
63026090	其他棉制盥洗及厨房毛巾织物等毛圈织物制品	322
25261020	未破碎及未研粉的滑石	312

小贴士 怎样查询《中国—巴基斯坦自由贸易协定》项下降税清单及协定税率

进口企业可以在海关总署公告的《关税实施方案》中查询某一产品是否能享受《中国—巴基斯坦自由贸易协定》项下的协定税率。以查询2013年的《关税实施方案》为例，根据《海关总署关于自2013年1月1日起实施〈2013年关税实施方案〉的公告》（海关总署公告2012年第63号），其附件5即为2013年实施的协定税率表。该表中巴基斯坦对应的税号项下如填有税率，即表明该商品属于《中国—巴基斯坦自由贸易协定》项下降税清单，相应税率即为协定税率；如该税号项下税率为空白，即表示该商品暂未列入降税商品清单，不能申请享受协定税率。

二、进口增势良好，利用率不断提升

《中国—巴基斯坦自由贸易协定》，实施近6年来，优惠关税政策概念已逐步为两国外贸企业熟悉，企业对于进口降税清单产品的优惠政策利用程度不断提升，优惠贸易协定利用率逐年提高（见图3－2）。2012年利用率高达64.6%，较2011年提升了近8.5个百分点，实施成效显著。其中，主要受惠产品棉纱、棉布（税目5205、5208、5209项下产品）利用率均在95%以上。

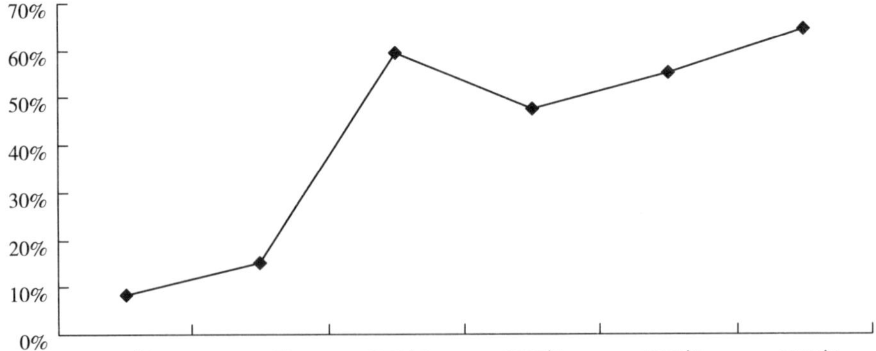

图3－2　2007年—2012年进口优惠利用率情况

小贴士 利用率

优惠贸易协定利用率的概念是指，在某个时间段内，协定项下进口的受惠商品总值占从自由贸易协定伙伴国进口应税商品总值的比率。以2012年为例，我国从巴基斯坦进口的《中国—巴基斯坦自由贸易协定》项下受惠货值为14.53亿美元，而我国当年度从巴基斯坦进口的应税商品总值为22.50亿美元，两者之比即为2012年《中国—巴基斯坦自由贸易协定》的整体利用率64.6%。

三、国内进口巴基斯坦货物较多的口岸

2012年，《中国—巴基斯坦自由贸易协定》项下货物受惠进口涉及21个关区，其中受惠货值居前10位的关区受惠进口货物总值占全国海关受惠进口货物总值的96.5%，分别是黄埔、上海、广州、青岛、南京、宁波、天津、合肥、杭州和北京海关（见表3－3）。进口口岸相对集中，进口排名前4位的黄埔海关、上海海关、广州海关和青岛海关进口受惠商品货值占《中国—巴基斯坦自由贸易协定》受惠商品总货值近五成。

表3－3　2012年主要进口关区

关区	主要进口商品
52 黄埔关区	棉纱、棉布
22 上海关区	棉纱、棉布、废塑料、胶液
51 广州关区	棉纱、棉布
42 青岛关区	棉纱、脱荚干豆、棉布
23 南京关区	棉纱、棉布、精对苯二甲酸
31 宁波关区	棉纱、棉布
02 天津关区	棉纱、鱼产品、脱荚干豆
33 合肥关区	棉纱
29 杭州关区	棉纱、棉布、乙醇
01 北京关区	脱荚干豆、胶液、皮革制品

小贴士 关区的概念

《中华人民共和国海关法》规定："国家在对外开放的口岸和海关监管业务集中的地点设立海关。海关的隶属关系，不受行政区划的限制。"目前，除香港、澳门和台湾（包括澎、金、马）三个单独关税区外，我国在全国的31个省、市、自治区设立了41个直属海关。这些直属海关所辖区域，即上文所述的关区，与我们平常所称的省、市等行政区划的范围并不完全等同。

第二节　如何充分利用协定享受优惠

对于有些人来说，《中国—巴基斯坦自由贸易协定》的名字可能还有些陌生，其实到2013年7月，《中国—巴基斯坦自由贸易协定》已经平稳实施6年了。俗话说，知己知彼、百战不殆，只有深入了解了《中国—巴基斯坦自由贸易协定》的内容，才能用足、用好其中的规定并从中获益。

一、协定总体概况

《中国—巴基斯坦自由贸易协定》的签署是中巴双方共同努力的结果，从《中国—巴基斯坦优惠贸易安排》到《中国—巴基斯坦自由贸易协定早期收获协议》，再到最终《中国—巴基斯坦自由贸易协定》的签署实施，每一阶段都使双方企业从该协定中受益。《中国—巴基斯坦优惠贸易安排》和《中国—巴基斯坦自由贸易协定早期收获协议》的内容现已被《中国—巴基斯坦自由贸易协定》所涵盖。

2008年10月，中巴两国政府再次签署《中国—巴基斯坦自由贸易协定补充议定书》。双方同意在中巴自由贸易区框架下，对巴境内"海尔—鲁巴经济区"等中巴投资区生产的货物以及双方有兴趣出口的货物，优先考虑削减或消除关税。巴方还专门给予中巴投资区12条优惠政策，作为补充议定书的附件。补充议定书的签署和实施，将加快包括“海尔—鲁巴经济区”在内的中巴投资区建设，吸引更多企业入区设厂。

《中国—巴基斯坦自由贸易协定》涵盖货物贸易、服务贸易、投资等多个领域，除了货物贸易自由化外，该协定也就投资促进与保护、投资待遇、征收、损害补偿以及投资争端解决等作出了规定，还就原产地规则、贸易救济、技术性贸易壁垒、卫生和植物卫生措施等作出了详细规定，其中与原产地直接相关的主要是原产地规则及操作程序（第四章）以及几个相关附件。

小贴士 海关总署令第162号

为了确保相关货物享受协定税率，海关总署颁布了第162号署令《中华人民共和国海关〈中华人民共和国政府与巴基斯坦伊斯兰共和国政府自由贸易协定〉项下进口货物原产地管理办法》。相关内容可以在海关总署网站查询。

网址：

http：//dalian. customs. gov. cn/Default. aspx？ TabId = 38498&mid = 91167&ctl = infodetail&infoid = 225350

二、原产地规则

国际上的自由贸易协定几乎都有货物的原产地规则条款，它是判定货物原产地的重要规定。《中国—巴基斯坦自由贸易协定》的原产地规则是由中巴双方经过多次谈判确定的规则，这些规则主要有完全获得、非完全获得、累积规则、微小加工及处理、直接运输、包装材料、中性成分等内容。

（一）完全获得货物

完全获得货物一般是指天然产品和初级产品，主要包括动植物、矿产品等，不包括添加其他国家原材料加工而成的产品。

《中国—巴基斯坦自由贸易协定》规定，完全获得货物分 12 种情况，只要货物在中国或者巴基斯坦获得或生产符合这 12 种中的一种，这个货物即可被看成是中国原产或者巴基斯坦原产的。这 12 种情况是：

（1）在该国收获、采摘或收集的植物及植物产品；

（2）在该国出生和饲养的活动物；

（3）在该国从前款所述活动物中获得的产品；

（4）在该国狩猎、诱捕、捕捞、水生养殖、收集或捕获所得的产品；

（5）从该国领土、领水、海床或海床底土开采或者提取的矿物或者其他天然生成物；

（6）在该国领水以外的水域、海床或者海床底土获得的产品，只要该国按照国际法规定，对上述水域、海床及海床底土具有开采权；

（7）在该国注册或者授权悬挂该方国旗的船只在公海捕捞获得的鱼类及其他海产品；

（8）在该国注册或者悬挂该方国旗的加工船上加工、制造前款所述产品获得的产品；

（9）在该国从既不能用于原用途，也不能恢复或者修理的物品上回收的零件或者原材料；

（10）在该国收集的既不能用于原用途，也不能恢复或者修理，仅适于弃置或者用作部分原材料的回收，或者仅适于再生用途的物品；

（11）在该国境内生产加工过程中产生的废碎料；

（12）在该国仅由上述产品加工获得的产品。

案例 3－1

在巴基斯坦种植的棉花，在巴基斯坦采摘，并纺成纱线。这批棉纱是否可以被认定为巴基斯坦原产？

案例分析：这批货物符合《中国—巴基斯坦自由贸易协定》完全获得规则规定，因此，这些棉纱制品的原产国可以被认为是巴基斯坦，进口到中国可以享受《中国—巴基斯坦自由贸易协定》零关税（2013 年的协定税率），比印度原产的少付 10% 的关税。

案例 3－2

一条在巴基斯坦注册的捕捞船，在公海捕捞了鳗鱼产品，在停靠印度孟买港口时，在船上将鳗鱼加工成鳗鱼片（商品编码 03026600），并在该港通过冷藏集装箱发运至中国。这些鳗鱼片的原产国是巴基斯坦还是印度？

案例分析：巴基斯坦。因为这些鳗鱼片的获得和生产完全符合《中国—巴基斯坦自由贸易协定》原产地规则完全获得的规定。

海关提醒 废碎料产品

完全获得货物中的废碎料产品是指在中国或者巴基斯坦境内生产货物过程中产生的废碎料，例如，钢铁、木材、塑料、纸张、纺织品等加工生产中产生的边角料、废碎料，而日常生活产生的垃圾，如用过的废电池，使用过的瓶子、塑料袋等都不是完全获得的废碎料。生活垃圾属于国家禁止进口货物。

（二）非完全获得货物

《中国—巴基斯坦自由贸易协定》规定，如果产品不是在中国或者巴基斯坦完全获得的，但是中国原产成分或者巴基斯坦原产成分比率不低于 40% 的，那么货物也可以认定为中国原产或者巴基斯坦原产。简单来说，就是被认定为中国或者巴基斯坦原产货物的，在中国或者巴基斯坦生产过程中使用的其他国家原材料价格少于 60%。海关总署令第 162 号为此列出一个公式：

$$\frac{\text{货物的船上交货价格（FOB）}-\text{非原产材料价格}}{\text{货物的船上交货价格（FOB）}}\times 100\% \geqslant 40\%$$

小贴士 成分公式中“非原产材料价格”的含义

成分公式中的非原产材料价格包括已知的产自中国或者巴基斯坦之外的国家的原材料和产地尚不明确的材料价格。

案例3－3

巴基斯坦某工厂从印度以50 000美元购进一批竹子，在巴基斯坦经过高温无氧干馏加工成竹炭（商品编码44021000），最终该批竹炭以100 000美元的出口价格（FOB）销往中国青岛。请问这批竹炭的原产地是哪里？

案例分析：根据《中国—巴基斯坦自由贸易协定》原产地规则的规定，该批竹炭的巴基斯坦成分已达到40%，且最后一道加工工序在巴基斯坦境内完成，因此，其原产地应为巴基斯坦。

案例3－4

一批体重计（商品编码84231000）在巴基斯坦生产，其出口价格（FOB）为10 000元；这批体重计中含有美国、日本原产零部件，其价值为5 000元。这批体重计可以享受《中国—巴基斯坦自由贸易协定》的优惠关税待遇吗？

案例分析：按原产成分公式计算：

$$\text{巴基斯坦成分}=\frac{10\ 000-5\ 000}{10\ 000}\times 100\%=50\%$$

经核算，该批体重计的巴基斯坦成分为50%，满足《中国—巴基斯坦自由贸易协定》项下的相关规定，因此，可以认定该批体重计原产于巴基斯坦，可以凭巴基斯坦签证机构签发的优惠原产地证书，在货物进口时享受优惠关税待遇。

小贴士 原产成分公式中价格的计算

（1）非原产材料价格是非原产材料进口时的成本、保险费加运费价格

(CIF)。

(2) 原产成分公式中价格的计算应当符合公认的《会计准则》及《海关估价协定》。

(三) 产品特定原产地标准

在巴基斯坦或中国加工、制造的货物，符合《中国—巴基斯坦自由贸易协定》原产地规则项下产品特定原产地标准的，应当视为原产于巴基斯坦或者中国。

小贴士 产品特定原产地标准

产品特定原产地标准是由中巴双方针对某些具体产品经谈判制定的原产地标准，这些产品通常是《协调制度》某些商品编码项下的产品。目前，《中国—巴基斯坦自由贸易协定》没有产品特定原产地标准。

(四) 累积规则

《中国—巴基斯坦自由贸易协定》项下的原产地规则采用双边累积规则，即符合原产地规则要求的产品，在中巴双方境内用作生产材料，如最终产品的累计成分不低于40%，则该产品可视为原产货物，并可在进口时享受协定关税优惠。

案例 3－5

一家中国纺织企业以3 000 美元进口一批巴基斯坦产棉纱（商品编码52051200），以4 000 美元进口日本涤纶，使用中国原产材料丝3 000 美元，在中国境内进行加工制成混纺织物，最终该成品以10 000 美元的出口价格（FOB）销往巴基斯坦。请问这批混纺织物是否可以认定为中国原产，并享受《中国—巴基斯坦自由贸易协定》的优惠税率？

案例分析：从织物的成分分析，中国成分占30%，达不到《中国—巴基斯坦自由贸易协定》40%的要求。但是根据《中国—巴基斯坦自由贸易协定》累积规则的规定，该批混纺织物中，30%的巴基斯坦成分和30%的中国累积成分可以累加。中国、巴基斯坦成分合计超过40%，且最后一道加工工序在中国完成，因此，该批混纺织物的原产国应为中国，巴基斯坦收货方在进口时可以享受优惠税率。

案例3-6

某中国企业以400美元的价格进口巴基斯坦的牛皮革（商品编码41079200），以300美元的价格进口马来西亚的天然橡胶，以200美元的价格购买中国生产的化纤针织布（商品编码60063200），在中国经裁断、针车、外底组合、成型等工序后制成短靴（商品编码64035111），以1 000美元的离岸价出口到巴基斯坦，该批短靴（商品编码64035111）的原产国是哪里?

案例分析：从产品的成分比率看，中国原产成分不超过30%，根据《中国—巴基斯坦自由贸易协定》原产于一方的成分所占比率不少于40%的规定，这批短靴不能视为中国原产。但是根据《中国—巴基斯坦自由贸易协定》累积规则的规定，中国成分和巴基斯坦成分可以合并累积，如果超过40%，也可以视为中国或者巴基斯坦原产货物。因此，在这批短靴成分中，中国和巴基斯坦成分合计的比率已经超出40%，而且是在中国加工成型，可以确定该批短靴是中国原产。

小贴士 累计成分的计算

在非完全获得货物中，如果仅有中国或者巴基斯坦成分，其他成分为其他国家或地区时，判定货物原产地就要看中国或者巴基斯坦成分是否大于等于40%；如果货物成分中，既有中国成分，也有巴基斯坦成分，那么中国成分和巴基斯坦成分可以累加计算，合计如果超过40%，货物最后进行实质性加工的国家就是原产国。例如上述案例的短靴，中国是其原产国。

（五）微小加工及处理

《中国—巴基斯坦自由贸易协定》规定，下列加工或处理不赋予货物原产地资格：

（1）为运输或储存货物而进行的处理，包括通风、摊开、干燥、冷冻、盐渍、硫化或其他水溶液处理、去除坏损部分等；

（2）除尘、筛选、分类、分级、组拼、洗涤、油漆及切碎等；

（3）为便于装运货物而改换包装、分拆或者装配；

（4）切割、切片及再包装，或者装瓶、装袋、装箱、固定在硬纸板或者木板上，以及其他简单包装；

（5）粘贴标志、标签或其他标记；

（6）简单混合；

（7）简单组装；

（8）完整品的拆解；

（9）屠宰动物；

（10）仅用水或者其他物质稀释而不改变货物的性质；

（11）上述各项中两项或多项加工或者处理的组合。

案例 3 -7

巴基斯坦某企业从印度进口了一批棉布（商品编码 52081200），对这批棉布筛选、分级后，挑选了其中质量等级较高的产品重新包装之后出口到中国。请问这批棉布能够享受《中国—巴基斯坦自由贸易协定》的协定税率吗？

案例分析：由于巴基斯坦企业对这批棉布进行了筛选和分级，并重新包装，这些加工处理属于微小加工处理范围，不能赋予货物原产地资格，因此，这批货物原产地仍是印度，不能申请享受《中国—巴基斯坦自由贸易协定》项下的优惠税率。

案例 3－8

巴基斯坦某企业进口了一批原产伊朗的民族服装（商品编码62042910），在巴基斯坦进行了重新包装，并车缝新的商标。请问这批服装能够享受《中国—巴基斯坦自由贸易协定》的协定税率吗?

案例分析：这批服装不能享受《中国—巴基斯坦自由贸易协定》优惠税率。因为这些服装在巴基斯坦仅仅进行了车缝标签的加工，这种加工属于微小加工处理，根据《中国—巴基斯坦自由贸易协定》规定，不赋予货物巴基斯坦原产资格，不能享受《中国—巴基斯坦自由贸易协定》优惠税率。

小贴士 动物屠宰

《中国—巴基斯坦自由贸易协定》规定，对动物屠宰属于微小加工。如果巴基斯坦进口印度的活肉，在巴基斯坦屠宰，并加工成冷冻牛肉。这些冷冻牛肉的原产地仍是印度，不是巴基斯坦。

（六）直接运输规则

根据《中国—巴基斯坦自由贸易协定》规定，享受关税优惠的货物必须符合直接运输规定。货物从出口方运至进口方的过程中未经第三方境内的，视为直接运输。如果货物在运输途中，在中国和巴基斯坦以外的一个或多个国家（地区）境内转换运输工具或进行临时储存，则必须同时符合下列条件，才能视为直接运输：

（1）过境运输只是基于地理原因或运输需要；

（2）产品在第三方境内未进入贸易或消费领域；

（3）除装卸或其他为了保持产品良好状态的处理外，产品在第三方境内未经其他任何加工。

案例 3－9

某公司申报进口棉纱，向海关提交了巴基斯坦签发的《中国—巴基斯坦自由贸易协定》项下原产地证书、巴基斯坦签发的联运提单等单证，并同时提交了中国检验（香港）有限公司出具的“未再加工证明”。该棉纱是从卡拉奇装船运至香港，然后换装小船转运至广东中山港。请问这批货物符合《中国—巴基斯坦自由贸易协定》直接运输规定吗?

案例分析：该票货物在香港换装运输工具是由于地理和运输的需要，因为广东中山港口较小，大船无法进入；另外，货物在香港只是换装运输工具，没有进入贸易或消费领域，而且中国检验（香港）有限公司出具的“未再加工证明”，说明货物在香港期间没有经过任何加工。因此，该票货物符合《中国—巴基斯坦自由贸易协定》直接运输规定。

（七）其他规则

（1）《中国—巴基斯坦自由贸易协定》原产地规则中还规定，与货物一起申报进口并且按照《协调制度》应当与该货物一并归类的包装、包装材料、容器以及附件、备件、工具、介绍说明材料的原产地不影响货物原产地的确定。

案例 3－10

在中国组装彩色电视，有部分零配件是日本、韩国原产，但中国原产成分刚好到达货物离岸价格（FOB）的40%。根据《中国—巴基斯坦自由贸易协定》原产地规则规定，彩色电视机应为中国原产。但是，当彩电出口到巴基斯坦时，使用越南产的塑料泡沫和纸箱进行包装。请问此时的电视机仍为中国原产吗?

案例分析：根据《中国—巴基斯坦自由贸易协定》规定，包装材料与货物一并归类时，不影响货物原产地的确定。因此，越南产的塑料泡沫、纸箱与电视机一并归类，它们不影响电视机原产地的确定，电视机仍为中国原产。

（2）货物生产过程中使用的、本身不构成货物物质成分，也不成为货物组成部件的间接材料，其原产地不影响货物原产地的确定。

间接材料包括以下材料：

1）燃料与能源；

2）工具、模具及铸模；

3）用于维护设备及厂房的备件和材料；

4）在生产中使用的，或者用于运行设备和厂房的润滑剂、润滑油、复合材料及其他材料；

5）手套、眼镜、鞋、衣服、安全设备和用品；

6）用于测试或者检验货物的设备、装置和用品；

7）催化剂和溶剂；

8）在货物生产过程中使用，虽然不构成该货物组成部分，但能合理地表明其参与了该货物生产过程的任何材料。

案例 3－11

一汽大众在长春生产奥迪汽车，汽车的生产工艺主要包括冲压、焊装、涂装、总装四大工艺，其中冲压用模具是德国原产，焊装设备是德国原产，涂装机器人是日本原产，总装中的发动机（约占整车价值的15%左右）、变速箱（约占整车价值的10%左右）是德国原产，其他零部件是中国原产。奥迪车的原产地是中国吗？

案例分析：根据《中国—巴基斯坦自由贸易协定》规定，在生产过程中使用，但不构成货物的组成部分的间接材料，在确定货物原产地时不考虑。因此，我们在确定奥迪车的原产地时，德国的模具、焊装设备，日本的涂装机器人不予考虑，只需考虑组成奥迪车的零部件的产地。由于发动机和变速箱的成分比例约占奥迪车 FOB 价格的25%，因此，中国产零部件的比例已经超过40%（符合《中国—巴基斯坦自由贸易协定》非完全获得标准规定），奥迪车的产地为中国。

三、享受关税优惠的操作程序

在确定了货物的原产地之后，进口企业在进口享受协定税率的货物时，还必须了解《中国—巴基斯坦自由贸易协定》中关于享受关税优惠的操作程序规定，并按照相关规定办理手续。

（一）签证机构

按《中国—巴基斯坦自由贸易协定》原产地证书签发与核查操作程序的现行规定，原产地证书应由出口方的政府机构签发。

小贴士 中国、巴基斯坦签证机构

在我国，目前由国家质量监督检验检疫总局所属的各地出入境检验检疫机构、中国国际贸易促进委员会及其地方分会签发《中国—巴基斯坦自由贸易协定》项下的原产地证书；巴基斯坦签证机构主要有巴基斯坦贸易发展局（Trade Development Authority of Pakistan，简称 TDAP）、出口促进局（Export Promotion Bureau）等。

（二）原产地证书的申请

出口商或生产商应向签证机构提出书面申请，由签证机构对其出口货物的原产地资格进行核实。原产地证书应根据规定格式用国际标准 A4 纸印制，所用文字为英文。证书应包括 1 份正本（米黄色）和 2 份副本（白色）。每份证书应由签证机构单独编号。证书不得涂改和叠印。任何更正必须先将错误项目划去，然后做必要的更改，并由有关政府机构核定。所有未填空白之处应予划去，以防事后填写。

案例 3－12

某公司进口了一批巴基斯坦原产货物，但出口商没有申请原产地证书。这批货物可以享受协定税率吗？

案例分析：《中国—巴基斯坦自由贸易协定》规定，原产地证书是判定货物是否具有享受原产资格并判断货物是否有资格享受相应的协定税率优惠的重要依据之一。如果企业没有申请原产地证书，该批货物无法享受协定税率。《中国—巴基斯坦自由贸易协定》项下原产地证书的格式见表 3－4、表 3－5。

表 3－4 《中国—巴基斯坦自由贸易协定》项下原产地证书样本（英文）

1. Exporter's Name and Address, Country 2. Consignee's Name and Address, Country 3. Producer's Name and Address, Country	CERTIFICATE NO. **CERTIFICATE OF ORIGIN** **CHINA-PAKISTAN FTA** **(Combined Declaration and Certificate)** Issued in ___________ (Country) See Instructions Overleaf
4. Means of transport and route (as far as known) Departure Date Vessel /Flight/Train/Vehicle No. Port of loading Port of discharge	5. For Official Use Only Preferential Treatment Given Under China-Pakistan FTA ☐ Free Trade Area Preferential Tariff ☐ Preferential Treatment Not Given (Please state reason/s …………………………………………………………… ……

6. Item number	7. Marks and numbers on packages; Number and kind of packages; description of goods; HS code of the importing country	8.Origin Criterion	9. Gross Weight,	10. Number and date of invoices	11. Remarks

12.Declaration by the exporter The undersigned hereby declares that the above details and statement are correct;that all the goods were produced in (Country) …………………………………… and that they comply with the origin requirements specified for these goods in the China-Pakistan Free Trade Area Preferential Tariff for the goods exported to …………………………………… (Importing country)	13. Certification It is hereby certified, on the basis of control carried out, that the declaration by the exporter is correct. …………………………………… Place and date, signature and stamp of certifying authority

表 3－5 《中国—巴基斯坦自由贸易协定》项下原产地证书样本（中文）

<table>
<tr><td colspan="2">1.出口人名称、地址、国家：</td><td colspan="4" rowspan="3">编号
签发日期
中国—巴基斯坦自由贸易区
原产地证书
(申报与证书合一)
签发在：________________（国家）
详见背页说明</td></tr>
<tr><td colspan="2">2.收货人名称、地址、国家：</td></tr>
<tr><td colspan="2">3.生产商名称、地址、国家：</td></tr>
<tr><td colspan="2">4.运输工具及路线（如已知）：
离港日期
船舶/飞机/火车/汽车编号
装货口岸
卸货口岸</td><td colspan="4">5.官方使用
根据中国—巴基斯坦自由贸易区项下优惠待遇
给予优惠待遇
不给予优惠待遇（请注明原因）
进口国有权签字人签字</td></tr>
<tr><td>6.项目编号</td><td>7.包装唛头及编号；包装件数及种类；货物名称；进口国HS编码</td><td>8.原产地标准</td><td>9.毛重、数量、船上交货价格（FOB）</td><td>10.发票编号及日期</td><td>11.备注</td></tr>
<tr><td></td><td></td><td></td><td></td><td></td><td></td></tr>
<tr><td colspan="2">12.出口人声明
下列签字人声明上述资料及申报正确无讹，所有货物产自
____________________（国家）
且符合中国—巴基斯坦自由区优惠关税项下所规定的原产地要求,该货物出口至
____________________（进口国）
地点和日期，授权签字人的签字
____________________</td><td colspan="4">13.证明
根据所实施的监管，兹证明出口人所做申报正确无讹。
地点和日期，签字和签证机构印章</td></tr>
</table>

注：中文文本仅供参考。根据《中国—巴基斯坦自由贸易协定》的规定，原产地证书应使用英文签发，该中文样本仅作参考使用。

海关提醒 《中国—巴基斯坦自由贸易协定》项下原产地证书背页说明

英文背页说明

Box 1: State the full legal name, address (including country) of the exporter.

Box 2: State the full legal name, address (including country) of the consignee.

Box 3: State the full legal name, address (including country) of the producer. If more than one producer's good is included in the certificate, list the additional producers, including name, address (including country). If the exporter or the producer wishes the information to be confidential, it is acceptable to state "Available to Customs upon request". If the producer and the exporter are the same, complete field with "SAME".

Box 4: Complete the means of transport and route and specify the departure date, transport vehicle No., port of loading and discharge.

Box 5: The Customs Authority of the importing Party must indicate in the relevant boxes whether or not preferential treatment is accorded.

Box 6: State the item number.

Box 7: Provide a full description of each good. The description should be sufficiently detailed to enable the products to be identified by the Customs Officers examining them and relate it to the invoice description and to the HS description of the good. Shipping marks and numbers on the packages, number and kind of package shall also be specified. For each good, identify the HS tariff classification to 6 digits, using the HS tariff classification of the country into whose territory the goods is imported.

Box 8: For exports from one Party to the other Party to be eligible for preferential treatment under China – Pakistan FTA, the requirement is that either: (to be adjusted according to the specific rules of origin)

ⅰ. The products wholly obtained in the exporting Party as defined in China –

Pakistan FTA Rules of Origin;

ⅱ. Subject to sub – paragraph (i) above, for the purpose of implementing the provisions of China – Pakistan FTA Rules of Origin, products worked on and processed as a result of which the total value of material originating from non – China – Pakistan FTA member states or of undetermined origin used is less than 60% of the FOB value of the product produced or obtained and the final process of the manufacture is performed within territory of the exporting Party;

ⅲ. Products which comply with origin requirements provided for in Article 16 of this Agreement and which are used in a Party as inputs for a finished product eligible for preferential treatment in the other Party shall be considered as a product originating in the Party where working or processing of the finished product has taken place provided that the aggregate China – Pakistan FTA content of the final product is not less than 40%; or

ⅳ. Products that satisfy the Product Specific Rules provided for in Attachment B of the China – Pakistan FTA Rules of Origin shall be considered as goods to which sufficient transformation has been carried out in a Party.

If the goods qualify under the above criteria, the exporter must indicate in Field 8 of this form the origin criteria on the basis of which he claims that his goods qualify for preferential treatment, in the manner shown in the following table:

Circumstances of production or manufacture in the first country named in Field 12 of this form	Insert in Field 8
(a) Products wholly produced in the country of exportation (see paragraph 8 (i) above)	"P"
(b) Products worked upon but not wholly produced in the exporting Party which were produced in conformity with the provisions of paragraph 8 (ii) above	Percentage of single country content, example 40%
(c) Products worked upon but not wholly produced in the exporting Party which were produced in conformity with the provisions of paragraph 8 (iii) above	Percentage of China –Pakistan FTA cumulative content, example 40%
(d) Products satisfied the Product Specific Rules	"PSR"

Box 9：Gross weight in Kilos should be shown here. Other units of measurement e. g. volume or number of items which would indicate exact quantities may be used when customary；the FOB value shall be the invoiced value declared by exporter to the issuing authority.

Box 10：Invoice number and date of invoices should be shown here.

Box 11：Customer's Order Number，Letter of Credit Number，and etc. may be included if required.

Box 12：The field must be completed，signed and dated by the exporter. Insert the place，date of signature.

Box 13：The field must be completed，signed，dated and stamped by the authorized person of the certifying authority.

中文背页说明：

中国—巴基斯坦自由贸易区原产地证书说明

第 1 栏：注明出口人的合法的全称、地址（包括国家）。

第 2 栏：注明收货人的合法的全称、地址（包括国家）。

第 3 栏：注明生产商的合法的全称、地址（包括国家）。如果证书上的货物生产商不止一个，其他的生产商的全称、地址（包括国家）也必须列明。如果出口人或者生产商希望该信息保密时，也可以接受在该栏注明"应要求向海关提供"（Available to Customs upon request）。如果生产商与出口人相同时，该栏只需填写"相同"（SAME）。

第 4 栏：注明运输方式和路线，并详细说明离港日期、运输工具编号、装货港和卸货港。

第 5 栏：由进口成员方海关在该栏简要说明根据协议是否给予优惠待遇。

第 6 栏：注明项目编号。

第 7 栏：该栏的货品名称必须详细，以使验货的海关官员可以识别，并使其能与发票上的货名及 HS 编码的货名对应。包装上的运输唛头及编号、包装件数和种类也应当列明。每一项货物的 HS 编码应当为货物进口国的 6 位 HS 编码。

第8栏：从一成员方出口到另一成员方可享受优惠待遇的货物必须符合下列要求之一：（根据特定原产地规则可做调整）

1. 符合原产地规则规定，在出口成员方内完全获得的产品；

2. 为实施中国—巴基斯坦自由贸易区原产地规则的规定，使用非原产于中国、巴基斯坦或者无法确定原产地的原材料生产和加工产品时，所用这种原材料的总价值小于由此生产或者获得的产品的离岸价格的60%，且最后生产工序在该出口成员方境内完成；

3. 符合《中国—巴基斯坦自由贸易区协定》第16条规定的产品，且该产品在一成员方被用于生产可享受另一成员方优惠待遇的最终产品时，如在最终产品中原产于中国、巴基斯坦成分总计不少于最终产品的40%，则该产品应当视为原产于对最终产品进行生产或者加工的成员方；或者

4. 符合原产地规则产品特定原产地标准的产品，应当视为在一成员方进行了充分加工的货物。

若货物符合上述标准，出口人必须按照下列表格中规定的格式，在本证书第8栏中标明其货物申报享受优惠待遇所根据的原产地标准：

本表格第12栏列名的原产国生产或者制造的详情	填入第8栏
出口国完全生产的产品（见上述第8款1项）	“P”
符合上述第8款2项的规定，在出口成员方加工但并非完全生产的产品	单一国家成分的百分比，例如40%
符合上述第8款3项的规定，在出口成员方加工但并非完全生产的产品	中国—巴基斯坦自由贸易区累计成分的百分比，例如40%
符合产品特定原产地标准的产品	“PSR”

第9栏：该栏应当注明毛重的公斤数。其他的按惯例能准确表明数量的计量单位，如体积、件数也可用于该栏。离岸价格应该是出口人向签证机构申报的发票价格。

第10栏：该栏应当注明发票号和发票日期。

第11栏：如有要求，该栏可注明订单号、信用证号等。

第 12 栏：该栏必须由出口人填制、签名、签署日期和加盖印章。

第 13 栏：该栏必须由签证机构经授权的签证人员签名、签署日期和加盖签证印章。

小贴士 检查原产地证书

进口人在提交原产地证书前，一定要注意检查原产地证书的各栏目填写是否完整，是否符合规定。尤其是第 7 栏的“HS 编码”一定要填写进口国的 6 位数 HS 编码。

（三）出口前检查

出口企业或生产商在申请中巴原产地证书后，签证机构将对原产地证书的相关栏目和相关资料进行审核，有时签证机构还会到工厂或企业了解货物的实际情况，确定原产地证书填写正确且实际货物符合《中国—巴基斯坦自由贸易协定》原产地标准。

案例 3 -13

在巴基斯坦种植的柑橘（商品编码 08052090），在巴基斯坦采摘后出口到中国。企业在进口时对出口商提供的原产地证书进行检查，发现证书第 8 栏填写“40%”。这批柑橘的原产地证书符合要求吗？

案例分析：这批货物符合《中国—巴基斯坦自由贸易协定》完全获得规则规定，根据规定，原产地标准如果是“完全获得”，那么原产地证书第 8 栏应填写“P”。这份证书的第 8 栏填写为“40%”是不符合规定的，进口企业应联系出口企业或出口商向原签证机构申请换发符合规定的原产地证书。

小贴士 原产地证书第 8 栏的填写

原产地标准如果是“完全获得”填写 P，“非完全获得”填写 40%。

（四）原产地证书签发

各项优惠贸易协定下对原产地证书的签发时间、签发格式等规定是有差别的。下表介绍《中国—巴基斯坦自由贸易协定》项下对签发原产地证书的相关规定，详见表 3－6。

表 3－6　《中国—巴基斯坦自由贸易协定》项下对签发原产地证书的主要规定

签发日期	货物出口前、出口时或者在出口后 15 天内签发
签发格式	表 3－4 样本格式，采用国际标准 A4 纸印制
证书份数	一份正本（米黄色）及二份副本（白色）
证书编号	签证单位给出的唯一编号
证书修改	原产地证书不允许涂改及叠印
填写语言	英语

（五）原产地证书的补发

在特殊情况下，如果由于非主观故意的差错、疏忽或者其他合理原因没有在货物出口前、出口时或者出口后 15 日内立即签发原产地证书，原产地证书可以在货物装运之日起一年内补发，但要注明“补发”字样。

小贴士　补发证书

补发的原产地证书各栏目内容应与实际货物的相关信息一致。

（六）原产地证书被盗、遗失或者毁坏

如果原产地证书被盗、遗失或者毁坏，出口人可以向原签发证书的政府机构书面申请签发原证正本及第二副本的经证实的真实复制本。复制本应根据签证机构存档的有关出口文件签发，并在第 12 栏中注明“经证实的真实复制本”字样，且注明原证正本的签发日期。原产地证书的经证实的真实复制本应在出口人向原签证机构提供了原证第二副本的情况下，并

在其原证正本签发之日起一年之内方可补发。

（七）主动申明

在向进口方海关申报货物进口时，进口人应主动向海关申明要求享受优惠待遇。原产地证书的正本应在有关货物进境报关时向海关提交。

海关提醒 进口时未主动申明

货物在进口时，进口人没有申明要求享受优惠关税待遇，没有提交原产地证书，已按照最惠国税率缴纳关税，且有关货物也已经放行，此时进口人提出享受优惠待遇，海关不予受理。

（八）原产地证书提交期限

原产地证书应在出口方有关政府机构签发之日起6个月内向进口方海关提交；如果货物经过一个或者多个非成员方境内，原产地证书的提交期限延长至8个月。如因不可抗力或者其他出口人无法控制的合理原因致使不能按期提交的，进口方海关仍应接受已经超出提交期限的原产地证书。

（九）原产地证书免予提交

如果原产于出口方的每批货物的船上交货价格（FOB）不超过200美元，则无须提交原产地证书，由出口人提供有关货物原产于该出口方的简要声明即可。

案例3－14

某企业进口三种巴基斯坦单纱（商品编码为52051200、52051100、52052200）样品，价格分别是150美元、100美元和120美元。进口人提出要求享受《中国—巴基斯坦自由贸易协定》项下的优惠税率，是否需要向海关提交原产地证书？

案例分析：进口人需要提交原产地证书。因为根据《中国—巴基斯坦自由贸易协定》规定，每批货物的FOB价格不得超出200美元，才可以免予提交原产地证书。案例中，进口人进口货物价格共370美元，已超出200美元，因此，必须提交原产地证书。

小贴士 关于“FOB价格不超过200美元”

只有一批货物总价格小于200美元，而不是每种货物价格不超过200美元，进口人才可以免交原产地证书。

海关提醒 故意规避

为了规避提交原产地证书，而故意低报货物价格或者分多批进口的行为，海关不接受；对情节严重的，按违规或走私处理。

（十）核查

进口成员国海关可以随机请求出口成员国签证机构进行原产地核查，也可以在有理由怀疑有关文件的真实性或者有关货物原产地的准确性时，提出核查请求。

如果进口国海关在发出核查请求后的6个月内没有收到答复，该海关可以拒绝给予优惠关税待遇。

小贴士 等待核查结果

在等待核查结果期间，进口国海关可以暂缓给予优惠待遇；如果货物不属于禁止或者限制进口的，而且没有瞒骗嫌疑的，海关可以在履行必要的行政手续后将货物放行。

（十一）货物目的地改变

如果货物在到达之前目的地发生变化，出口人应提出书面申请，并随附已签发的原产地证书，要求对全部或者部分货物重新发证。如果货物已经向进口方海关申报，进口人应向海关提出书面申请，由海关对全部或者部分货物改变目的地的情况在原产地证书上签注认可，然后将正本交还进口人，第二副本应返还签证机构。

（十二）展览

由出口方运至另一方展览并在展览期间或者展览后销售给一方的货物，如果符合《中国—巴基斯坦自由贸易协定》原产地规则的规定，并申请享受中国—巴基斯坦自由贸易区优惠关税待遇，应满足进口方海关的下列要求：

（1）出口人已将货物从出口方境内运送到展览会举办国并已在该国展出；

（2）出口人已将货物出售或者转让给进口方的收货人；

（3）该货物已经以送展时的状态在展览期间或者展览后立即运到进口方。

进口人必须向进口方海关提交原产地证书。还必须注明展览会名称及地址，提供展览举办地方有关政府机构签发的证明书以及货物经第三方所需的证明文件。

小贴士 关于“展览”

展览是以出售外国货物为目的的商贸、农业或者手工业展览会、交易会或者在商店、商业场所举办的类似展览或者展示。展览期间货物应处于海关的监管之下。

第三节　企业在利用《中国—巴基斯坦自由贸易协定》时应该注意的几个问题

在上一节中我们全面地了解了《中国—巴基斯坦自由贸易协定》中原产地规则及签证操作程序等方面的内容，也许您已经发现中巴经贸合作潜力巨大，摩拳擦掌准备在对巴贸易中大展身手了。那么，如何能够保证进出口货物切实享受到关税优惠？需要准备哪方面的单证资料？在进口环节有哪些事项需要重点注意？现在您一定更关注这些问题，就让我们一起来了解一下吧。

海关提醒 原产地管理的法律依据

《中华人民共和国海关〈中国—巴基斯坦自由贸易协定〉项下进口货物原产地管理办法》（海关总署令第162号）是《中国—巴基斯坦自由贸易协定》原产地管理的法律依据。对于企业来讲，应当认真学习自由贸易协定的原产地规则和相关法律法规，在实际操作中注意按照有关规定及时提供相关文件，争取用足用好相关优惠政策。

一、前期准备

对于每个正在进行或准备进行中巴贸易的企业来说，最大的疑问应该是："我公司进口或出口的商品可以享受《中国—巴基斯坦自由贸易协定》的协定税率吗?"

对于这个问题，首先，在从巴基斯坦进口货物或向巴基斯坦出口货物之前，企业可以提前了解进出口商品是否属于《中国—巴基斯坦自由贸易协定》降税商品清单。

对于进出口货物，企业查询是否属于《中国—巴基斯坦自由贸易协定》项下降税清单范围，可以在巴基斯坦的商业部网站上查询，也可以在我国自贸区服务网上查询。对于进口货物，企业还可以通过查看海关总署发布的当年关于关税实施方案的公告及当年版本的《税则》。如《海关总署关于自2013年1月1日起实施〈2013年关税实施方案〉的公告》（海关总署公告2012年第63号），其附件5即为2013年协定税率表，该表中巴基斯坦对应的税号项下如填有税率，即表明该商品属于《中国—巴基斯坦自由贸易协定》项下降税清单，相应税率即为协定税率；如该税号项下税率为空白，即表示该商品暂未列入降税商品清单，不能申请享受《中国—巴基斯坦自由贸易协定》的协定税率。

小贴士 《中国—巴基斯坦自由贸易协定》项下降税清单查询网址

巴基斯坦商业部网站：

http：//www. commerce. gov. pk/

我国自由贸易区服务网网址：

http：//fta. mofcom. gov. cn/channel/fta_ guanshui. shtml

其次，还要确认打算进出口的货物是否符合《中国—巴基斯坦自由贸易协定》规定的原产地标准，这时就需要用到上节中介绍的《中国—巴基斯坦自由贸易协定》中完全获得、非完全获得、累积成分、微小加工及处理、直接运输、包装材料、中性成分等原产地规则来对货物的原产地进行判定。在应用原产地规则判定原产地时，首先应判定产品是否符合完全获得标准的条件，如果符合完全获得标准，那么产品可以判定为是完全获得货物。如果不符合完全获得标准，就需要确定对这一产品所进行的加工是否超出微小加工的范围，如果对产品的加工未超出微小加工的范围，那么这一产品不具有原产资格。如果超出了微小加工的范围，还应确定原产于中国的成分或中国成分和巴基斯坦的成分相累积之后能否达到产品 FOB 价的40%，如果达到，产品具有原产资格，可以享受协定税率。

小贴士

在决定进行对巴基斯坦贸易后，企业要全面了解协定内容，可以通过政府网站和公告了解各项优惠措施，尤其是要弄清楚可享受优惠关税的产品清单。对于进口企业来讲，尤其应该关注国家颁布的《税则》中的“协定税率”这一栏，其中的中巴协定税率全面反映了我对巴基斯坦优惠关税的情况，进口企业应及时了解，督促巴基斯坦出口商主动申领优惠原产地证。出口企业可从商务部官方网站和巴基斯坦商业部网站上了解巴基斯坦对我国出口产品的关税优惠情况，及时申领原产地证，享受巴方的关税优惠。

二、申领证书

为了能够真正享受到关税优惠，双方企业应及时申请产品“身份证”。何谓“身份证”呢？我们通常所说的优惠原产地证书，也就是产品在进出口过程中享受自由贸易协定优惠待遇的“身份证”。企业需要了解申请签发优惠原产地证书的程序和规定，主动申领证书。原产地证书由出口方相关机构签发，是证明相关货物为该方原产货物的有效凭证，进口方海关根据该原产地证书的相关信息结合报关单及其他相关单证决定是否给予进口货物享受协定税率。

对于出口原产地证书，我国签证机构通常对签证申请人实施注册登记制度。注册登记是签证机构对出口货物发货人及其申报产品、原产地证书申报是否符合原产地规则和原产地证签证管理规定要求的合格评定活动，也是国际通行做法。

一般情况下，申请人应该在货物出运前尽早向签证机构申请办理原产地证书，并提交原产地证书的申请书、已经缮制好的原产地证书、出口货物商业发票副本、签证机构认为必要的其他证明文件，并确保签证机构在规定时间，即货物出口前、出口时，或者在货物实际出口后15日内签发。

海关提醒 企业应提前检查原产地证书信息

原产地证书是海关判定进口货物原产地的重要证明文件。原产地证书必须符合规定的格式并且包含签证机构印章等安全特征，这些是海关判断原产地证书是否有效的核心要件之一。在进口实践中，海关经常接到进口企业提交的存在诸如非规定格式、未规范打印（如缺少背页说明），或者未包含签证机构印章等问题的原产地证书。此类证书往往导致货物被拒绝给予享受协定税率，或因需要进一步核查而不能及时享受协定税率。因此，进口企业应注意及时提醒国外出口商提供真实有效、规范的原产地证书，以免带来不便。

小贴士

（1）中方及巴方签证机构

中方签证机构有国家质量监督检验检疫总局及所属的各地出入境检验检疫机构、中国贸易促进会及其地方分会。

巴基斯坦签证机构主要有巴基斯坦贸易发展局（Trade Development Authority of Pakistan，简称 TDAP）、出口促进局（Export Promotion Bureau）等。

（2）原产地证书签发日期

原产地证书应在出口前、出口时或者出口后15天签发。因此，进口人最好要求出口人尽早申请原产地证书，确保签证机构在规定的时间签发原产地证书，以便进口时能够享受关税优惠。

三、直接运输

按照海关总署令的相关规定，如果货物经过中国或者巴基斯坦之外的其他国家或者地区时，进口人应当向中国海关提交下列文件：

（1）在巴基斯坦签发的联运提单；

（2）巴基斯坦有关政府机构在规定时间内签发的原产地证书；

（3）货物的商业发票正本；

（4）其他国家或者地区海关出具的证明文件。

小贴士 联运提单

对于进口货物来说，货物运输经停了第三方，无论是否换装运输工具，联运提单应该是由巴基斯坦签发。该提单标明装运港在巴基斯坦某港口，目的港是中国某港口。

对于出口货物来说，为确保巴基斯坦进口商可以享受到关税优惠，出口商应该尽量安排货物从中国直接运输到巴基斯坦境内。如果必须经过第三方境内运输，那么应当要求运输公司开具中国到进口方港口的联运提单。

小贴士 “其他国家或者地区海关出具的证明文件”

海关出具的证明文件主要是证明货物经过其他国家或地区时，符合《中国—巴基斯坦自由贸易协定》直接运输的规定，主要证明货物在第三方时没有进一步加工。据了解，新加坡海关、台湾地区海关等可出具相关证明文件。

案例 3－15

某公司进口的巴基斯坦货物从新加坡中转，在申报进口的时候提交授权机构签发的有效原产地证书、巴基斯坦境内签发的联运提单、货物的商业发票等符合《中国—巴基斯坦自由贸易协定》要求的单证，同时提供新加坡海关出具的“未再加工证明”。请问这种情况下这批货物是不是能享受关税优惠?

案例分析：对于申报为巴基斯坦原产的进口货物经过其他国家或者地区运输的，如果进口货物收货人已向海关提交海关总署令第 162 号规定的单证，如授权机构签发的有效原产地证书、巴基斯坦境内签发的联运提单、货物的商业发票等单证，并申明适用协定税率，海关通过查验，确定相关单证与实际货物相符，进口货物可以享受协定税率。

案例 3－16

中国内地 A 公司与其香港的母公司 B 签订合同，采购原产于巴基斯坦的白炽灯泡（商品编码 85392991）。交易中，香港 B 公司直接与巴基斯坦 C 公司签订购销合同，合同规定 C 公司应申请《中国—巴基斯坦自由贸易协定》原产地证书以及将货物从巴基斯坦直接发运至我国港口。进口报关时，进口人提交原产地证书、运输单证、香港 B 公司开具的商业发票等，请问这批货物是否符合直接运输规则?

案例分析：如果货物从巴基斯坦直接运到中国，没有经过中国和巴基斯坦之外的第三个国家或地区（包括港澳），那么可以认定这批货物的运输符合直接运输规定；同时，第三方发票不影响货物的原产地认定；相关货物进口时也符合《中国—巴基斯坦自由贸易协定》原产地规则的其他规定，这批货物可以适用《中国—巴基斯坦自由贸易协定》的协定税率。

四、通关申报

（一）规范填制报关单

《中国—巴基斯坦自由贸易协定》项下的进出口货物均应按照以下要求填报：

（1）由于《中国—巴基斯坦自由贸易协定》未实行原产地证书联网管理，报关单“备案号”栏不填写原产地证书编号，而在“随附单证”栏填报原产地证书代码和编号；

（2）随附单证代码栏填写“Y”，即为原产地证书代码；随附单证编号栏“ < > ”内填写的优惠贸易协定代码为“07”，其后需填上需证商品序号，例如，某报关单中第1～3项和第5项为《中国—巴基斯坦自由贸易协定》项下商品，则应填报为：“ <07：1－3，5 > ”。

海关提醒 | 规范填制报关单

有关报关单的填写方法，请按照《中华人民共和国海关进出口货物报关单填制规范》（海关总署公告2008年第52号）的规定填制。

进口企业进口《中国—巴基斯坦自由贸易协定》项下的货物，如果不按照海关总署公告2008年第52号的要求规范填制报关单，海关电子计算机系统将无法按照《中国—巴基斯坦自由贸易协定》的税率给予相关货物关税优惠。

（二）主动申报

（1）货物申报进口时，进口货物收货人除了按照规范填制报关单外，应当主动向海关提交由巴方签证机构签发的原产地证书正本，申明适用《中国—巴基斯坦自由贸易协定》的协定税率。

海关提醒 | 同一批次

一份原产地证书上所列的一项或者多项货物应当为同一批次进口到中

国的原产于巴基斯坦的货物；如果货物分批进口，应提交每批次的原产地证书。

同一批次进口货物应当是由同一运输工具同时运抵同一口岸，并且属于同一收货人，使用同一提单的进口货物。

（2）货物申报进口时，原产地证书已签发，但由于客观原因，例如在邮寄过程中，进口人没有收到原产地证书，进口人可以按照《中华人民共和国海关进出口货物优惠原产地管理规定》（海关总署令第181号）进行补充申报，申明货物符合《中巴自由贸易协定》原产资格，并申请缴纳保证金后放行货物。

案例3－17

某公司进口一批原产于巴基斯坦的货物，出口商因故未及时提供原产地证书，经与对方协调，对方同意一个月后提交证书。因此在申报货物进口时，进口人暂无法提供原产地证书，请问这票货物可以享受协定税率吗?

案例分析：根据《中华人民共和国海关进出口货物优惠原产地管理规定》（海关总署令第181号），原产地申报为优惠贸易协定成员国或者地区的货物，进口货物收货人及其代理人未提交原产地证书、原产地声明的，应当在申报进口时就进口货物是否具备相应优惠贸易协定成员国或者地区原产资格向海关进行补充申报。如果1年内企业补交了授权机构签发的有效原产地证书，并且其他单证如运输单证、货物的商业发票等也符合《中国—巴基斯坦自由贸易协定》的规定，经海关审核，确认单证相符、单货相符、没有其他违反海关规定的情况，相关货物可依法享受协定税率。

海关提醒 未提交原产地证书的情况

对于未提交原产地证书，也未就进口货物具备原产资格向海关进行补充申报的，有关货物不得享受《中国—巴基斯坦自由贸易协定》税率，已征税款不予调整。

小贴士 进口货物原产资格申明

货物进口申报时，由于种种原因未能提交原产地证书，进口人应向海关进行补充申报，即填写“进口货物原产资格申明”，申明所进口货物符合《中国—巴基斯坦自由贸易协定》的原产地规则。

原产资格申明格式如下，详见表3－7。

表3－7 原产资格申明格式

《中华人民共和国海关进出口货物优惠原产地管理规定》 进口货物原产资格申明 本人__________（姓名及职务）为进口货物收货人/进口货物收货人代理人（不适用的部分请划去），兹声明编号为__________的报关单所列第____项货物原产自__________，且货物符合《中华人民共和国海关进出口货物优惠原产地管理规定》以及相应优惠贸易协定项下所确定的原产地规则的要求。 本人特申请对上述货物适用相应优惠贸易协定项下协定税率/特惠税率（不适用的部分请划去），并申请缴纳保证金后放行货物。本人承诺自货物进口之日起1年内补交相应优惠贸易协定项下规定的原产地证书。 签名：________ 日期：________

（三）提交证书

企业应当注意，提交的原产地证书要符合以下要求：由巴基斯坦的指定机构签发；证书上所载签名和印章已由巴方签证机构向中国海关总署备案；原产地证书各栏目填制符合《中国—巴基斯坦自由贸易协定》原产地证书填制说明；原产地证书上所列的一项或者多项货物应当为同一批次进口到中国的原产巴基斯坦货物；一份原产地证书应当对应一份报关单；原产地证书应在规定期限内提交给海关，即原产地证书应当自签发之日起6个月之内向海关提交，但进口货物经过一个或多个第三方国家或地区境内运输时，原产地证书提交期限延长至8个月。如果申报货物为展览货物的，原产地证书上应该注明展览会名称及地址，并提交与展览相关的证明文件。

货物申报进口时，如果进口货物收货人申明适用《中国—巴基斯坦自由贸易协定》的协定税率，但因故不能提交原产地证书等相关文件，海关将按照规定收取保证金后放行货物，并按规定办理进口手续。

出口货物申报时，出口货物发货人应当向海关提交《中国—巴基斯坦自由贸易协定》原产地证书电子格式，不能提交电子格式的，出口货物发货人应当向海关提交原产地证书正本的复印件。

海关提醒 | 分批进口货物

根据《中华人民共和国海关〈中华人民共和国政府与巴基斯坦伊斯兰共和国政府自由贸易协定〉项下进口货物原产地管理办法》（海关总署令第162号）第12条规定，原产地证书上所列的一项或者多项货物应当为同一批次进口到中国的原产于巴基斯坦的货物，进口企业如果由于某些原因，货物分批到达我国，在这种情况下，一个批次只能使用一份原产地证书，一份原产地证书不能适用多批次进口货物。

小贴士 | 签证机构印章和签证官签名

进口人提交的原产地证书所使用的签证机构印章和签证官签名如果不同于巴基斯坦提供给中国海关备案的资料，相关货物不得享受《中国—巴基斯坦自由贸易协定》税率。

五、原产地核查

海关对原产地证书的真实性或相关货物原产地的准确性存在怀疑时，将向巴基斯坦相关机构提出原产地核查请求。如果企业进口时遇到这种情况，不需要担心货物被无限期扣留在海关，企业可以根据自身的经营情况向海关提出申请缴纳保证金放行货物。核查完毕后，海关会根据核查结果，立即退还保证金，或者将保证金转为进口税款。

海关提醒 关于“核查”

（1）如果在提出核查请求之日起6个月内，海关没有收到巴基斯坦有关机构的核查结果，或者核查反馈的结果未包含足以确定原产地证书真实性或者货物真实原产地信息的，有关货物不享受关税优惠待遇，海关会办理保证金转进口税款手续。

（2）进口货物属于国家限制进口的，或者有违法嫌疑的，在原产地证书核查完毕前，海关不得放行货物。

第四节　寻觅商机

《中国—巴基斯坦自由贸易协定》实施6年来，受惠货值稳步攀升，越来越多的企业从中得到了实惠，获得了收益。其实，中国企业在对巴基斯坦贸易中依然有巨大的潜力有待发掘，可以以《中国—巴基斯坦自由贸易协定》的实施为契机，积极寻找新的贸易增长点，探索新的合作方式，拓展经贸合作渠道，扩大中巴贸易规模，促进中巴经贸合作发展。

一、巴基斯坦经济概况

（一）巴基斯坦的经济

巴基斯坦是一个发展中国家，属于不发达的资本主义市场经济体制。经济以农业为主，农业人口占总人口的48%，农业产值为国内生产总值的25%，主要作物有棉花、小麦、大米、甘蔗等，其中棉花是巴基斯坦的主要经济作物，其产量占世界总产量的5%，是世界第五大产棉国。被誉为“粮仓”的印度河平原和北部山谷建有庞大的灌溉系统，为粮食和经济作物的生长提供了良好的水利条件。粮食基本可以自给自足，大米、棉花还可以出口。由于地处亚热带，巴基斯坦水果资源非常丰富，平原洼地盛产香蕉、橘子、芒果、番石榴和各种瓜类，山地高原则盛产桃子、葡萄、柿子等。已探明的主要矿藏储备有：天然气4 920亿立方米、石油1.84亿桶、煤1 850亿吨、铁4.3亿吨、铝土7 400万吨，还有大量的铬矿、大理石和宝石、白云石、石膏、石灰石、菱镁矿、岩盐等，森林覆盖率4.8%。

巴基斯坦工业基础薄弱，体现在总体规模、行业规模和企业规模较小，并且门类不齐全。目前工业产值占国民经济总产值的24%，主要有纺织业、冶金与金属加工业、燃料和电力工业、机械制造业、化肥工业、水泥工业、化学工业、制糖业、烟草业、造纸业、采矿业、IT业、小型工业和手工业等。其中，以农业为基础的棉纺织业是巴基斯坦国民经济的支柱产业。而能源、IT业和中小型工业则是近年来发展最快的部门。巴基斯坦主要进口石油及石油制品、机械和交通设备、钢铁产品、化肥和电器产品。主要出口棉花、纺织品、大米、水果、渔产品、皮革制品、体育用品、医疗器械和地毯。①

（二）《中国—巴基斯坦自由贸易协定》项下的受惠产品分析

《中国—巴基斯坦自由贸易协定》项下受惠产品结构较为单一，纺织类商品是最大受惠商品。中国从巴基斯坦进口的商品以原料性商品居多，制成品在进口中所占比重较小。据海关统计，2012年该协定项下受惠进口产品共涉及121个8位商品编码的产品，仅占我国给惠产品清单的2%。受惠商品总体结构保持稳定，巴基斯坦传统优势产品棉纱、棉布（共涉及28个8位商品编码的产品）仍为主力军，货值约为13.2亿美元，关税优惠金额约为2.3亿元，分别占2012年受惠进口产品总值和关税优惠总额的90.8%和82.6%，同比分别增长96.1%和119.7%。

2012年其他主要受惠进口货物在该协定项下受惠进口食用蔬菜和塑料

---

① 引用自《巴基斯坦经济状况综述》，中华人民共和国驻巴基斯坦伊斯兰共和国大使馆经济商务参赞处网站：http://pk.mofcom.gov.cn/aarticle/wtojiben/zwjingji/200604/20060401803510.html。

制品的进口量增幅明显，如商品编码07139090（其他未列名脱荚干豆）受惠进口货值为4 245.9万美元，关税优惠金额为535.4万元，同比分别激增12.7倍和14.7倍；商品编码39159010（聚对苯二甲酸乙二酯的废碎料及下脚料）增势依然迅猛，受惠进口货值为1 555.6万美元，关税优惠金额为695.7万元，同比分别大幅增长了1.2倍和1.5倍。2012年受惠进口货值前10位的商品情况详见表3－8。

表3－8　2012年受惠进口货值前10位商品

商品编码	商品名称	受惠货值（万美元）
52051200	棉≥85%，232分特≤细度<714分特未精梳单纱	78 744.2
52051100	未精梳单纱，棉≥85%，细度≥714.29分特	23 013.8
52091200	棉≥85%未漂三或四线斜纹布，平米重>200g	13 255.7
52052200	棉≥85%，232分特≤细度<714分特精梳单纱	5 659.3
07139090	其他未列名脱荚干豆	4 245.9
52081200	棉≥85%未漂平纹布，100g<平米重≤200g	2 383.4
52081300	棉≥85%未漂三或四线斜纹布，平米重≤200g	2 086.3
52053200	棉≥85%，232分特≤单纱<714分特未精梳多股线	1 584.5
39159010	聚对苯二甲酸乙二酯的废碎料及下脚料	1 555.6
13023200	从刺槐豆/豆子或瓜尔豆制得的胶液及增稠剂	1 536.6

二、潜在商机

在第三节中介绍企业利用《中国—巴基斯坦自由贸易协定》时需要重点关注的问题时，我们了解了产品清单的意义。事实上，深入了解受惠清单作用重大，有助于企业享受优惠关税，笔者以巴基斯坦的优势商品棉纱、棉布（涉及《税则》第52章的商品编码）为例说明。印度与巴基斯坦相邻，棉纱、棉布也是其优势产品，在国际市场上具有一定的竞争力。但从进口商品的角度来看，印度虽然是《亚太贸易协定》项下的成员国，但《亚太贸易协定》项下受惠清单中涉及棉纱、棉布的商品编码仅有45个，其他众多棉纱、棉布产品无法享受协定税率，只能按照最惠国税率计征税款。与之相比，《中国—巴基斯坦自由贸易协定》项下受惠清单中涉及棉纱、棉布的商品编码有97个，受惠面大大增加。以未漂白轻质其他全棉机织物（商品编码52081900）为例，这种商品不在《亚太贸易协定》的受惠清单内，但在《中国—巴基斯坦自由贸易协定》项下享受零关税。

某企业由于不了解《中国—巴基斯坦自由贸易协定》，一直以最惠国税率10%从印度进口。2013年2月，该企业了解相关政策后，首次从巴基斯坦进口了一批完税价格为100万元人民币的全棉布，经海关审核后，免征进口关税10万元人民币，同时，由于增值税的完税价格包含关税额，还可免征相应增值税1.7万元人民币，合计共可免征税款11.7万元人民币，使该企业进口成本大大降低。税款计算过程如表3-9。

表3-9　受惠进口全棉布（商品编码52081900）免征税款计算

全棉布货值100万元人民币，印度原产关税税率10%，巴基斯坦原产关税税率0。 进口印度产全棉布需征税款=关税税款+增值税款=100×10%+（100+10）×17%=28.7（万元） 进口巴基斯坦相同商品需征税款=关税税款+增值税款=100×0+100×17%=17（万元） 企业免征税款=28.7-17=11.7（万元）

除此之外，即使同为清单中所列商品，在《亚太贸易协定》和《中国—巴基斯坦自由贸易协定》项下同一商品的协定税率也有所不同，有些情况下，《中国—巴基斯坦自由贸易协定》的关税优惠幅度较大。以全棉斜纹布（商品编码52081300）为例，这种商品同时列在《亚太贸易协定》和《中国—巴基斯坦自由贸易协定》清单内，协定税率分别为8.5%和0。假设企业从印度和巴基斯坦各进口一批完税价格为100万人民币的全棉斜纹布，那么从印度进口的棉布需征收的税款（关税与增值税之和）为26.945万元人民币，从巴基斯坦进口的棉布需征收的税款为17万元人

民币。计算过程如表3－10。

表3－10　受惠进口全棉斜纹布（商品编码52081300）免征税款计算

全棉斜纹布货值100万元人民币，印度原产关税税率8.5%，巴基斯坦原产关税税率0%。 进口印度产全棉斜纹布需征税款＝关税税款＋增值税款＝100×8.5%＋（100＋8.5）×17%＝26.945（万元） 进口巴基斯坦相同商品需征税款＝关税税款＋增值税款＝100×0＋100×17%＝17（万元） 企业免征税款＝26.945－17＝9.945（万元）

由以上例子可以从一个侧面看出分析受惠清单对企业享受关税优惠的重要性。接下来，笔者将针对现阶段《中国—巴基斯坦自由贸易协定》清单中企业仍可挖掘的领域作分析。

（一）深入参与巴基斯坦纺织行业

纺织品是巴基斯坦的传统优势产品，占2012年受惠进口产品总值九成以上。但是其中依然有很大的提升空间，据海关统计，2012年《中国—巴基斯坦自由贸易协定》项下进口棉纱、棉布（《税则》第52章项下产品）共涉及28个商品编码，仅占受惠清单中涉及棉纱、棉布的商品编码的28.9%（见表3－11），覆盖率较低，但其中18项商品利用率在90%以上，而印花的较轻全棉平纹布（商品编码52085200）相对来说覆盖率较低，还有空间提升。

表3－11　2012年《中国—巴基斯坦自由贸易协定》项下进口棉纱、棉布情况

商品编码	商品名称	最惠国税率（%）	协定税率（%）	2012年协定项下受惠货值（美元）	利用率（%）
52091100	未漂白重质全棉平纹布	10	0	8 885 239	100
52053100	非零售粗梳粗支纯棉多股纱	5	4.5	146 052	100
52102100	与化纤混纺漂白的轻质平纹棉布	14	0	86 493	100

续表

商品编码	商品名称	最惠国税率（%）	协定税率（%）	2012 年协定项下受惠货值（美元）	利用率（%）
52111200	化纤混纺未漂白重质三线或四线斜纹棉布	12	0	183 875	100
52081300	未漂白轻质全棉三、四线斜纹布	10	0	20 863 023	99. 97
52081200	未漂白较轻质全棉平纹布	10	0	23 833 706	99. 95
52091200	未漂白重质全棉三、四线斜纹布	10	0	132 641 690	99. 59
52081900	未漂白轻质其他全棉机织物	10	0	2 755 355	99. 57
52052100	非零售精梳粗支纯棉单纱	5	3. 5	4 221 202	98. 61
52051100	非零售粗梳粗支纯棉单纱	5	3. 5	230 086 486	98. 38
52093100	染色的重质全棉平纹布	10	0	306 432	98. 27
52091900	未漂白重质其他全棉机织物	10	0	5 173 701	97. 52
52051200	非零售粗梳中支纯棉单纱	5	3. 5	788 155 516	96. 84
52114200	与化纤混纺色织的重质粗斜纹棉布	10	0	571 999	94. 98
52052200	非零售精梳中支纯棉单纱	5	3. 5	56 890 152	94. 19
52083200	染色的较轻质全棉平纹布	10	0	142 574	93. 48
52053200	非零售粗梳中支纯棉多股纱	5	3. 5	15 845 385	92. 41

续表

商品编码	商品名称	最惠国税率（%）	协定税率（%）	2012 年协定项下受惠货值（美元）	利用率（%）
52051400	非零售粗梳较细支纯棉单纱	5	3.5	11 836 917	91.61
52085990	印花的轻质其他全棉机织物	10	0	121 014	89.52
52061200	非零售粗梳中支混纺棉单纱	5	3.5	438 311	89.45
52052400	非零售精梳较细支纯棉单纱	5	3.5	10 354 183	87.15
52051300	非零售粗梳细支纯棉单纱	5	3.5	2 770 498	81.56
52083900	染色的轻质其他全棉机织物	10	0	25 209	68
52081100	未漂白轻质全棉平纹布	10	0	202 566	66.90
52052300	非零售精梳细支纯棉单纱	5	3.5	3 699 934	65.64
52094200	色织的重质全棉粗斜纹布（劳动布）	10	0	611 866	64.13
52094100	色织的重质全棉平纹布	10	0	23 878	55.36
52085200	印花的较轻全棉平纹布	10	0	98 156	27.40

除上文所说的 2012 年《中国—巴基斯坦自由贸易协定》项下可进口的产品外，更值得企业关注的是处于清单范围中但未能享受关税优惠的商品，这其中包括两类商品。一类商品是 2012 年实际进口，但企业未享受协定税率的商品（见表 3－12），共涉及 26 个商品编码。对于这类商品，企业可以分析未享受协定税率的原因，例如未申领原产地证书、不符合直接运输规则或原产地证书及其他相关单证不符合要求等，多了解《中国—巴基斯坦自由贸易协定》的内容，争取以后进口商品时享受优惠。

表 3-12　2012 年以最惠国税率进口巴基斯坦棉纱、棉布商品情况

商品编码	商品名称	最惠国税率（%）	协定税率（%）
52093900	染色的重质其他全棉机织物	10	0
52115900	与化纤混纺印花的重质其他棉布	10	0
52095100	印花的重质全棉平纹布	10	0
52054200	非零售精梳中支纯棉多股纱	5	3.5
52094300	其他三线或四线斜纹机织物，包括双面斜纹机织物	10	0
52113900	与化纤混纺染色的重质其他棉布	10	0
52095900	印花的重质其他全棉机织物	10	0
52115100	与化纤混纺印花的重质平纹棉布	10	0
52105100	与化纤混纺印花的轻质平纹棉布	10	0
52115200	化纤混纺印花的重质三线或四线斜纹棉布	10	0
52092200	漂白的重质全棉三、四线斜纹布	12	0
52093200	染色的重质全棉三、四线斜纹布	10	0
52082200	漂白的较轻质全棉平纹布	10	0
52113100	与化纤混纺染色的重质平纹棉布	10	0
52092900	漂白的重质其他全棉机织物	12	0
52083300	染色的轻质全棉三、四线斜纹布	10	0
52111900	与化纤混纺未漂白重质其他棉布	12	0
52094900	色织的重质其他全棉机织物	10	0
52103200	化纤混纺染色的轻质三线或四线斜纹棉布	10	0
52092100	漂白的重质全棉平纹布	12	0
52082900	漂白的轻质其他全棉机织物	10	0
52071000	供零售用纯棉纱线	6	5
52103100	与化纤混纺染色的轻质平纹棉布	10	0
52113200	化纤混纺染色的重质三线或四线斜纹棉布	10	0
52085100	印花的轻全棉平纹布	10	0
52101100	与化纤混纺未漂白轻质平纹棉布	12	0

另一类商品是2012年没有实际进口的商品（见表3－13），共涉及43个商品编码。对于这类商品，企业可以通过分析清单，结合自身发展状况，挖掘更多享惠产品。

表3－13 2012年未实际进口的巴基斯坦棉纱、棉布商品情况

商品编码	商品名称	最惠国税率（%）	协定税率（%）
52051500	非零售粗梳特细支纯棉单纱	5	3.5
52054100	非零售精梳粗支纯棉多股纱	5	4.5
52054600	非零售精梳较特细支纯棉多股纱	5	4.5
52054700	非零售精梳特细支纯棉多股纱	5	4.5
52054800	非零售精梳超细支纯棉多股纱	5	4.5
52061100	非零售粗梳粗支混纺棉单纱	5	3.5
52061500	非零售粗梳特细支混纺棉单纱	5	3.5
52062100	非零售精梳粗支混纺棉单纱	5	4.5
52079000	供零售用混纺棉纱线	6	5
52082100	漂白的轻质全棉平纹布	10	0
52082300	漂白的轻质全棉三、四线斜纹布	12	0
52083100	染色的轻质全棉平纹布	10	0
52084100	色织的轻质全棉平纹布	10	0
52084200	色织的较轻质全棉平纹布	10	0
52084300	色织的轻质全棉三、四线斜纹布	10	0
52084900	色织的轻质其他全棉机织物	10	0
52085910	印花的轻质全棉三、四线斜纹布	10	0
52095200	印花的重质全棉三、四线斜纹布	10	0
52101910	化纤混纺未漂白轻质三、四线斜纹棉布	12	0
52101990	与化纤混纺未漂白轻质其他棉布	12	0
52102910	化纤混纺漂白的轻质三线或线斜纹棉布	14	0
52102990	与化纤混纺漂白的轻质其他棉布	14	0
52103900	与化纤混纺染色的轻质其他棉布	10	0
52104100	与化纤混纺色织的轻质平纹棉布	10	0

续表

商品编码	商品名称	最惠国税率（%）	协定税率（%）
52104910	化纤混纺色织的轻质三线或四线斜纹棉布	10	0
52104990	与化纤混纺色织的轻质其他棉布	10	0
52105910	化纤混纺印花的轻质三线或四线斜纹棉布	10	0
52105990	与化纤混纺印花的轻质其他棉布	10	0
52111100	与化纤混纺未漂白重质平纹棉布	12	0
52112000	与化纤混纺漂白的重质其他棉布	14	0
52114100	与化纤混纺色织的重质平纹棉布	10	0
52114300	其他三线或四线斜纹机织物，包括双面斜纹机织物	10	0
52114900	与化纤混纺色织的重质其他棉布	10	0
52121100	未漂白的其他混纺轻质棉布	12	0
52121200	漂白的其他混纺轻质棉布	14	0
52121300	染色的其他混纺轻质棉布	10	0
52121400	色织的其他混纺轻质棉布	10	0
52121500	印花的其他混纺轻质棉布	10	0
52122100	未漂白的其他混纺重质棉布	12	0
52122200	漂白的其他混纺重质棉布	14	0
52122300	染色的其他混纺重质棉布	10	0
52122400	色织的其他混纺重质棉布	10	0
52122500	印花的其他混纺重质棉布	10	0

同时，分析2012年度进口商品结构可以发现，虽然《中国—巴基斯坦自由贸易协定》项下纺织品进口货值较大，可是其中大部分商品属于原料性产品，制成品所占比重较小。因此，如果企业希望享受更多协定优惠，可以考虑在巴方设厂进行深加工，利用政策优惠获取更大利润。近年来，巴基斯坦政府也很重视纺织业的发展，加大了资金及技术支持，2013年，巴基斯坦首家国家级现代纺织研究中心正式落成，将承担巴基斯坦现

代纤维及现代纤维在纱线和织物应用方面的研究工作，企业也要注意利用巴基斯坦政府的政策，把握商机，拓展贸易增长点。

小贴士 印度棉纱与巴基斯坦棉纱品质对比

巴基斯坦棉纱的主要特点：使用巴基斯坦棉纱生产的坯布，上色率和染料染着率较高，可以节省燃料、芒硝、纯碱、蒸汽等各项成本费用，且整体质量较为稳定。尤其以支数在20支以上40支以下的性价比较高。

印度棉纱的主要特点：印度棉纱品质稍逊于巴基斯坦棉纱，如果是用来生产毛巾等要求相对低的布料，建议采用印度棉纱，价格相对巴基斯坦棉纱低。

（二）点石成金：巴基斯坦的矿产资源

巴基斯坦山地和山区面积占国土总面积的60%，地质历史上地壳变动明显，构造活动频繁，具有生成大量矿产资源的地质条件。目前，巴基斯坦正在开采的金属和非金属矿产达58种。主要矿藏储备有天然气、石油、煤、铁、铜、铝土等，还有大量的铬矿、大理石和宝石。现在我们以大理石和宝石产品进行重点分析说明。

1. 巴基斯坦"玉石"——大理石

市场上通常所说的巴基斯坦玉石其实指的是大理石，巴基斯坦拥有储量巨大的天然建筑装饰材料用石，包括花岗岩、不同花纹的大理石和闪长岩、橄榄岩、辉石岩等。巴基斯坦大理石储量约1.6亿吨，储量较大，产量稳定。它的特别之处在于成分为沉积岩，是由藻类分泌物沉积而成，是一种较为安全可靠的绿色建材。现在的消费者购买装修材料时都十分关注环保性和安全性，从这一角度来说巴基斯坦大理石是十分有吸引力的。另外，它也同时兼具实用性，在保持了石材的天然纹理、质感、颜色的同时，可以与多种材料组合以达到丰富多彩的独特视觉效果，例如与复合玻璃、复合瓷砖组合使用于室内隔断、背景墙、采光天棚、墙面、地面等部位，可塑性很强。

据海关统计，《中国—巴基斯坦自由贸易协定》清单中的大理石产品主要涉及4个商品编码，其中2012年有实际进口的仅一项商品（原状或粗加修整大理石及石灰华，商品编码25151100），利用率仅有0.49%。清单中有两个商品编码的最惠国税率为24%，但在该协定项下税率为零，税率差很大，却没有实际进口。建议企业积极利用政策优势，更好运用《中国—巴基斯坦自由贸易协定》，获得更多关税优惠。2012年协定项下大理石产品的进口情况如表3－14。

表3－14　2012年《中国—巴基斯坦自由贸易协定》项下进口大理石产品情况

商品编码	商品名称	最惠国税率（%）	协定税率（%）	2012年协定项下受惠货值（美元）
25151100	原状或粗加修整大理石及石灰华	4	0	95 890
68029110	大理石、石灰华及蜡石制石刻	24	0	0
25174100	大理石碎粒、碎屑及粉末，不论是否热处理	3	0	0
68021010	大理石制砖、瓦、方块及类似品	24	0	0

2. 珠光宝气——丰富的宝石资源

在矿产资源方面，中巴合作的另一潜在领域是宝石资源的开发。巴基斯坦的宝石资源丰富，品种较多，且储量丰富，具有较高的经济开发价值，其北部地区有“宝石王国”之称，西北边境省、巴控克什米尔地区和北部地区由于得天独厚的地质条件，成为宝石的主要产地。巴基斯坦的宝石主要包括：绿宝石、红宝石、黄玉、橄榄石、绿电石、绿玉、紫晶石以及各种石榴石。但由于技术不高和缺乏资金等原因，巴基斯坦的宝石实际生产能力与潜在生产能力有很大的差距。可见，巴基斯坦宝石的丰富储量和其生产能力的差距为中国与其合作又开辟了一个领域。

《中国—巴基斯坦自由贸易协定》清单中的宝石类产品主要涉及5个商品编码，其中3个商品编码的最惠国税率与协定税率的税率差在7%以上，但2012年仅1种商品以最惠国税率实际进口，在该协定项下这5种商品均无实际进口。据海关统计，2012年协定项下宝石类产品的进口情况如表3－15。

表 3-15　2012 年《中国—巴基斯坦自由贸易协定》项下进口宝石产品的情况

商品编码	商品名称	最惠国税率（%）	协定税率（%）	2012 年协定项下受惠货值（美元）
71031000	未加工宝石或半宝石	3	0	0
71039100	经其他加工的红、蓝、绿宝石	8	0	0
71039990	经其他加工的其他宝石或半宝石	8	0	0
71049012	工业用蓝宝石	6	5	0
91149010	钟、表的宝石轴承	14	7	0

3. 其他矿产品

此外，巴基斯坦西北边境省、旁遮普省、信德省和俾路支省以及北部地区都有品质优良的大量的石灰石矿藏，几乎都可以用来生产普通硅酸盐水泥。而且巴基斯坦有巨大的石膏储量，估计总量在 50 亿～60 亿吨，矿藏埋藏浅，邻近基础设施，开采方便。《中国—巴基斯坦自由贸易协定》清单中的石灰石、水泥及石膏类产品主要涉及 17 个商品编码，其中 11 个商品编码的最惠国税率与协定税率的税率差在 5% 以上，并且有两个商品编码的最惠国税率与协定税率的税率差达到 24%。但是 2012 年实际仅有 2 个商品编码有进口，并且进口量很小。据海关统计，2012 年协定项下石灰石、水泥及石膏类产品的进口情况如表 3-16。

表 3-16　2012 年以最惠国税率进口巴基斯坦石灰石、水泥商品情况

商品编码	商品名称	最惠国税率（%）	协定税率（%）	2012 年协定项下受惠货值（美元）
68029210	其他石灰石制石刻	24	0	0
25231000	水泥熟料，不论是否着色	8	5	0

清单中其他的石灰石、水泥产品在 2012 年并没有进口，值得国内企业深入挖掘其中商机。2012 年无实际进口的巴基斯坦石灰石、水泥商品情况如表 3-17。

表 3－17　2012 年无实际进口的巴基斯坦石灰石、水泥商品

商品编码	商品名称	最惠国税率（%）	协定税率（%）
68022910	具有一个平面的其他石灰石及制品	24	0
68029290	其他加工形式石灰石制品	10	0
25232100	白水泥，不论是否人工着色	6	0
25232900	其他硅酸盐水泥，不论是否着色	8	5
25233000	矾土水泥，不论是否着色	6	5
25239000	其他水凝水泥，不论是否着色	8	5
38160000	耐火水泥、灰泥、混凝土及类似耐火材料，但税目 38.01 的产品除外	6.5	5
68101100	水泥制建筑用砖及石砌块	10.5	5
68101990	水泥制其他砖、瓦、扁平石	10.5	5
68109190	其他水泥制建筑或土木工程用预制构件	10.5	5
68109990	水泥、混凝土或人造石制其他制品	10.5	5
25201000	生石膏；硬石膏	5	0
25202010	牙科用熟石膏，不论是否着色及带有少量促凝剂或缓凝剂	5	0
25202090	其他熟石膏，不论是否着色及带有少量促凝剂或缓凝剂	5	0
34070020	以熟石膏为成分的牙科用其他制品	6.5	5

（三）历史悠久、工艺精湛的手工艺制品

巴基斯坦的手工艺品，以技术精湛、历史悠久而著称于世。巴基斯坦的手工艺历史可远溯到史前时代，几千年来，它的皮革制品、地毯等历经匠人们的琢磨，已日臻完善。

1. 皮革制品

以制革业为例，皮革行业在巴基斯坦具有悠久的历史，近年来发展较为迅速。巴基斯坦是亚洲皮革工业比较发达的国家之一，皮革行业是其第二大出口行业，仅次于纺织业。巴基斯坦制革企业共有 720 家，其中规模

较大的有30~50家，中型企业150~200家，其余为小型企业，皮革工业雇佣员工约20万人。巴基斯坦皮革业创造的产值约占其国民经济的1%，皮革行业近90%的产品以成品的形式出口①。

《中国—巴基斯坦自由贸易协定》清单中的皮革类产品主要涉及62个商品编码，其中45个商品的最惠国税率与协定税率的税率差为5%以上，有13个商品达到20%以上。据海关统计，2012年该协定项下进口的皮革类产品共计7个商品编码（见表3-18），除两个商品利用率较高外，其他商品的利用率均未达到80%，尤其需要关注的是已鞣进一步加工的不带毛绵羊或羔羊皮革（商品编码41120000）和已鞣进一步加工的不带毛山羊或小山羊皮革（商品编码41131000），这两种商品2012年应税进口货值均超过百万美元，但利用率较低，企业应予以关注。

表3-18　2012年《中国—巴基斯坦自由贸易协定》项下进口皮革制品情况

商品编码	商品名称	最惠国税率（%）	协定税率（%）	2012年协定项下受惠货值（美元）	利用率（%）
41051010	蓝湿绵羊或羔羊皮	14	5	48 300	100.00
41044990	其他干革（坯革）	7	4.9	64 996	99.66
65069910	皮革制帽类	10	5	2 779	78.88
41120000	已鞣进一步加工的不带毛绵羊或羔羊皮革	8	5.6	728 407	61.82
41131000	已鞣进一步加工的不带毛山羊或小山羊皮革	14	9.8	563 667	48.56
41079100	已鞣全粒面未剖层非整张牛马皮革	5	0	289 570	44.74
41041111	全粒面未剖层或粒面剖层蓝湿牛皮	7	0	164 537	40.57

① 数据来源于《东南亚制革业 中国之外谁领风骚》，中国知网 http：//www. cnki. com. cn/Article/CJFDTotal-ZGPG200619015. htm。

此外，2012 年有实际进口但企业以最惠国税率进口未享受协定税率的皮革制品（如表 3－19）也需要关注，共涉及 17 个商品编码。企业可以分析未享受协定税率的原因，例如未申领原产地证书、不符合直接运输规则等，争取以后进口时能够享受到优惠。这是由于企业对《中国—巴基斯坦自由贸易协定》不了解造成的。

表 3－19　2012 年最惠国税率进口巴基斯坦皮革制品情况

商品编码	商品名称	最惠国税率（%）	协定税率（%）
42031000	皮革或再生皮革制的衣服	10	0
41044100	全粒面未剖层或粒面剖层干革（坯革）	5	0
42032100	皮革或再生皮革制专供运动用手套	20	0
42032910	皮革或再生皮革制的劳保手套	20	0
41053000	绵羊或羔羊干革（坯革）	8	5.6
42022100	以皮革、再生皮革作面的手提包	10	5
41041911	其他蓝湿牛皮	6	3
41142000	漆皮及层压漆皮；镀金属皮革	10	9
41051090	其他绵羊或羔羊湿皮革	10	5
42033010	皮革或再生皮革制腰带	10	0
42023100	以皮革、再生皮革作面的钱包等物品	10	5
42034000	皮革或再生皮革制的其他衣着附件	20	0
42032990	皮革或再生皮革制的其他手套	20	0
42050090	皮革或再生皮革的其他制品	12	6
64051090	其他材料制外底的皮革或再生皮革制面的其他鞋靴	24	12
42021190	以皮革、再生皮革作面的箱包	10	5
64039900	皮革制面的其他鞋靴	10	5

另一类商品是 2012 年没有实际进口的商品（见表 3－20），共涉及 38 个商品编码。企业可以结合自身情况进行分析，看看是否有潜在商机。

表3－20　2012年未实际进口的巴基斯坦皮革制品

商品编码	商品名称	最惠国税率（%）	协定税率（%）
41041119	其他全粒面未剖层或粒面剖层湿牛皮革	8	0
41041120	全粒面未剖层或粒面剖层马皮革	5	0
41041919	其他湿牛皮革	7	0
41041920	其他湿马皮革	7	0
41044910	其他机器带用干革（坯革）	5	0
41062100	山羊或小山羊皮湿革	14	12
41062200	山羊或小山羊皮干革（坯革）	14	9.8
41063110	蓝湿猪皮	14	11.2
41063190	其他猪皮湿革	14	7
41063200	猪皮干革（坯革）	14	11.2
41064000	爬行动物皮革	14	7
41069100	其他未列名动物皮湿革（包括蓝湿皮革）	14	11.2
41069200	其他未列名动物皮干革（坯革）	14	11.2
41071120	已鞣全粒面未剖层整张马皮革	5	0
41071220	已鞣粒面剖层整张马皮革	5	0
41071910	已鞣机器带用整张牛马皮革	5	0
41079910	已鞣机器带用非整张牛马皮革	5	0
41133000	已鞣进一步加工的不带毛爬行动物皮革	14	11.2
42021110	以皮革、再生皮革作面的衣箱	15	12
42029100	皮革、再生皮革作面的其他容器	10	5
42033020	皮革或再生皮革制的腰带及子弹带	10	0
42050010	皮革或再生皮革制坐具套	12	6
42050020	机器、机械器具或其他专门技术用途的皮革或再生皮革制品	8	5
64031900	皮革制鞋面的其他运动鞋靴	15	12
64035111	低于小腿的内底长度＜24cm的皮革制外底皮革面的短统靴（过踝）	10	5

续表

商品编码	商品名称	最惠国税率（%）	协定税率（%）
64035119	低于小腿的内底长度≥24cm 的皮革制外底皮革面的短统靴（过踝）	10	5
64035191	其他内底长度＜24cm 的皮革制外底皮革面的短统靴（过踝）	10	5
64035199	其他内底长度≥24cm 的皮革制外底皮革面的短统靴（过踝）	10	5
64035900	皮革制外底的皮革面其他鞋靴	10	5
64039111	其他低于小腿的内底长度＜24cm 的皮革面的短统靴（过踝）	10	5
64039119	其他低于小腿的内底长度≥24cm 的皮革面的短统靴（过踝）	10	5
64039191	其他内底长度＜24cm 的皮革面短统靴（过踝）	10	5
64039199	其他内底长度≥24cm 的皮革面短统靴（过踝）	10	5
64041100	纺织材料制鞋面的运动鞋靴	24	12
64041900	纺织材料制鞋面胶底的其他鞋靴	24	12
64042000	纺织材料制鞋面皮革底的鞋靴	24	12
64051010	橡胶、塑料、皮革及再生皮革制外底的皮革或再生皮革制面的其他鞋靴	24	12
64059010	橡胶、塑料、皮革及再生皮革制外底的其他材料制面的鞋靴	15	7.5

2. **地毯**

巴基斯坦地毯属于高档手工地毯，具有浓郁的民族特色、巧夺天工的艺术设计、绚烂多彩的颜色和图案，在高档装修和工艺品市场上比较受欢迎。《中国—巴基斯坦自由贸易协定》清单中的地毯产品主要涉及 24 个商品编码，其中 14 个商品编码的最惠国税率与协定税率的税率差在 10% 以上。据海关统计，2012 年该协定项下只有一项地毯产品（制成的毛制起绒地毯及铺地制品，商品编码 57024100）有实际进口，但进口货值仅 241 美元，2012 年这个商品从巴基斯坦进口的货值总额为 52 955 美元，利用率仅 0.46%。此外，2012 年以最惠国税率进口的清单内商品共 8 个商品编码（见表 3－21），如果享受了协定税率，可以进一步节省企业成本。

表 3－21　2012 年以最惠国税率进口巴基斯坦地毯商品情况

商品编码	商品名称	最惠国税率（%）	协定税率（%）
57024200	制成的化纤起绒地毯及铺地制品	10	0
57021000	“开来姆”等手织地毯	14	0
57024900	制成的其他纺织材料起绒铺地制品	14	0
57050010	毛制其他地毯及其他铺地制品	14	11.2
57029100	制成的毛制非起绒地毯及铺地制品	14	0
57019010	化纤结织栽绒地毯及其他铺地制品	16	12.8
57029200	制成的化纤非起绒地毯及铺地制品	16	0
57050020	化纤制其他地毯及其他铺地制品	10	5

关于其他 15 种地毯商品在 2012 年没有实际进口（见表 3－22）的情况，企业可以多关注其中税率差较大、蕴含商机的产品。

表 3－22　2012 年未实际进口的巴基斯坦地毯商品

商品编码	商品名称	最惠国税率（%）	协定税率（%）
57019020	丝制结织栽绒地毯及铺地制品	14	7
57019090	其他材料结织栽绒地毯及铺地制品	14	7
57022000	椰壳纤维制的铺地制品	14	0
57023100	未制成的毛制起绒地毯及铺地制品	10	0
57023200	未制成的化纤起绒地毯及铺地制品	16	0
57023900	未制成其他纺织材料起绒铺地制品	14	0
57025010	未制成毛制非起绒地毯及铺地制品	14	0
57025020	未制成化纤非起绒地毯及铺地制品	16	0
57025090	未制成其他纺织材料非起绒地毯及铺地制品	14	0
57029900	制成的其他纺织材料非起绒地毯及铺地制品	14	0

续表

商品编码	商品名称	最惠国税率（%）	协定税率（%）
57032000	尼龙簇绒地毯及其他簇绒铺地制品	10	5
57039000	其他纺织材料簇绒地毯及其他簇绒铺地制品	14	11.2
57041000	小块毡呢地毯及其他毡呢铺地制品	14	7
57049000	大块毡呢地毯及其他毡呢铺地制品	10	5
57050090	其他纺织材料制其他地毯及铺地制品	14	11.2

（四）东方“水果篮”

由于地处亚热带，巴基斯坦的水果资源非常丰富，素有东方“水果篮”之称。在平原洼地盛产香蕉、橘子、芒果、番石榴和各种瓜类，在山地高原则盛产桃子、葡萄、柿子等。荔枝是巴基斯坦于二十世纪六、七十年代从印度引进的树种，果品价值高，将可能取得较大的发展。农业方面，中巴两国可在农业机械制造、水利灌溉、农作物优良种子开发、农作物病虫害防治、海产品养殖和捕捞、农产品加工、乳制品生产和牲畜养殖等领域展开合作。

《中国—巴基斯坦自由贸易协定》清单中的水果产品（包括果汁）主要涉及55个商品编码，其中最惠国税率与协定税率的税率差最高达到30%，税率差在10%以上的有20个商品编码，税率差达20%以上的有3个商品编码。据海关统计，2012年协定项下进口的水果产品有以下3种，进口情况如表3－23。

表3－23　2012年《中国—巴基斯坦自由贸易协定》项下进口水果情况

商品编码	商品名称	最惠国税率（%）	协定税率（%）	2012年协定项下受惠货值（美元）	利用率（%）
08041000	鲜或干的椰枣	15	0	240 712	100
08045020	鲜或干芒果	15	0	103 974	100
08052090	其他鲜或干的柑橘及杂交柑橘	12	0	222 967	100

除有进口的水果之外，其他52种水果商品均没有实际进口（见表3-24）。

表3-24　2012年未实际进口的巴基斯坦水果类产品

商品编码	商品名称	最惠国税率（%）	协定税率（%）
08031000	鲜或干的芭蕉	10	5
08039000	鲜或干的其他香蕉	10	5
08042000	鲜或干的无花果	30	0
08043000	鲜或干菠萝	12	0
08044000	鲜或干鳄梨	25	0
08045010	鲜或干番石榴	15	0
08045030	鲜或干山竹果	15	0
08051000	鲜或干橙	11	0
08052010	鲜或干蕉柑	12	0
08052020	阔叶柑橘	12	0
08054000	鲜或干的葡萄柚，包括柚	12	0
08055000	鲜或干的柠檬及酸橙	11	0
08059000	其他鲜或干的柑橘属水果	30	0
08061000	鲜葡萄	13	6.5
08062000	葡萄干	10	5
08071100	鲜西瓜	25	12.5
08071910	鲜哈密瓜	12	5
08071920	鲜罗马甜瓜及加勒比甜瓜	12	5
08071990	其他鲜甜瓜	12	5
08081000	鲜苹果	10	5
08083010	鲜鸭梨及雪梨	12	5
08083020	鲜香梨	12	5
08083090	其他鲜梨	10	5
08084000	鲜榅桲	16	12.8
08092100	鲜欧洲酸樱桃	10	5

续表

商品编码	商品名称	最惠国税率（%）	协定税率（%）
08092900	其他鲜樱桃	10	5
08093000	鲜桃，包括鲜油桃	10	5
08094000	鲜梅及李	10	5
08105000	鲜猕猴桃	20	16
08107000	鲜柿子	20	16
08109010	鲜荔枝	30	20
08109030	鲜龙眼	12	6
08109070	莲雾	20	16
08109080	火龙果	20	16
08109090	其他鲜果	20	16
11063000	水果及坚果的细粉、粗粉及粉末	20	10
20089990	未列名制作或保藏的水果、坚果	15	12
20091100	冷冻的橙汁	7.5	5
20092100	白利糖度值不超过 20 的葡萄柚（包括柚）汁	15	12
20092900	其他葡萄柚（包括柚）汁	15	12
20093110	白利糖度不超过 20 的柠檬汁	18	14.4
20093190	其他未混合的白利糖度值不超过 20 的橘汁属水果汁	18	14.4
20093910	白利糖度超过 20 的柠檬汁	18	14.4
20093990	其他未混合的柑橘属水果汁，白利糖度值不超过 20	18	14.4
20098100	蔓越橘汁	20	10
20098912	芒果汁	20	16
20098913	西番莲果汁	20	16
20098914	番石榴果汁	20	16
20098919	其他未混合的水果汁	20	10
20098920	其他未混合蔬菜汁	20	10
20099010	混合水果汁	20	16
21069040	椰子汁	10	9

（五）开阔视野，多元发展

如果对《中国—巴基斯坦自由贸易协定》项下的产品清单进行总体分析可以发现，协定税率低于最惠国税率10%以上的商品有566种，税率差低于15%的商品有72种，税率差最高达40%（见表3－25），其中包括在上文中提到的水果、大理石、石灰石等商品，虽然这些商品都属于巴基斯坦的优势产品，只是目前进口量尚小。企业可以利用《中国—巴基斯坦自由贸易协定》项下的优惠税率进口商品，享受关税优惠，然后在国内进行加工。企业把加工的产品返销到巴基斯坦，可以再次享受关税优惠。

表3－25　《中国—巴基斯坦自由贸易协定》项下税率差超过15%的商品

商品编码	商品名称	最惠国税率（%）	协定税率（%）	税率差（%）
22071000	浓度≥80%的未改性乙醇	40	0	40
08042000	鲜或干的无花果	30	0	30
8059000	其他鲜或干的柑橘属水果	30	0	30
22072000	任何浓度的改性乙醇及其他酒精	30	0	30
08044000	鲜或干鳄梨	25	0	25
68021010	大理石制砖、瓦、方块及类似品	24	0	24
68022120	石灰华	24	0	24
68022190	具有一个平面石灰华及蜡石及制品	24	0	24
68022910	具有一个平面的其他石灰石及制品	24	0	24
68029110	大理石、石灰华及蜡石制石刻	24	0	24
68029210	其他石灰石制石刻	24	0	24
68029311	花岗岩制墓碑石	24	0	24
68029319	其他花岗岩制石刻	24	0	24
68029910	其他石制成的石刻	24	0	24
68029990	其他石及制品	24	0	24
42032100	皮革或再生皮革制专供运动用手套	20	0	20
42032910	皮革或再生皮革制的劳保手套	20	0	20

续表

商品编码	商品名称	最惠国税率（%）	协定税率（%）	税率差（%）
42032990	皮革或再生皮革制的其他手套	20	0	20
42034000	皮革或再生皮革制的其他衣着附件	20	0	20
68021090	其他石料制砖瓦、方块及类似品	20	0	20
55129100	未漂或漂白的纯其他合成纤维布	18	0	18
55131220	与棉混纺漂白的轻质聚酯斜纹布	18	0	18
55131320	与棉混纺漂白的其他轻质聚酯布	18	0	18
55131900	与棉混纺未漂白或漂白的轻质其他合成纤维布	18	0	18
55141120	与棉混纺漂白的重质聚酯平纹布	18	0	18
55141220	与棉混纺漂白的重质聚酯斜纹布	18	0	18
55141912	与棉混纺漂白的重质其他聚酯布	18	0	18
82111000	以刀为主的成套货品	18	0	18
82119100	刃面固定的餐刀	18	0	18
82119300	可换刃面刀	18	0	18
82151000	成套含镀贵金属制厨房或餐桌用具	18	0	18
82152000	成套的其他厨房或餐桌用具	18	0	18
82159100	非成套镀贵金属制厨房或餐桌用具	18	0	18
82159900	其他非成套的厨房或餐桌用具	18	0	18
21012000	茶、马黛茶浓缩精汁及其制品	32	16	16
55131110	与棉混纺未漂白的轻质聚酯平纹布	16	0	16
55131210	与棉混纺未漂白的轻质聚酯斜纹布	16	0	16
55131310	与棉混纺未漂白的其他轻质聚酯布	16	0	16
55141110	与棉混纺未漂白的重质聚酯平纹布	16	0	16
55141210	与棉混纺未漂白的重质聚酯斜纹布	16	0	16
55141911	与棉混纺未漂白的重质其他聚酯布	16	0	16
55141990	与棉混纺未漂白或漂白的重质其他合成纤维布	16	0	16
57023200	未制成的化纤起绒地毯及铺地制品	16	0	16

续表

商品编码	商品名称	最惠国税率（%）	协定税率（%）	税率差（%）
57025020	未制成化纤非起绒地毯及铺地制品	16	0	16
57029200	制成的化纤非起绒地毯及铺地制品	16	0	16
61103000	化纤制针织或钩编套头衫等	16	0	16
63022210	化纤制印花床单	16	0	16
63022290	化纤制印花床上用织物制品	16	0	16
63023210	化纤制刺绣其他床上用织物制品	16	0	16
63023290	化纤制其他床上用织物制品	16	0	16
63025390	化纤制其他餐桌用织物制品	16	0	16
63029300	化纤制其他盥洗及厨房织物制品	16	0	16
63031210	合纤制针织的窗帘等	16	0	16
63031220	合纤制钩编的窗帘等	16	0	16
63039200	合纤制非针织、非钩编窗帘等	16	0	16
63061200	合纤制油苫布、天篷及遮阳篷	16	0	16
63062200	合纤制帐篷	16	0	16
63063010	合纤制风帆	16	0	16
63064020	化纤制充气褥垫	16	0	16
63069030	化学纤维制其他野营用品	16	0	16
8041000	鲜或干的椰枣	15	0	15
8045010	鲜或干番石榴	15	0	15
8045020	鲜或干芒果	15	0	15
8045030	鲜或干山竹果	15	0	15
13012000	阿拉伯胶	15	0	15
13019010	胶黄耆树胶	15	0	15
13019040	松脂	15	0	15
13019090	其他天然树胶、树脂	15	0	15
13023200	刺槐豆、刺槐豆子或瓜尔豆制得的胶液及增稠剂	15	0	15
55121100	未漂白或漂白的纯聚酯布	15	0	15
55131120	与棉混纺漂白的轻质聚酯平纹布	15	0	15
68022990	具有一个平面的其他石及制品	15	0	15

三、投资合作前景

（一）对企业的影响

中国—巴基斯坦自由贸易区的建立将促使两国通过强化竞争和规模经济提高双方的生产率，提升两国经贸合作水平；同时有利于中国将巴基斯坦作为在南亚地区的重要经济平台，开展与包括印度在内的整个南亚地区的区域经济合作，更好地发挥中国部分产业的比较优势。中国企业应充分利用这一制度优势，探索新的合作方式，扩大双边贸易规模。

1. 利用中巴双方产品结构的互补性，促进双边贸易进一步增长

我国工业发展迅速，在机械制造、家用电器、电子产品等方面优势明显。巴基斯坦地处亚热带，水果资源非常丰富，在农产品上有一定优势，且丰富的矿产资源可以缓解我国自然资源日益减少的压力。

2. 加强对巴基斯坦国情的研究和宣传，坚持有序开发巴基斯坦市场

由于巴基斯坦经济复苏缓慢，在中巴贸易中为了保护其本国产业，巴基斯坦对未列入减让清单的产品，进行了进口关税调节，中方企业要深入了解巴基斯坦的政策法规、市场环境和经济风险等信息，逐步进入巴基斯坦市场。

3. 国土相邻有利于降低成本

由于国际竞争日益剧烈，两国地理相邻仍然为以成本优势取胜的有形商品贸易在双边贸易中争取了更大的竞争优势。

（二）投资合作前景

贸易的快速发展以及FTA营造的制度环境发展将直接促进中巴在经济合作与投资方面的迅速发展，并广泛涉及各个方面。目前，有潜力进行投资合作的领域主要包括机械设备制造（装备）工业、纺织业、家电制造业、矿产资源开发合作、能源、电信等方面。投资合作应着眼于双方既有的资源优势和工业基础，开展技术合作，并力求开辟第三产业市场。同时，随着巴基斯坦私有化进程的深入，还会有更多商机。中国政府应推动国内企业大胆全面地参与巴基斯坦私有化进程，这是全面推动中巴经济合作走向深化和提高合作层次的最好途径。在促进双边贸易方面，巴基斯坦希望中国帮助其提升出口商品竞争力，在农产品、轻工业产品等方面提高商品附加值，改变目前巴基斯坦出口商品单一、低附加值的状况。①

中巴经贸合作前景广阔，在两国政府和企业的共同推动下，必将迎来新的发展阶段。中巴两国将从 2013 年起启动《中国—巴基斯坦自由贸易区服务贸易协定》第二阶段谈判，根据新的协定内容，未来两国商品中的 90% 以上将享受 5% 以下甚至零关税的政策，两国自由贸易区建设将迎来新的发展阶段，双边贸易有望持续、稳定、高速发展。总之，中巴经贸合作前景广阔，希望有越来越多的企业能够寻到商机，从中获利。

① 引用自《中国与巴基斯坦的经贸发展特点和前景探析》，中国知网 http://www.cnki.com.cn/Article/CJFDTotal-FZSL200832089.htm。

第四章　影响深远的《中国—新西兰自由贸易协定》

提到新西兰，首先跳进你脑海的会是什么？是电影《指环王》中展现的优美自然风光？是独特的毛利文化？是几维鸟、遍地的牛羊？是优质的乳制品、奇异果、牛羊肉、羊毛……没错，这一切都以其独特的魅力深深地吸引着我们。

新西兰位于太平洋南部，介于南极洲和赤道之间，西隔塔斯曼海与澳大利亚相望，北邻汤加、斐济。新西兰由北岛、南岛、斯图尔特岛及其附近一些小岛组成，面积27万多平方公里，人口412万。新西兰是个经济发达的国家，发达的畜牧业，是新西兰的经济基础。它的矿藏和森林资源丰富，工业以农林牧产品加工为主，农业高度机械化，渔产丰富。新西兰环境清新，气候宜人，风景优美，旅游胜地遍布全国。新西兰的旅游业收入约占其国内生产总值的10%，是仅次于乳制品业的第二大创汇产业。特别值得一提的是，在发展对华关系方面，新西兰创下了四个令人骄傲的“第一”。它是第一个同中国就中国加入世贸组织达成双边协议的发达国家，是第一个正式承认中国完全市场经济地位的国家，是第一个与中国启动自由贸易协定谈判的发达国家，是第一个与中国达成自由贸易协定的发达国家。

如今，《中华人民共和国政府和新西兰政府自由贸易协定》（以下简称《中国—新西兰自由贸易协定》）的签署实施拉近了新西兰与中国的距离。尤其是《中国—新西兰自由贸易协定》项下货物贸易的顺利实施，使得中国人不出国门就可以享受到质优价廉的新西兰特色进口商品。那么，《中国—新西兰自由贸易协定》原产地规则到底有什么特色？《中国—新西兰自由贸易协定》进口货物通关如何才能更加快捷顺畅？还有哪些新西兰特色商品具有潜在的巨大商业价值？带着这些问题，让我们一起走进新西兰，走进《中国—新西兰自由贸易协定》。

第一节　初识《中国—新西兰自由贸易协定》

您知道吗？《中国—新西兰自由贸易协定》不仅是我国与发达国家签署的第一个自由贸易协定，也是中国与其他国家签署的第一个涵盖货物贸易、服务贸易、投资等多个领域的自由贸易协定。

《中国—新西兰自由贸易协定》的签署经历了漫长的过程。自 1972 年中新建交以来，中新两国经贸合作始终保持稳定、健康发展，政治互信不断加强。

2003 年 10 月，中新两国领导人就商签中新经贸合作框架达成共识。

2004 年 5 月，《中国与新西兰贸易与经济合作框架》签署，新西兰正式承认中国市场经济地位，双方同意就建立中新自由贸易区的可行性开展研究。

2004 年 6 月，中新双方正式启动自由贸易区联合可行性研究，并于 9 月完成了《中国—新西兰双边自由贸易区联合可行性研究报告》。该报告指出，中新自由贸易区的建立将更好地利用两国在经济上的互补性，促进双边贸易增长，实现共同繁荣的目标。根据联合研究报告的结果，中新两国领导人从双边关系长远发展的角度出发，做出了启动《中国—新西兰自由贸易协定》谈判的决定。

2004 年 11 月，中新两国启动自由贸易协定谈判，从而拉开了中新双边自由贸易区建设的序幕。《中国—新西兰自由贸易协定》谈判从启动到结束共经历了 3 年多的时间。

2006 年 4 月，中新两国共同确定了 1 ~ 2 年内达成全面、高质量、平衡和为双方所接受的自由贸易协定的目标，进一步为双方谈判人员明确了方向。

2007 年 12 月，中新双方在北京就自由贸易协定谈判中的所有实质性问题达成一致，并于 2008 年 4 月 7 日正式签署《中国—新西兰自由贸易协定》。

2008 年 10 月 1 日，《中国—新西兰自由贸易协定》正式实施。

通过缔结自由贸易协定，中新两国进一步相互降低了产品关税，放宽了服务贸易市场准入条件，便利了两国间的人员流动，保护并促进了双向投资，加强两国在海关、检验检疫、知识产权等方面的合作。

《中国—新西兰自由贸易协定》实施以来，中国已成为新西兰发展最迅速的贸易伙伴。2012 年中国首次超越澳大利亚成为新西兰最大的进口来源地，中国还是新西兰的第二大贸易伙伴和第二大出口目的地，仅次于澳大利亚。

一、关税逐年下降，最终实现零关税

2013 年是《中国—新西兰自由贸易协定》正式实施的第五年，我国自新西兰进口的绝大部分商品已经实现零关税，税率优惠幅度的扩大进一步带动了进口货值的增长。根据《中国—新西兰自由贸易协定》的规定，新西兰将在2016 年1 月1 日前取消全部自华进口产品关税，其中63. 6% 的产品从《中国—新西兰自由贸易协定》生效时起即实现零关税；中国将在2019 年1 月1 日前取消97. 2% 的自新进口产品关税，其中24. 3% 的产品从《中国—新西兰自由贸易协定》生效时起即实现零关税。详见表 4 –1。

表 4 –1　降税计划表

中国		新西兰	
商品	降至零关税时间点	商品	降至零关税时间点
税率≤5%	2008 年 10 月 1 日	税率≤5%	2008 年 10 月 1 日起
5% <税率≤12%	2012 年 1 月 1 日	5% <税率≤20%	2012 年 1 月 1 日
税率 >12%	2013 年 1 月 1 日	税率 >20%	2013 年 1 月 1 日
牛羊肉、猕猴桃	2016 年 1 月 1 日	皮衣、毛织物、针织服装、鞋类	2014 年 1 月 1 日或 2016 年 1 月 1 日
鲜奶及奶油、黄油、奶酪	2017 年 1 月 1 日		
奶粉	2019 年 1 月 1 日		

案例 4 –1　进口新西兰乳酪到底能省多少钱?

新西兰的奶粉、奶酪等乳制品以其高品质享誉中国，《中国—新西兰自由贸易协定》生效后，关税的逐年下调使得新西兰乳制品更具价格竞争力。以奶酪（商品编号04039000）为例，按照降税计划，从2008年10月1日起奶酪的关税从原来的20%降为16%，此后逐年降低4个百分点，至2012年1月1日起已实施零关税，而该商品的最惠国税率至今仍为20%。

某企业由于不了解《中国—新西兰自由贸易协定》，一直从澳大利亚进口奶酪。2013年2月，该企业了解相关政策后，首次从新西兰进口了一批完税价格为100万元人民币的奶酪。经海关审核批准后，当即免征该批货物进口关税20万元，同时，由于关税计入增值税计税基础，还可免征相应增值税3.4万元，合计共可免征税款23.4万元，这使该企业进口的商品在国内市场处于价格优势。受惠进口奶酪免征税款计算过程如表4－2。

表4－2　受惠进口奶酪免征税款计算

进口澳大利亚奶酪应交税款： 　　关税＝完税价格×关税税率＝100×20%＝20（万元） 　　增值税＝（完税价格＋关税）×17%＝（100＋20）×17%＝20.4（万元） 进口新西兰奶酪应交税款： 　　关税＝完税价格×关税税率＝100×0＝0 　　增值税＝（完税价格＋关税）×17%＝（100＋0）×17%＝17（万元） 结论：进口新西兰奶酪比进口澳大利亚奶酪少交税款23.4万元。

二、进口不断增长，受惠商品总值占我国自新西兰应税进口总额的比率连年攀升

据海关统计，《中国—新西兰自由贸易协定》自实施以来至2012年底，我国受惠进口《中国—新西兰自由贸易协定》项下货值超过47亿美元，关税优惠金额27亿元人民币。《中国—新西兰自由贸易协定》受惠进口额保持稳定、较快增长。2008年受惠进口额仅6 500万美元，至2012年受惠进口额已猛增至19亿美元，发展迅猛。近几年，我国的具体受惠情况详见图4－1。

一般来说，实际享受协定税率进口的商品总值占我国自协定成员方应税进口总额的比例高低以及受惠进口商品的范围大小是衡量某个优惠贸易协定实施情况是否良好的常用指标。自2008年10月1日正式实施以来，

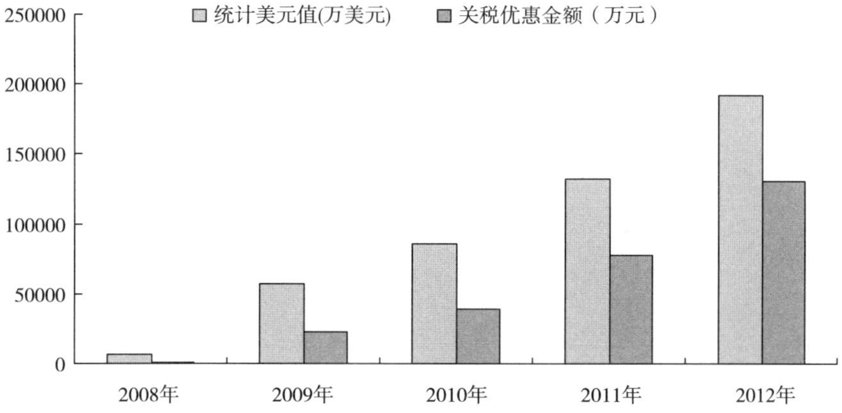

图 4－1　2008 年—2012 年受惠进口情况

实际受惠商品总值占我国自新西兰应税进口总额的比率由 2008 年的 16.05% 逐步攀升至 2012 年的 36.52%，总体维持在较高水平。详见图 4－2。2012 年，《中国—新西兰自由贸易协定》项下共受惠进口 285 个 8 位商品编码商品，比 2011 年净增 65 个税号，受惠商品范围进一步扩展。

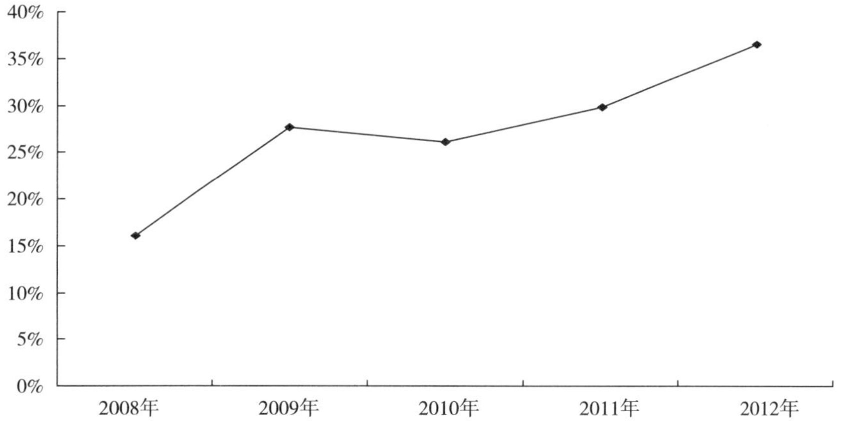

图 4－2　2008 年—2012 年实际受惠商品总值占我国自新西兰应税进口总额的比率情况

三、国内进口新西兰货物最多的 5 个关区

《中国—新西兰自由贸易协定》实施以来，全国共有 30 个关区受惠进口《中国—新西兰自由贸易协定》项下商品。其中，前五位的是上海、天津、大

连、杭州和青岛5个关区，受惠货值分别达12.8亿美元、8.1亿美元、6.1亿美元、3.6亿美元和3.1亿美元，5个关区合计占全国受惠进口总值的71%。详见表4-3。

表4-3 2008年—2012年受惠进口货值前5位的关区及其主要产品

序号	关区	主要进口产品
1	上海关区	龙虾、婴幼儿食品、乳制品、鲜猕猴桃、羊毛和牛羊脂肪
2	天津关区	工业用奶粉
3	大连关区	冻牛羊肉
4	杭州关区	乳制品、牛羊脂肪
5	青岛关区	生皮、牛羊脂肪和羊肉

小贴士 读者应注意区分“关区”与地方行政区划的不同

我国海关采取垂直管理体系，海关总署下辖的直属海关单位除广东分署、天津特派办、上海特派办外，还有北京海关、天津海关等共42个直属海关。这些直属海关的辖区就是俗称的“关区”。需要注意的是“关区”与其对应的行政区划并不一定相吻合，如石家庄关区实际涵盖河北省全境；深圳关区则除了深圳市外，还包括惠州市。

四、运输方式

自《中国—新西兰自由贸易协定》实施以来，该协定项下受惠进口货物运输方式涉及江海运输、航空运输、汽车运输等，其中主要以江海运输方式为主，以江海运输方式进口的货值约占总货值的85%。详见图4-3。

五、贸易方式

自《中国—新西兰自由贸易协定》实施以来，该项下受惠进口货物贸易方式涉及一般贸易、进料料件内销、合资合作设备等7种贸易方式，其中以一般贸易方式进口的货值约占总货值的99%以上。

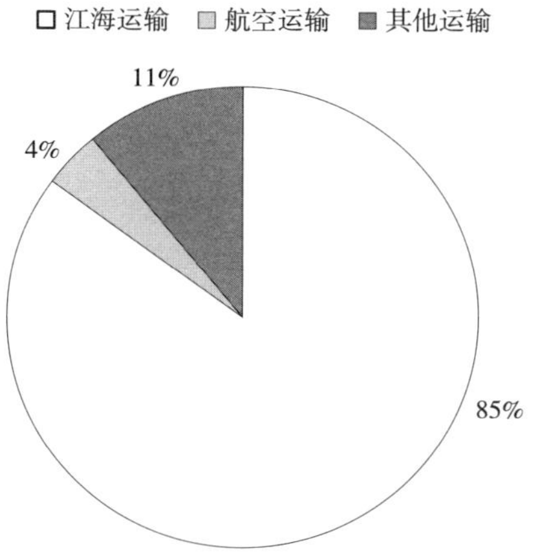

图 4－3　2008 年—2012 年《中国—新西兰自由贸易协定》项下的运输方式

第二节　如何充分利用《中国—新西兰自由贸易协定》享受优惠

一、《中国—新西兰自由贸易协定》总体概况

《中国—新西兰自由贸易协定》是中新两国在世界贸易组织（WTO）基础上，相互进一步开放市场、深化合作的重要法律文件。《中国—新西兰自由贸易协定》共214条，分为18章，涵盖货物贸易、服务贸易、投资等多个领域。其中与原产地直接相关的主要是原产地规则及操作程序（第4章）以及几个相关附件。

小贴士　《中国—新西兰自由贸易协定》全文可以查询海关总署网站原产地管理栏目。

二、原产地规则

原产地规则是《中国—新西兰自由贸易协定》项下关于货物贸易的核心内容，是确定货物是否具备成员方原产资格的基本依据。

《中国—新西兰自由贸易协定》项下的原产地规则共16条，包括定义、优惠关税待遇、原产货物、完全获得货物、税则归类改变、区域价值成分、累积规则、微小加工或处理、直接运输、运输用包装及容器、零售用包装材料及容器、附件、备件及工具、中性成分、可互换材料、微小含量、合规等。

（一）原产货物

《中国—新西兰自由贸易协定》规定了什么样的货物可以算作原产货物，它是判断货物是否属于新西兰或中国原产的判断标准。判断标准如下：

（1）完全获得货物；

（2）完全由中国或新西兰原产材料生产的货物；

（3）在一方或双方境内生产的，所使用的非原产材料符合产品特定原产地规则规定的税则归类改变、区域价值成分、工序要求或其他要求的货物。

小贴士 什么是“产品特定原产地规则”？

“产品特定原产地规则”是指优惠贸易协定项下各成员方经磋商制定的逐个产品税号对应的详细原产地标准，通常作为协定的附件以表格的形式列出，产品税号范围视具体磋商情况不同可包括全税则产品税号或仅包括其中部分产品税号。近年来我国与其他国家和地区签署的自由贸易协定中通常都包含产品特定原产地规则，《中国—新西兰自由贸易协定》附件五是产品特定原产地规则，它是全税则税号产品的原产地规则。

（二）完全获得

完全获得标准就是货物在一方境内完全获得或生产，可细分为以下种类：

（1）在一方境内收获、采摘或采集的植物产品；

（2）在一方境内出生并饲养的活动物；

（3）从一方境内饲养的活动物获得的货物；

（4）在一方境内狩猎、诱捕、捕捞、耕种、采集或捕获获得的货物；

（5）从一方领土、领水、海床或海床底土提取或得到的，未包括在上述第（1）项至第（4）项的矿物质及其他天然生成物质；

（6）一方或一方的人从其领水以外的水域、海床或海床底土提取或得到的货物，只要该方根据符合其缔结的相关国际协定可适用的国内法，有权开发上述水域、海床或海床底土；

（7）在一方注册或登记并悬挂或有权悬挂其国旗的船只，在该方根据符合其缔结的相关国际协定可适用的国内法确定的领水、领海外的专属经济区或公海得到的货物（鱼类、甲壳类动物、植物及其他海洋生物）；

（8）在一方注册或登记并悬挂或有权悬挂其国旗的加工船上，完全用上述第（7）项所述货物加工及/或制造的货物；

（9）在一方境内加工过程中产生的，仅适用于原材料回收的废碎料，或在其境内收集的仅适用于原材料回收的旧货；

（10）在一方境内完全从上述第（1）项至第（9）项所指货物获得或生产的货物。

案例 4－2

某公司一艘悬挂新西兰国旗的渔船在公海捕捞到一批龙虾，根据上述第（7）项规定，尽管这批龙虾不是产自新西兰领海而是产自公海，但其原产地仍应确定为新西兰。

海关提醒 生活垃圾属于国家禁止进口货物

完全获得第（9）项所称的废碎料是指在中国或者新西兰境内生产货物过程中产生的仅适用于原材料回收的废碎料或旧货。生活垃圾属于国家禁止进口货物，不包括在第（9）项所称的废碎料或旧货范围内。

（三）税则归类改变

税则归类改变就是在中国或者新西兰生产货物过程中，要求使用的非原产材料发生税则归类改变。在《中国—新西兰自由贸易协定》规定中，有些货物原产地标准要求章节的税则归类改变，有些货物要求品目归类改变，有些货物要求子目归类改变。

小贴士 税则归类

我国《税则》的商品分类采用世界海关组织编制的《商品名称及编码协调制度》（以下简称《协调制度》）。《协调制度》将商品分为21类97章，商品编码由税目（品目）、子目构成，共6位数。我国税则在此基础上增加2位数，商品编码均是8位数。商品编码前2位数代表货物所在章节，前4位数代表商品所在章节的序号，第5、6位数代表商品的子目，第7、8位数是我国子目。

税则归类改变标准是要求子目改变的，如果实际生产中发生税目、章改变，那么货物都是符合标准的；

税则归类改变标准是要求税目改变，如果实际生产过程中发生章改变，同样货物符合标准要求的；如果发生子目改变，则货物不符合标准要求；

税则归类改变标准是要求章改变的，货物生产过程中只能发生章改变，才能符合标准要求，如果仅是税目、子目改变，则不符合标准要求。

例如：

非原产材料	成品	子目改变	品目改变	章改变
4011.10 橡胶轮胎	8703.10 全地形车	符合	符合	符合
8707.10 车身	8703.23 小轿车	符合	符合	不符合
7220.11 厚度≥4.75 毫米的不锈钢板材	7220.12 厚度<4.75 毫米的不锈钢板材	符合	不符合	不符合

案例4－3 新西兰某企业生产静止式变流器时，使用了澳大利亚进口的铜线，原产地应如何确定？

案例分析：根据产品特定原产地规则，静止式变流器的标准为“从任何其他子目改变到子目8504.40”，即要求生产该静止式变流器所使用的非原产材料加工成制成品后发生子目级税号改变。经查询税则，铜线税号为7408.11，制成品静止式变流器税号为8504.40。该货物发生了章节改变（从74章变成85章），发生了品目改变（品目7408变成了8504），也发生了子目级税号变化，因此，尽管生产过程中使用了澳大利亚进口的铜线，该静止式变流器原产国仍应为新西兰。

（四）区域价值成分

区域价值成分（RVC）标准是指按照一定公式计算出的在一方对非原产材料进行加工后，一方成分的价格所占货物价格（FOB）比例达到某一比例，即可认定该产品为该方原产。产品特定原产地规则提及区域价值成分时，其RVC应当根据下列公式计算：

$$RVC = \frac{FOB - VNM}{FOB} \times 100$$

其中RVC为区域价值成分，以百分比表示；FOB为货物的离岸价格；VNM为CIF价格中非原产材料（包括不明原产地材料）的价值。

例如：新西兰某企业从澳大利亚进口一批冷鲜橙皮，价值55万美元，在新西兰经过压榨、提纯后制成橙油（精油）（商品编码3301.12）后出口至中国，离岸价格为100万美元。经查询产品特定原产地规则，橙油的原产地标准为“区域价值成分不少于50%”。按照上述公式计算，该批精油的区域价值成分为45%，未能达到规定的原产地标准，因此该企业在向新西兰相关签证机构申请签发原产地证书时被拒绝，未能申请享受《中国—新西兰自由贸易协定》的税率。

（五）累积规则

当一方原产货物或材料在另一方境内构成另一货物的组成部分时，该货物或材料应当视为原产于后一方境内。也就是说，中国在生产货物过程中，使用了新西兰、日本等国家或地区原产的材料、零件，其中新西兰原产材料、零件可以被认为是中国原产，而不是当作非原产材料对待。

案例 4－4 新西兰某企业生产活塞内燃发动机（商品编码 8407），发动机原产地标准是区域价值成分（RVC）不低于 40%。该企业使用本国原产零件占发动机价格的 38%，进口中国原产的活塞、气缸及气缸体（商品编码 8409），占发动机价格的 18%；进口日本、德国原产的曲轴、连杆等零部件，占发动机价格的 44%。请问该发动机的原产地是哪里?

案例分析： 由于发动机的原产地标准是区域价值成分不低于 40%，而新西兰原产成分只占发动机价格的 38%，未能达到原产地标准，因此，不能认定该发动机的原产国是新西兰。但是，根据累积规则，中国原产成分可视为新西兰原产成分，其价格可以进行累加，累积结果新西兰原产成分等于 56%，符合原产地标准规定，因此，该发动机可认定为新西兰原产。

（六）微小加工或处理

《中国—新西兰自由贸易协定》规定，微小加工处理不赋予原产资格，即一国对非原产成分仅进行微小的加工或者处理，这个国家不能被认定为货物的原产国。此类微小加工处理一般是指既不需要专门技能，也不需要专门生产或安装专用机器、仪器或设备即可进行加工或处理，且对货物的本质特征影响轻微的加工或处理，其中包括：

（1）为确保货物在运输或贮存期间保藏良好状态而进行的操作，如干燥、冷冻、通风、冷却及类似操作；

（2）包括过滤、挑选、分级、筛选、分类、洗涤、切割、纵切、弯曲、卷绕或展开在内的简单操作；

（3）托运货物的拆解和组装；

（4）包装、拆包或重新打包的操作；

（5）简单的装瓶、装罐、入瓶、入袋、进箱、装盒以及固定于硬纸板或木板上等简单包装操作；

（6）在产品或其包装上粘贴或印刷标志、标签、标识及其他类似的区别标记；

（7）仅用水或其他物质稀释，未实质改变货物的性质；

（8）除大米外的谷物去壳、部分或全部漂白、磨光及上光；

（9）食糖上色或形成糖块的操作。

案例 4－5 新西兰某肉品厂进口澳大利亚牛肉（商品编码 0201），在本厂切成小块牛肉用于超市售卖。这种零售包装的牛肉（商品编码 0201）进口到中国，可以认定新西兰为原产地吗？

案例分析：《中国—新西兰自由贸易协定》原产地规则规定，牛肉的原产地标准是“从任何其他章改变到品目 0201”。新西兰生产的零售包装的牛肉不符合原产地标准，因此，不可以认定新西兰为原产地。另外，根据《中国—新西兰自由贸易协定》微小加工或处理条款，新西兰工厂对牛肉进行切割、装盒属于微小加工和处理，也不能认定新西兰的原产国资格。

（七）直接运输

一般来说，为防止非协定成员方货物“搭便车”，各优惠贸易协定通常对货物运输规定了较为严格的“直接运输”要求。但在贸易实际当中，货物运输途中经第三方中转的情况十分普遍，为此，各优惠贸易协定项下除了允许点对点的直接运输外，还将符合一定条件的经第三方中转的运输也视同为直接运输。《中国—新西兰自由贸易协定》项下规定的直接运输除了未经第三方境内的直接运输外，如果货物运输途中经过一个或多个第三方境内，不论是否在这些地方转换运输工具或进行不超过 6 个月临时储存，只要货物未进入贸易或消费领域，并且除装卸、重新包装或使货物保持良好状态所需的其他处理外，货物未经任何处理，也可以视为直接运输。但在这种情况下，进口人应当向进口方海关提交第三方海关文件或其他文件加以证明。

案例 4－6 中国某公司从新西兰进口一批羊毛，使用集装箱运输。货物从奥克兰运至墨尔本，在墨尔本由原集装箱换装到另一条远洋货船，运输到中国上海。这符合直接运输规则吗？

案例分析：按照《中国—新西兰自由贸易协定》直接运输规则分析，

如果进口公司能够提供装运港是奥克兰、卸货港是上海的联运提单，货物在墨尔本停留仅是换船，没有进入贸易和消费领域；货物也没有进一步加工，并且从奥克兰到上海期间，集装箱没有被打开，原商业封志完好，那么该批货物符合直接运输规则。

（八）运输用包装及容器

在确定货物原产地时，用于货物运输的容器及包装材料应当不予考虑。

案例 4－7 新西兰某奶粉厂打算将该厂生产的婴儿奶粉出口至中国，奶粉是900g/罐，6罐/纸箱，为了方便长途运输，在货物出厂时将6罐一箱的奶粉装入一个简易的木板箱，该木板箱是由澳大利亚生产的。请问该奶粉的原产地在哪里？

案例分析：根据《中国—新西兰自由贸易协定》规定，尽管该木板箱是澳大利亚的，但并不影响奶粉原产地是新西兰的确定。

（九）零售用包装材料及容器

当货物的原产地标准是税则归类改变标准时，如果零售用包装材料及容器与该货物一并归类，则在确定该货物的原产地时，零售用包装材料及容器应当不予考虑。即判定使用非原产材料是否发生税则归类改变时，不用考虑零售包装材料及容器是否为原产材料。但是，对于必须满足区域价值成分标准的货物，在确定该货物原产地时，零售用包装材料及容器的价值应当视具体情况作为原产材料或非原产材料予以考虑。即判定使用非原产材料在货物价格比例中，零售包装材料及容器如果是非原产的，要将其计算进非原产材料的价格当中。

案例 4－8 新西兰某奶粉厂生产一种婴幼儿配方奶粉（商品编码21069090），铁罐包装，每罐900g。奶粉成分：牛乳（新西兰原产）、维生素（德国原产）、矿物质（日本原产）和其他辅料（韩国原产），铁罐是澳大利亚原产。请问该产品的原产地是哪里？

案例分析：如果这种婴幼儿配方奶粉的原产地标准为“从其他任何品目改变到品目 2106”，那么，在确定配方奶粉的产地时，应判定非原产材料是否发生税则归类改变，在此考虑的非原产材料是维生素（德国原产）、矿物质（日本原产）、其他辅料（韩国原产），而铁罐无需考虑。因为，《中国—新西兰自由贸易协定》原产地规则规定，在货物适用税则归类改变标准时，零售包装的材料和容器不予考虑，婴幼儿配方奶粉原产地标准是税号改变标准，铁罐是零售包装材料，因此，不需判定铁罐的税则归类是否发生改变。

如果婴幼儿配方奶粉的原产地标准是区域价值成分 40% 标准，那么在计算非原产材料时，需将铁罐价格计算进入非原产材料价格当中。因此，如果维生素、矿物质、其他辅料、铁罐价格合计低于婴幼儿配方奶粉价格（FOB）的 60%，那么该婴幼儿配方奶粉可认定为新西兰原产地。

（十）附件、备件及工具

对于《中国—新西兰自由贸易协定》规定的税则归类改变的原产地要求，如果进口时与货物一同报验的附件、备件、工具及说明书或其他信息材料与该货物一并归类，且不单独开具发票，则在确定货物原产地时，这些附件、备件、工具等应当不予考虑。对于适用 RVC 要求的货物，在计算该货物的 RVC 时，附件、备件、工具及说明书或其他信息材料的价值，应当视具体情况作为原产材料或非原产材料予以考虑。

例如，新西兰某奶粉厂生产一种铁罐装零售婴幼儿配方奶粉（商品编码 21069090），每罐内附带一个新西兰原产的塑料量杯，方便消费者精确测量奶粉用量。如果这种婴幼儿配方奶粉的原产地标准为“从其他任何品目改变到品目 2106”，由于塑料量杯与奶粉一同归类，也不单独开具发票，所以确定奶粉的原产地时，塑料量杯的原产地应当不予考虑。但是，如果这种婴幼儿配方奶粉的原产地标准为“区域价值成分不少于 30%”，这时这个塑料量杯的价值就应当计入原产或者非原产材料价值了。

小贴士 这里所说的附件、备件、工具及说明书或其他信息材料的数量及价值，应适用于习惯性用于该货物的情况。

（十一）中性成分

在确定货物原产地时，对于生产、加工、制造该货物所使用的机器、设备等的原产地是否要考虑进去呢？答案是不用考虑进去的。《中国—新西兰自由贸易协定》对这类货物称为“中性成分”。《中国—新西兰自由贸易协定》规定，在确定货物原产地时，任何中性成分的原产地应当不予考虑。中性成分是指在另一货物的生产、测试或检验过程中使用，但物理上不构成该货物组成成分的货品，或在该货物生产过程中用于维护厂房建筑或运行设备的货品。中性成分主要包括：

（1）燃料、能源、催化剂及溶剂；

（2）用于测试或检验货物的设备、装置及用品；

（3）手套、眼镜、鞋靴、衣服、安全设备及用品；

（4）工具、模具及型模；

（5）用于维护设备和建筑的备件及材料；

（6）在生产中使用或用于运行设备和维护厂房建筑的润滑剂、油（滑）脂、合成材料及其他材料；

（7）在货物生产过程中使用，未构成该货物组成成分，但能够合理表明为该货物生产过程一部分的任何其他货物。

案例 4－9 新西兰某奶粉加工厂在生产奶粉时，为确保生产的奶粉符合相关卫生标准，使用了日本原产的三聚氰胺检测设备，且将该设备的相关费用纳入了生产成本。如果奶粉的原产地标准是区域价值成分，请问三聚氰胺检测设备价格是否应计入非原产材料价格？

案例分析：三聚氰胺检测设备适用于检测奶粉的三聚氰胺成分，不构成货物的组成部分，即不是奶粉中的成分。根据《中国—新西兰自由贸易协定》规定，中性成分的原产地不予考虑，因此，三聚氰胺检测设备的价格不用计入非原产材料当中。

（十二）可互换材料

可互换材料是指为商业目的可互换的货物或材料，其性质实质相同，仅靠视觉观察无法加以区分。在确定货物原产地时，任何可互换材料应当通过货物的物理分离或出口方公认会计原则承认的库存管理方法加以区分。

（十三）微小含量

在货物适用税则归类改变时，如果货物中的非原产材料不满足税则归类改变要求，其全部非原产材料（包括原产地不明的材料）价格按照区域价值成分标准确定的价格不超过该货物离岸价格的10%，并且满足其所适用的所有其他规定，该货物仍应当视为原产货物。

例如，新西兰某工厂生产某型号的挤奶机（商品编码8434.10），其中使用了日本进口的挤奶机专用电子零部件（商品编码8434.90），其价值约占该挤奶机FOB价格的8%，其余原材料及零部件均为新西兰原产。假设该挤奶机的原产地标准为“从其他任何品目改变到品目8434”，由于该进口零部件与挤奶机同属于税号8434，未能满足税号改变标准。此时，根据《中国—新西兰自由贸易协定》微小含量规定，由于该进口零部件的区域价值成分未超过10%，该挤奶机仍应视为新西兰原产。

三、操作程序

操作程序是双方对货物受惠进出口实施过程当中相关程序性问题的具体规定，对进出口实际操作有着非常重要的意义。《中国—新西兰自由贸易协定》项下操作程序共11条，包括定义、给予优惠、进口税或保证金的退还、原产地证书、原产地声明、原产地文件的修改、原产地文件的保存、授权机构、原产地核查、优惠关税待遇的拒绝给予及审议等内容。

（一）给予优惠

《中国—新西兰自由贸易协定》规定，货物进口时，如进口商要求享受优惠关税待遇，并且根据相关规定向进口方海关提交了原产地证书、原产地声明或进口方指定的其他原产地证明文件，进口方应给予自另一方进口的货物优惠关税待遇。

海关提醒 《中国—新西兰自由贸易协定》规定进口商享受关税优惠待遇，除了向进口方海关提交原产地证书、原产地声明外，还要提交进口方指定的其他原产地证明文件，即中国或新西兰海关规定的其他原产地证明文件。

（二）进口税或保证金的退还

《中国—新西兰自由贸易协定》规定了企业因故不能在进口时向海关提交原产地证书或原产地声明时的处理原则。如果货物从一方进口时无法按照规定提交原产地证书或原产地声明的，可向进口方海关提交货物具备原产货物资格的书面申明，进口方可对该货物征收非优惠关税或要求交纳保证金。在此情况下，根据具体情况，如进口商可自货物进口之日起1年内提交与进口货物相关的有效原产地证书或原产地声明，可申请退还多征的进口关税或已交纳的保证金。

小贴士

（1）货物进口前，进口人尽可能准备好原产地证书或者原产地申明，并按照进口国海关的规定提交，避免无法获得关税优惠的情况发生；

（2）如果进口人因故无法在货物进口时获得原产地证书或者原产地声明，最好向进口国海关书面申明货物具备原产资格，用于将来申请退回多征的税款；

（3）在没有原产地证书或原产地声明的情况下，进口人可以提出交纳保证金先放行货物的申请。

（三）原产地证书

在海关实际操作中，经常有一些公司申报进口新西兰货物，但向海关提交的是Form A原产地证书，要求享受《中国—新西兰自由贸易协定》的税率，被海关以证书不符合规定为由拒绝给予享受协定税率。实际上，《中国—新西兰自由贸易协定》项下原产地证书采用双方商定的有别于一般原产地证书的专用格式，其他任何格式的原产地证书都不能用以申请享受《中国—新西兰自由贸易协定》的税率。

详细格式如表4－4：

表4－4

附件2

CERTIFICATE OF ORIGIN

ORIGINAL

<table>
<tr><td colspan="3">1.Exporter's name, address, country:</td><td colspan="4" rowspan="3">Certificate No.:
CERTIFICATE OF ORIGIN
Form for the Free Trade Agreement between the Government of the People's Republic of China and the Government of New Zealand
Issued in ____________
(see Instruction overleaf)</td></tr>
<tr><td colspan="3">2. Producer's name and address, if known:</td></tr>
<tr><td colspan="3">3.Consignee's name, address, country:</td></tr>
<tr><td colspan="3" rowspan="2">4.Means of transport and route (as far as known)
Departure date
Vessel /Flight/Train/Vehicle No.
Port of loading
Port of discharge</td><td colspan="4">5. For official use only
☐ Preferential Tariff Treatment Given Under _______
☐ Preferential Treatment Not Given (Please state reasons)
……………………………………………
Signature of Authorized Signatory of the Importing Country</td></tr>
<tr><td colspan="4">6. Remarks</td></tr>
<tr><td>7.Item number (Max 20)</td><td>8. Marks and numbers on packages</td><td>9. Number and kind of packages; description of goods</td><td>10. HS code (Six digit code)</td><td>11. Origin criterion</td><td>12. Gross weight, quantity (quantity unit) or other measures (litres,m³,etc)</td><td>13. Number, date of invoice and invoiced value</td></tr>
<tr><td colspan="3">14 . Declaration by the exporter
The undersigned hereby declares that the above details and statement are correct, that all the goods were produced in

(Country)
and that they comply with the origin requirements specified in the FTA for the goods exported to

(Importing country)

Place and date, signature of authorized signatory</td><td colspan="4">15 . Certification
On the basis of control carried out, it is hereby certified that the information herein is correct and that the goods described comply with the origin requirements specified in the Free Trade Agreement between the Government of the People's Republic of China and the Government of New Zealand.

Place and date, signature and stamp of authorized body</td></tr>
</table>

以下为中文译本，如表4－5：

表4－5

中文样本仅供参考

原产地证书

正本

<table>
<tr><td colspan="3">1. 出口商的名称、地址、国家：</td><td colspan="4" rowspan="3">证书号：
中华人民共和国政府和新西兰政府自由贸易协定
原产地证书
签发国______________
（填制方法详见证书背页说明）</td></tr>
<tr><td colspan="3">2. 生产商的名称、地址，在已知情况下：</td></tr>
<tr><td colspan="3">3. 收货人的名称、地址、国家：</td></tr>
<tr><td colspan="3" rowspan="2">4. 运输方式及路线（就所知而言）
离港日期
船只/飞机/火车/货车编号
装货口岸
到货口岸</td><td colspan="4">5. 供官方使用
☐ 可以享受_______自由贸易协定优惠待遇
☐ 不能享受_______自由贸易协定优惠待遇
理由：
……………………………………………………
进口国官方机构的授权人签字</td></tr>
<tr><td colspan="4">6. 备注：</td></tr>
<tr><td>7. 项目号（最多20项）</td><td>8. 唛头及包装号</td><td>9. 包装数量及种类；商品名称</td><td>10. HS编码(以六位数编码为准)</td><td>11. 原产地标准</td><td>12. 毛重、数量（数量单位）或其它计量单位(升、立方米等)</td><td>13. 发票号、发票日期及发票价格</td></tr>
<tr><td colspan="3">14. 出口商申明
下列签字人证明上述资料及申明正确无误，所有货物产自

（国家）
且符合自由贸易协定原产地规则的相关规定。该货物出口至

（进口国）

申报地点、日期及授权签字人的签字</td><td colspan="4">15. 证明
根据所实施的监管，兹证明上述信息正确无误，且所述货物符合《中华人民共和国政府和新西兰政府自由贸易协定》原产地要求。

地点、日期、签字及授权机构印章</td></tr>
</table>

《中国—新西兰自由贸易协定》原产地证书应当以英文填制，具有不重复的原产地证书编号，只有加盖“正本”字样，注明货物具备原产资格的依据，并含有诸如出口方通知进口方的签名或印章样本等安全特征。一份原产地证书涵括的货物应当包括在一份进口报关单上。《中国—新西兰自由贸易协定》原产地证书自签发之日起12个月内有效。

原产地证书被盗、遗失或损毁时，如果出口商或制造商确信此前签发的原产地证书正本未被使用，则可向出口方授权机构书面申请签发经核准的原产地证书副本。经核准的原产地证书副本应当注明“原产地证书正本（编号________日期________）经核准的真实副本”（CERTIFIED TRUE COPY of the original Certificate of Origin number ________ dated ________）字样。如果进口方海关查明原产地证书正本已被使用，则经核准的原产地证书副本无效，反之亦然。

海关提醒 企业应及时检查原产地证书，如有问题，可申请更正。

拿到原产地证书后，建议您及时对原产地证书的格式、填写内容、有效期、签名是否正确、是否加盖印章等进行检查，如发现问题，可要求签证机构进行修改。

（四）原产地声明

根据《中国—新西兰自由贸易协定》，经海关依法审定的货物完税价格总值不超过1 000美元，或者海关已经依法就相同货物作出原产地行政裁定，确认货物原产地为新西兰，该行政裁定尚未失效或者被撤销的，进口货物收货人或者其代理人可以向海关提交原产地声明代替原产地证书，原产地声明涵括的货物应当在一份进口报关单上，且自签发之日起12个月内有效。

原产地声明应当采用以下格式，如表4－6。

案例4－10 我公司从新西兰进口了一批婴儿配方奶粉广告品，价值约800美元，如果申请享受《中国—新西兰自由贸易协定》项下的协定税率是否还要向海关提交原产地证书？

案例分析：不用。根据《中国—新西兰自由贸易协定》的相关规定，经海关依法审定的货物完税价格总值不超过1 000美元，进口货物收货人或者其代理人可以向海关提交原产地声明代替原产地证书。

表4－6

中华人民共和国政府和新西兰政府自由贸易协定

原产地声明

本人____为

（打印姓名及职务）

出口商/生产商/出口商及生产商

（不适用的部分请划去）

兹声明发票_______________（填写发票号）所列货物原产自

中国／新西兰

（不适用的部分请划去）

且货物符合《中华人民共和国政府和新西兰政府自由贸易协定》原产地规则的要求。

如适用： 根据《中华人民共和国政府和新西兰政府自由贸易协定》原产地规则，上述货物经预裁定_______________（填写裁定编号）视为具备原产资格。

签名：____

日期：____

注：该声明必须打印，并以商业发票随附的单独文件提交。本声明所涉货物最多不得超过二十项。

小贴士 进口人向海关提交的原产地声明应当以英文填制，所列的一项或者多项货物应当为同一批次的进口货物，并且仅对应一份“进口报关单”。

海关提醒 如发现原产地声明存在规避提交原产地证书的行为，海关可以拒绝给惠。

尽管货物完税价格总值不超过1 000美元时可以使用原产地声明代替原产地证书，但如果有理由认为进口货物是为规避相关规定故意拆分而成，则进口方仍可以拒绝给予优惠关税待遇。

（五）原产地文件的修改

一般来说，任何原产地文件是不得涂改或叠印的。但在实际操作中，难免会出现原产地证书填写错误等差错，因此可由签证机构对差错作出必要的修改。任何更正必须先将错误信息划去，然后再做必要的增补。此类更正应当由更正人员签注。任何未填空白处应予划去，以防发证后添加内容。

例如，某企业申报进口新西兰原产猕猴桃（商品编码0810.50），企业查看该证书时发现该证书第10栏“HS编码”栏错误填写为“0801.50”。根据《中国—新西兰自由贸易协定》项下原产地证书填制规范要求，HS编码必须填写6位编码并且与实际进口货物相符。如果企业使用该证书报关，则海关按规定可以拒绝给予该批货物享受协定税率。为避免此类情况发生，企业可提前要求新西兰出口商向新西兰签证机构对该原产地证书作出修改，但修改应当由更正人员签注。

（六）原产地文件的保存

《中国—新西兰自由贸易协定》对各方生产商、进出口商及签证机构保存原产地文件的义务作出了规定。各方应当要求生产商和进出口商在其国内立法规定的期限内保存原产地文件。各方应当要求其授权机构在其国内立法规定的期限内保存原产地证书及其他原产地证明文件的副本。

海关提醒 进出口商应该根据《中国—新西兰自由贸易协定》的规定，将原产地文件、资料等按照我国相关法规规定进行保存，以便相关机构核查。

（七）授权机构

《中国—新西兰自由贸易协定》项下的原产地证书应当仅由出口方的授权机构签发，未经授权的机构无权签发。

双方应当将各自授权机构名称及相关的联系细节通知另一方海关，并应当在各自授权机构签发原产地证书之前，将该机构相关表格和文件上使用的安全特征提供给另一方海关，用于对方海关在进口时审核原产地证书使用。

小贴士 新西兰签证机构主要有新西兰商会（New Zealand Chambers of Commerce）、新西兰独立认证服务有限公司（Independent Verification Services Limited）、新西兰葡萄酒协会（Wine Institute of New Zealand Incorporated）、SGS 通用公证行新西兰公司（SGS New Zealand Ltd.）和新西兰制造商和出口商联合会（New Zealand Manufacturers and Exporters Association）等。

中方签证机构有国家质量监督检验检疫总局所属的各地出入境检验检疫机构、中国国际贸易促进委员会及其地方分会。

（八）原产地核查

当进口方海关对从另一方进口的货物是否具备原产货物资格存在疑问时，进口方海关可通过一定方式对关税优惠申请进行核实。进口方海关可以书面要求进口方或出口方境内的出口商或生产商提供补充信息，也可以要求出口方主管机关对货物的原产地进行核查。

小贴士 防止核查措施被滥用

进口方只有在有理由怀疑原产地文件、有关货物的原产地资格或满足任何其他要求方面的准确性和真实性，并且所涉关税金额值得提出要求的情况下，才能启动核查程序。

海关提醒 海关将拒绝给予优惠关税待遇

自提出核查要求之日起6个月内，进出口商、制造商或生产商无法提供该核查过程中要求提供的信息，或者被要求的主管机关基于任何理由，未能就进口方海关的要求给予满意的答复，进口方海关有权拒绝给予优惠关税待遇。

（九）优惠关税待遇的拒绝给予

《中国—新西兰自由贸易协定》规定了一方海关可以拒绝给予货物优惠关税待遇的情况。主要有以下情况：

（1）未将相关授权机关的名称、授权机关使用的相关表格和文件所用的安全特征或上述信息的任何变化通知另一方海关；

（2）自提出核查要求之日起6个月内，进出口商、制造商或生产商无法提供该方开展核查过程中要求提供的信息，或者被要求的主管机关基于任何理由，未能就进口方海关的要求给予满意的答复；或者

（3）货物不符合其他规定，包括：原产地证书未正确填写或签章，货物的原产地不符合相关规定，原产地证书中的信息与所提交的证明文件不相符，所列货品名称、数量及重量、包装唛头及号码、包装件数及种类与进口货物不相符。

例如，某企业申报进口新西兰原产猕猴桃，海关审核原产地证书时发现，企业错误地将净重60吨填到原产地证书第12栏“毛重”栏内，实际毛重应为65吨。根据《中国—新西兰自由贸易协定》相关规定，进口货物实际数量不应超过原产地证书所列数量，否则超出部分海关将拒绝给予优惠关税待遇。

小贴士1 注重对原产地证书审核

进口人在收到原产地证书后，应认真仔细审核原产地证书的各项内容。要确认各项内容的填写是否完整和正确，是否与实际进口货物一致，是否与其他相关单证信息一致，避免被进口海关拒绝给惠。

小贴士 2　海关拒绝给惠应出具书面说明

在拒绝给予优惠关税待遇时，进口方应当出具书面说明并阐述理由。

四、产品特定原产地规则

在《中国—新西兰自由贸易协定》项下，具体的原产地标准主要在产品特定原产地规则中呈现出来，详见表 4－7。

表 4－7　产品特定原产地规则（节选）

税号	品名	产品特定规则
第一章	活动物	
0101	马、驴、骡	如果动物在成员方境内出生并饲养，可赋予原产地。
0102	牛	如果动物在成员方境内出生并饲养，可赋予原产地。
0103	猪	如果动物在成员方境内出生并饲养，可赋予原产地。
0104	绵羊、山羊	如果动物在成员方境内出生并饲养，可赋予原产地。
0105	家禽，即鸡、鸭、鹅、火鸡及珍珠鸡	如果动物在成员方境内出生并饲养，可赋予原产地。
0106	其他活动物	如果动物在成员方境内出生并饲养，可赋予原产地。
第二章	肉及食用杂碎	
		章注： 屠宰不赋予品目 0201、0202、0204 及 0210 产品原产地。
0201	鲜、冷牛肉	从任何其他章改变到品目 0201
0202	冻牛肉	从任何其他章改变到品目 0202
0203	鲜、冷、冻猪肉	从任何其他章改变到品目 0203
0204	鲜、冷、冻绵羊肉或山羊肉	从任何其他章改变到品目 0204
0205	鲜、冷、冻马、驴、骡肉	从任何其他章改变到品目 0205
0206	鲜、冷、冻牛、猪、绵羊、山羊、马、驴、骡食用杂碎	从任何其他章改变到品目 0206
0207	品目 0105 所列家禽的鲜、冷、冻肉及食用杂碎	从任何其他章改变到品目 0207
0208	其他鲜、冷、冻肉及食用杂碎	从任何其他章改变到品目 0208
0209	未炼制或用其他方法提取的不带瘦肉的肥猪肉、猪脂肪及家禽脂肪，鲜、冷、冻、干、熏、盐腌或盐渍的	从任何其他章改变到品目 0209
0210	肉及食用杂碎，干、熏、盐腌或盐渍的；可供食用的肉或杂碎的细粉、粗	从任何其他章改变到品目 0210

例如：根据产品特定原产地规则，鲜、冷牛肉（商品编码0201）的原产地标准为“从任何其他章改变到品目0201”。按照此标准，从新西兰进口到中国的鲜、冷牛肉必须是新西兰进口活牛（商品编码0102）经屠宰后得到的鲜、冷牛肉。

需要注意的是，产品特定原产地规则中第二章章注规定，屠宰不赋予商品编码0201、0202、0204及0210产品原产地。因此，如果新西兰从其他国家如澳大利亚进口活牛后屠宰，尽管从活牛到牛肉发生了税号改变，但这些牛肉仍不能算作新西兰原产。

案例4－11 中国某企业从新西兰进口1岁小牛。该小牛是新西兰某农场从澳大利亚进口出生6个月以下的牛犊后饲养至出栏。根据《中国—新西兰自由贸易协定》，在中国申报进口时可否申报为新西兰原产？

案例分析：根据《中国—新西兰自由贸易协定》的产品特定原产地规则，活牛（商品编码0102）的原产地标准为“如果动物在成员方境内出生并饲养，可赋予原产地”。按照这一标准，新西兰原产的活牛必须是在新西兰出生并饲养。因为该批牛犊进口自澳大利亚，未能满足此标准，所以，不能取得新西兰原产资格。

小贴士 产品特定原产地标准中的“章注”往往是对该章中具体标准运用中设定的限制性或排除性条件，其效力优先于具体标准，其作用不容忽视。如果忽视“章注”，往往得出相反的错误结果。

五、特殊保障措施与关税配额

根据《中国—新西兰自由贸易协定》，我国对原产于新西兰的部分农产品实施特殊保障措施，此类农产品主要包括乳制品；此外，我国还对新西兰原产的羊毛、毛条设置了一定量的国别配额。

（一）农产品特殊保障措施

根据《中国—新西兰自由贸易协定》，我国对自新西兰进口有关农产品实施特殊保障管理措施，即当有关农产品进口数量超过规定的数量（触发水平）时，我国可通过附加关税的方式对该产品实施特殊保障措施。

实施特殊保障措施的商品包括四大类乳制品，共11个8位商品编码商品。具体商品及每年触发值详见表4-8、表4-9：

表4-8 实施特殊保障措施的商品分类

分类	商品编码	产品描述
一	04012000	脂肪含量>1%但≤6%未浓缩及未加糖的乳及奶油
	04013000	脂肪含量>6%未浓缩及未加糖的乳及奶油
二	04021000	脂肪含量≤1.5%固状乳及奶油
	04022100	脂肪含量>1.5%未加糖固状乳及奶油
	04022900	脂肪含量>1.5%的加糖固状乳及奶油
	04029100	浓缩但未加糖的非固状乳及奶油
三	04051000	黄油
	04059000	其他从乳中提取的脂和油
四	04061000	鲜乳酪（未熟化或未固化的）
	04063000	经加工的乳酪，但磨碎或粉化的除外
	04069000	其他乳酪

表4-9 实施特殊保障措施商品的触发水平（吨）

分类	一	二	三	四
生效时间	1 300	95 000	9 400	3 600
2009	1 365	99 750	9 870	3 780
2010	1 433	104 738	10 364	3 969
2011	1 505	109 974	10 882	4 167
2012	1 580	115 473	11 426	4 376
2013	1 659	121 247	11 997	4 595
2014	1 742	127 309	12 597	4 824

续表

分类	一	二	三	四
2015	1 829	133 675	13 227	5 066
2016	1 921	140 358	13 888	5 319
2017	2 017	147 376	14 582	5 585
2018	2 118	154 745	15 312	5 864
2019	2 223	162 482	16 077	6 157
2020	2 335	170 606	16 881	6 465
2021	2 451	179 137	17 725	6 788
2022		188 094		

小贴士 除另有规定外，当有关农产品进口数量超过触发水平时，海关总署即对外发布实施特殊保障措施的公告，并按照最惠国税率对超量进口的有关农产品征收税款。

（二）羊毛、毛条国别关税配额

自2009年起，中国将在现有全球羊毛和毛条关税配额总量以外，为自新西兰进口羊毛和毛条专设一定量的国别配额，国别配额内享受《中国—新西兰自由贸易协定》协定税率。国别配额实行凭合同“先来先领”的分配方式。申请者凭羊毛、毛条进口合同以及有关材料申请羊毛、毛条国别配额（含加工贸易）。企业向注册所在地商务部授权机构提交申请（在京的国资委监管企业直接向商务部配额许可证事务局提交申请）。商务部授权机构使用“农产品进口关税配额证”发放国别配额，需在配额证备注栏中明确标注“新西兰羊毛、毛条国别配额”。配额证显示数量为洗净（公定）数量。企业进口时，应据实向海关申报进口羊毛的洗净（公定）数量，并向海关提交相关配额证明。经海关审核确认并符合《中国—新西兰自由贸易协定》有关规定的，可适用《中国—新西兰自由贸易协定》协定税率。若企业只提供相关配额证明而不符合其他有关规定，则适用最惠国税率或普通税率。

具体国别配额详见表 4－10：

表 4－10　中方羊毛、毛条国别关税配额表

单位：吨

<table>
<tr><th>税号</th><th>产品描述</th><th>2009</th><th>2010</th><th>2011</th><th>2012</th><th>2013</th><th>2014</th><th>2015</th><th>2016</th><th>2017</th></tr>
<tr><td>51011100</td><td>未梳的含脂剪羊毛</td><td rowspan="6">25 000</td><td rowspan="6">26 250</td><td rowspan="6">27 563</td><td rowspan="6">28 941</td><td rowspan="6">30 388</td><td rowspan="6">31 907</td><td rowspan="6">33 502</td><td rowspan="6">35 178</td><td rowspan="6">36 936</td></tr>
<tr><td>51011900</td><td>未梳的其他含脂羊毛</td></tr>
<tr><td>51012100</td><td>未梳的脱脂剪羊毛（未碳化）</td></tr>
<tr><td>51012900</td><td>未梳的其他脱脂羊毛（未碳化）</td></tr>
<tr><td>51013000</td><td>未梳碳化羊毛</td></tr>
<tr><td>51031010</td><td>羊毛落毛</td></tr>
<tr><td>51051000</td><td>粗梳羊毛</td><td rowspan="3">450</td><td rowspan="3">473</td><td rowspan="3">496</td><td rowspan="3">521</td><td rowspan="3">547</td><td rowspan="3">574</td><td rowspan="3">603</td><td rowspan="3">633</td><td rowspan="3">665</td></tr>
<tr><td>51052100</td><td>精梳羊毛片毛</td></tr>
<tr><td>51052900</td><td>羊毛条及其他精梳羊毛</td></tr>
</table>

小贴士　进口人在向海关申报时，一份报关单只能对应一份国别关税配额证明，而且报关单上的申报商品只能为国别关税配额证明上的商品。详见海关总署公告 2008 年第 90 号、海关总署公告 2008 年第 94 号。

六、海关合作

为了简化和协调中国、新西兰的海关程序，确保双方《海关法》及行政程序实施的可预见性、一致性和透明度，确保货物和运输工具的高效快捷通关，便利双边贸易，《中国—新西兰自由贸易协定》在第五章《海关程序与合作》专门对中国和新西兰海关合作做出规定。该章共 15 条，主要包括便利化、海关估价、税则归类、预裁定、海关合作、复议诉讼、风险管理、快件、货物放行等。

（一）预裁定

预裁定是指进口方海关在货物进口前应申请人申请，对即将进口货物的税则归类或原产地作出的具有法律效力的行政裁定。

预裁定申请人应为有正当理由的出口商、进口商或其他人。预裁定必须在所涉货物进口至少 3 个月前提出，并且应当以将做出裁定的海关当局官方语言申请裁定。预裁定申请人应当向进口方海关提供货物的具体描述以及做出裁定所需的全部相关信息，在裁定过程中，海关当局可随时要求申请人在规定的时间内补充信息。

在获取全部必需的信息后，进口方海关当局应当使用其官方语言在 60 日内做出商品归类裁定，在 90 日内做出原产地裁定。

如果申请人没有在规定的时间内，提供进口方海关要求补充的信息，进口方海关可拒绝此裁定申请。

除非国内法有保密要求，各方应当公布其裁定。各方应当对自裁定做出之日起 3 年内或在各自国内立法规定的其他时限内，经由任何口岸入境的裁定所涉货物的所有进口适用此裁定。

在做出裁定后，如果能够确认裁定是基于错误的事实或法律、虚假或不准确的信息做出的，或者裁定所依据的相关国内法或重要事实、情况发生改变的，一方可修改或废止裁定。

小贴士 在中国，行政裁定由海关总署或其授权机构作出，由海关总署统一对外公布。详见海关总署令第 92 号。

（二）货物放行

为便利货物通关，《中国—新西兰自由贸易协定》要求各方应当采取相应措施，确保货物在抵达后 48 小时内通关放行。但也规定了一些例外情况，这些例外情况包括进口商无法在初次进口时提交进口方要求的信息；进口方主管当局适用风险管理技术选取该货物做进一步查验；货物将接受进口方国内立法授权的，除主管当局以外的机构的检查；或者未完成所有必要的海关手续或因不可抗力原因延误了货物放行。

小贴士 《中国—新西兰自由贸易协定》规定，双方海关当局应当指定一个或多个咨询点，处理一方利益相关人就《中国—新西兰自由贸易协定》海关程序与合作有关的事务提出的咨询。

第三节 企业在利用《中国—新西兰自由贸易协定》中应该注意的问题

我的货物能享受《中国—新西兰自由贸易协定》优惠税率吗？我应该去哪里申请《中国—新西兰自由贸易协定》的原产地证书？如果我暂时没办法提交原产地证书该怎么办？进口时我应该怎样更好地配合海关？如果以上这些问题常常给您的进出口带来困扰，那就来看看海关给出的答案和建议吧！

一、前期准备——知己知彼，未雨绸缪

我国进口或出口的商品可以享受《中国—新西兰自由贸易协定》优惠税率吗？

对于这个问题，首先，在从新西兰进口或向新西兰出口之前，企业可以提前了解进出口商品是否在《中国—新西兰自由贸易协定》项下的降税商品清单范围内。

（一）如何查询货物是否在降税商品清单范围内及其税率

对于进口货物，企业可以查看海关总署在上一年末发布的当年关于关税实施方案的公告及当年版本的《税则》。如《海关总署关于自2013年1月1日起实施〈2013年关税实施方案〉的公告》（海关总署公告2012年第63号），其附件5即为2013年协定税率表，该表中新西兰对应的税号项下如填有税率，即表明该商品在《中国—新西兰自由贸易协定》项下的降税清单范围内，相应税率

即为协定税率；如该税号项下税率为空白，即表示该商品暂未列入降税商品清单，不能申请享受《中国—新西兰自由贸易协定》项下协定税率。

小贴士 查询降税商品清单

企业可登录海关总署网站（http：//www. customs. gov. cn/publish/portal0/）查询《中国—新西兰自由贸易协定》的相关公告，也可以在“原产地管理”栏目中查看《中国—新西兰自由贸易协定》文本、双方关税减让表，该减让表列明了双方降税清单项下所有商品自实施起的逐年关税减让情况。

（二）如何查询货物的原产地标准

如果确定进出口货物为降税产品清单商品，还要确认打算进出口的货物是否符合《中国—新西兰自由贸易协定》规定的原产地标准。对此，企业可以通过海关总署网站查询《中华人民共和国海关〈中华人民共和国政府和新西兰政府自由贸易协定〉项下进出口货物原产地管理办法》（海关总署令第175号）的相关规定。确认货物是否为完全获得，如果含有非原产材料或成分或零部件，就要查看《产品特定原产地规则》（海关总署令第175号附件一），分析进出口货物是否符合税号对应的原产地标准。该附件包含了全税则商品的具体原产地标准。如符合，就可以确认您的商品具备了新西兰或中国原产资格。

如果您的货物同时符合以上两个条件，那么恭喜您，基本可以确定您的货物可以申请享受《中国—新西兰自由贸易协定》税率。接下来，您就可以着手向签证机构申领原产地证书了。

二、申领证书——享受《中国—新西兰自由贸易协定》税率的“通行证”

如果确定您要进出口的货物属于双方降税商品清单并且符合相应的原产地标准，接下来取得原产地证书就显得尤为重要了。原产地证书由出口方相关机构签发，是证明相关货物为该方原产货物的凭证，进口方海关根据该原产地证书的相关信息，结合报关单及其他相关单证决定是否给予进口货物享受协定税率。

对于出口原产地证书，我国签证机构通常对签证申请人实施注册登记制度。注册登记是签证机构对出口货物发货人及其申报产品、原产地证申报是否符合原产地规则、原产地条例和原产地证签证管理规定要求的评定活动，也是国际通行做法。

一般情况下，申请人应该在货物出运前向签证机构申请办理原产地证书，并提交原产地证书的申请书、已经缮制好的原产地证书、出口货物商业发票副本、签证机构认为必要的其他证明文件。

小贴士 向我国签证机构申请证书应提交哪些单证？

根据签证机构相关规定，我方出口商向我国签证机构申请签证时，必须提交“中国—新西兰自由贸易区优惠原产地证明书申请书”、按规定填制的“中国—新西兰自由贸易区优惠原产地证明书”、出口商品的商业发票副本及必要的其他单据。

海关提醒

企业应提前检查原产地证书信息是否正确，以免影响货物通关。

原产地证书是海关判定进口货物原产地的重要证明文件。原产地证书必须符合规定的格式并且包含签证机构印章等安全特征，这些是海关判断原产地证书是否有效的核心要件之一。在实际进口中，海关经常接到进口企业提交的存在诸如非规定格式、未规范打印（如缺少背页说明），或者未包含签证机构印章等问题的原产地证书。此类证书往往导致货物被拒绝给予享受协定税率，或因需要进一步核查而不能及时享受协定税率。因此，进口企业应注意提醒国外出口商及时提供真实有效的原产地证书，如发现原产地证书存在任何问题，可要求出口商向新西兰签证机构申请进行修改，以免带来不便。

三、直接运输

按照《中国—新西兰自由贸易协定》规定，享受关税优惠的货物必须符合直接运输规则。如果货物经非缔约方中转，应当向进口方海关提交非缔约方海关文件或任何其他文件加以证明。

对于进口货物，《中华人民共和国海关〈中华人民共和国政府和新西兰政府自由贸易协定〉项下进出口货物原产地管理办法》（海关总署令第 175 号）第十五条规定，货物经过其他国家或者地区运输至我国境内的，应当提交在新西兰境内签发的联运提单、货物的商业发票正本以及其他国家或者地区海关出具的证明文件，或者其他证明符合直接运输规定的相关文件。因此，进口人应按照海关总署规定，确保货物享受优惠税率。

案例 4－12　拼柜货物经第三方中转应提交相关证明文件

我公司从新西兰进口一批牛肉，因运输需要，在澳大利亚与其他公司进口的澳大利亚袋鼠肉混装在同一个冷冻柜中。运抵中国后，在向海关申报享受《中国—新西兰自由贸易协定》税率进口时，海关要求提交澳大利亚海关出具的关于这批货物未进一步加工的证明文件。如不能提交，这批货物是否可以享受《中国—新西兰自由贸易协定》税率？

案例分析：不可以。根据《中国—新西兰自由贸易协定》的相关规定，如果《中国—新西兰自由贸易协定》项下货物经非缔约方中转，应当向进口方海关提交非缔约方海关文件或任何其他文件加以证明，因此进口人应当提交澳大利亚海关证明文件或者其他符合直接运输的证明文件，否则不能享受关税优惠。

小贴士　确保货物符合直接运输规定

进口人应尽量安排货物从新西兰直接运抵中国，不要经停第三方。由于运输安排或者地理位置的原因，货物不得不经停第三方的，进口人应该注意哪些问题？一是最好安排货物是集装箱运输，确保集装封志从新西兰到中国期间不被打开、完好无损；二是要求第三方海关出具证明文件，如果海关不能够出具证明文件，应查找其他相关机构出具。

四、申报

申报是货物进口享受关税优惠的重要环节。

（一）规范填制报关单

《中国—新西兰自由贸易协定》项下进口货物报关单填制中“随附单证”栏的填制有特殊要求。根据《中华人民共和国海关进出口货物报关单填制规范》（海关总署公告2008年第52号），随附单证代码栏填写“Y”，随附单证编号栏“ < >”内填写优惠贸易协定代码 + “：” + 需证商品序号。例如《中国—新西兰自由贸易协定》代码为“10”，进口报关单中第1～3项和第5项为优惠贸易协定项下商品，应填报为：“ <10：1－3，5 >”。

《中国—新西兰自由贸易协定》项下的出口货物，本栏目填报原产地证书代码和编号。

（二）主动申报

货物申报进口时，进口人应当主动申明货物适用《中国—新西兰自由贸易协定》税率，并提交原产地证书或原产地声明。但在进口实际中，常有企业由于种种原因，不能在申报进口时及时向海关提交原产地证书或原产地声明。为解决这个问题，海关允许企业采取补充申报的方式，在货物进口后在规定的时间段内向海关提交原产地证书或原产地声明。原产地申报为新西兰的进口货物，收货人或者其代理人未提交原产地证书或原产地声明的，可以就该进口货物是否具备新西兰原产资格向海关进行补充申报，填写“《中华人民共和国政府和新西兰政府自由贸易协定》项下进口货物申明”，并承诺在货物进口之日起1年内补交原产地证书或原产地声明。“《中华人民共和国政府和新西兰政府自由贸易协定》项下进口货物申明”应采用以下格式，详见表4－11。

表4－11

《中华人民共和国政府和新西兰政府自由贸易协定》项下进口货物申明 本人______（姓名及职务）为进口货物收货人/进口货物收货人代理人（不适用的部分请划去），兹声明编号为________的报关单所列第____项货物原产自新西兰，且货物符合《中华人民共和国政府和新西兰政府自由贸易协定》原产地规则的要求。 本人申请对上述货物适用《中华人民共和国政府和新西兰政府自由贸易协定》协定税率，并申请缴纳保证金后放行货物。本人承诺在自货物进口之日起1年内补交《中华人民共和国政府和新西兰政府自由贸易协定》原产地证书。 签名：________ 日期：________

案例4－13 我公司打算申报进口《中国—新西兰自由贸易协定》项下的新西兰原产货物，但原产地证书在邮递途中遗失了，新西兰出口商已经向签证机构申请签发经核准的原产地证书副本，因此，我公司暂时不能向海关提交原产地证书，这种情况应该怎么处理？

案例分析：申报进口《中国—新西兰自由贸易协定》项下货物时，如果因故不能向海关提交原产地证书，可以就该进口货物具备新西兰原产资格向海关进行补充申报，填写“《中华人民共和国政府和新西兰政府自由贸易协定》项下进口货物申明”，并承诺在货物进口之日起1年内补交原产地证书。海关可对该批货物采取收保放行措施。企业如在规定时间内向海关提交符合规定的原产地证书，海关将依法按照协定税率计征关税并退还保证金。

小贴士 “进口货物申明”和“原产地声明”的区别

“进口货物申明”是在因故不能向海关提交原产地证书或原产地声明

而需要补充申报的情况下填写的申明文件，申明进口货物属于新西兰原产货物，并承诺在规定时间内补充向海关提交原产地证书或“原产地声明”。“原产地声明”是货物价格总值不超过1 000美元或已经做出原产地预裁定的货物的原产地证明文件，其代替原产地证明，与原产地证书具有相同效力。

海关提醒 未提交符合规定的原产地证书或“原产地声明”的，也未就进口货物具备原产资格向海关进行补充申报的，海关对有关货物不给予《中国—新西兰自由贸易协定》税率待遇。

（三）在途证明

在途证明是海关出具的确认《中国—新西兰自由贸易协定》项下相关实施特殊保障管理措施的农产品符合在途农产品要求的证明文件。

海关按照“先接受申报，先适用协定税率”的原则，确定有关农产品进口适用的关税税率。除另有规定外，当有关农产品进口数量超过触发水平时，海关总署即对外发布实施特殊保障措施的公告，并按照最惠国税率对超量进口的有关农产品征收税款。

根据《中国—新西兰自由贸易协定》的有关规定，对特殊保障措施实施之日前已经签订合同且已经起运前往中国的在途农产品（以下简称在途农产品），在特殊保障措施实施后申报进口，进口商可向海关申请适用《中国—新西兰自由贸易协定》税率。当年适用《中国—新西兰自由贸易协定》税率的在途农产品的进口数量将计入下一日历年度适用协定税率的有关农产品进口数量。

直属海关关税职能部门负责在途农产品适用《中国—新西兰自由贸易协定》税率的审批，审核有关单证的真实性和有效性，并在收到进口商申请10个工作日内做出税率适用的决定。对适用《中国—新西兰自由贸易协定》税率的农产品，关税职能部门出具“进口在途农产品关税税率适用证明”；对经审核不能适用《中国—新西兰自由贸易协定》税率的农产品，海关不再签发“进口在途农产品关税税率适用证明”，详见

表4－12。

“进口在途农产品关税税率适用证明”一式二份，一份由海关关税部门留存，一份交由进口商办理通关手续。

进口商申报时，报关单“征免性质”栏目填写“997”，“征免”栏目填写“特案”，手工输入协定税率计征税款；若进口在途农产品不适用《中国—新西兰自由贸易协定》税率，报关单“征免性质”栏目填写“101”，“征免”栏目填写“照章征税”。

表4－12

进口在途农产品关税税率适用证明

＊＊税特字（200）号

申请企业：
企业代码：
通讯地址：
联系人：　　　　　　　　联系电话：
商品名称：
税则号列：
商品数量：
进口合同编号：
优惠原产地证明文件编号：
适用关税税率：
备注：

受理日期：　　年　月　日
批准日期：　　年　月　日
经办人：　　　审批人：　　　关税部门　　　印　章

注：1. 本《证明》只适用于进口《中新自贸协定》项下实施特保措施的在途农产品管理。
2. 本《证明》编号中的“＊＊”为关别简称。
3. 本《证明》加盖关税部门印章有效，涂改无效。
4. 证明一式二份，关税部门和通关业务现场各留存一份。

案例4－14 如何界定在途农产品？

某企业是国内进口新西兰工业奶粉的龙头企业，该企业进口的奶粉在我国实施特殊保障措施的乳制品范围内。该商品已于2013年3月10日达到保障措施触发值，海关总署发布公告明确从2013年3月11日起新西兰原产的该商品按照最惠国税率征收进口关税。该企业为充分利用奶粉受惠进口限额，于当年1月份同新西兰出口商签订5份合同，并陆续于1月份起程运往中国，于2月底前全部运抵中国境内某保税仓库存放。2013年3月10日后，企业打算将上述5批奶粉按照在途农产品申报受惠进口，但在向所在地直属海关申领“在途农产品证明”时，被告知这5批货物不符合在途农产品规定，不予签发在途农产品证明，最终这5批进口奶粉未能享受《中国—新西兰自由贸易协定》税率。

案例分析：根据海关相关规定，在途农产品是指在进口数量达到触发值之日前已签订合同并已处在起程运往中国途中的特殊保障措施农产品。符合上述条件的在途农产品仍可以在进口量到达触发值之后申报，按照《中国—新西兰自由贸易协定》税率受惠进口，但需要向进口地海关所在直属海关申请签发“在途农产品证明”，以确认货物符合上述在途农产品要求。这项措施实际上相当于对特殊保障措施设定了一个过渡期，以确保在到达触发值之前已经处在运输途中的货物仍然可以受惠进口，是一项以企业为本的便利措施。在本案例中，在海关实施特殊保障措施前奶粉实际已经运抵中国，而不是在运输路途当中。虽然相关货物在海关实施特殊保障措施前处于保税状态，但实际已经到达中国，不能认定为在途产品，因此，不能享受《中国—新西兰自由贸易协定》协定税率。

海关提醒 海关不受理实施特殊保障措施农产品的提前申报

根据《中华人民共和国进出口关税条例》第十五条规定，对进口货物，应当适用海关接受该货物申报进口之日实施的税率。因此，对于实施特殊保障措施的农产品，海关规定，有关农产品应在运输工具申报进境后向海关申报进口，海关不受理有关农产品进口的提前申报。

五、原产地证书认证核查

海关对《中国—新西兰自由贸易协定》项下原产地证书的真实性，相关进口货物是否原产于新西兰，或者是否符合其他规定产生怀疑时，可以通过以下方式进行核实：

（1）书面要求进口货物的收货人或者其代理人提供补充信息；

（2）书面要求新西兰境内的出口商或者生产商提供补充信息；

（3）要求新西兰海关对货物原产地进行核查；

（4）与新西兰海关商定的其他程序。

自提出原产地核查请求之日起 6 个月内，海关没有收到进口商、制造商或者生产商提交的相关信息的，或者新西兰海关答复结果未包含足以确定原产地证书真实性或者货物真实原产地信息的，该进口货物不适用《中国—新西兰自由贸易协定》税率。

第四节　寻觅商机

自《中国—新西兰自由贸易协定》实施以来，我国越来越多的企业从货物贸易中受惠，在满足国内普通百姓日常消费的同时，也为广大进口商带来了不菲的利润。事实上，随着众多新西兰优势产品在国内市场越来越受欢迎，还有为数不少的商品并没有充分利用协定税率进口。由于《中国—新西兰自由贸易协定》税率和最惠国税率之间存在较高的税率差，对于广大进口企业来说，还有许多不可忽视的商机。

一、新西兰的优势产品

（一）新西兰传统优势产品在国内广受欢迎

新西兰是经济发达国家，发达的畜牧业是新西兰经济的基础，农牧产品出口量占其出口总量的50%，羊肉、奶制品和粗羊毛的出口量均居世界第一位。新西兰还是世界上最大的鹿茸生产国和出口国，生产量占世界总产量的30%。矿藏主要有煤、金、铁矿、天然气，还有银、锰、钨、磷酸盐、石油等，但储量不大。新西兰渔产丰富，是世界第四大专属经济区，200海里专属经济区内捕鱼潜力每年约50万吨。工业以农林牧产品加工为主，主要有奶制品、毛毯、食品、酿酒、皮革、烟草、造纸和木材加工等轻工业，产品主要供出口。

随着《中国—新西兰自由贸易协定》实施的不断深入，企业在进口降税清单产品时对优惠政策的利用程度不断提升，同时新西兰农牧产品在国际市场上本身极具竞争优势。

自《中国—新西兰自由贸易协定》实施以来，我国对新西兰原产商品已经形成了较为稳定的进口，其中以乳制品、肉类、婴幼儿食品、水产品、羊毛等新西兰传统优势农产品为主。上述五类产品受惠进口货值合计占我国自新西兰受惠进口总值的70%。其他受惠货值较大的商品种类还包括蛋白类物质、鲜水果、生皮及皮革、牛羊脂肪等。自《中国—新西兰自由贸易协定》实施以来，其项下受惠商品结构详见图4－4。

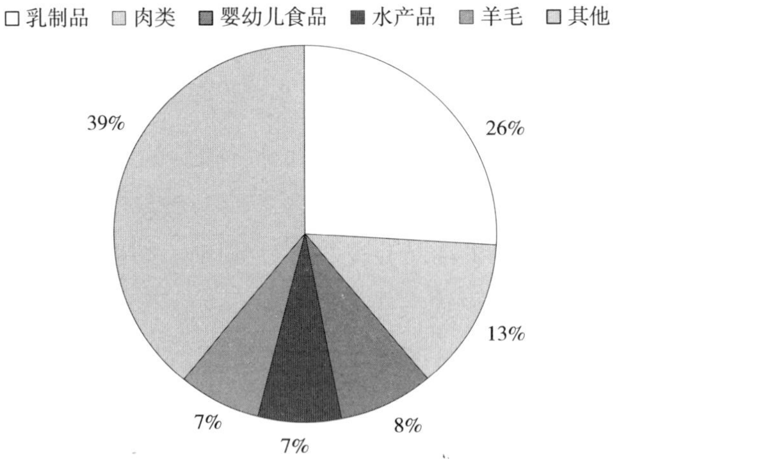

图4－4 《中国—新西兰自由贸易协定》实施以来受惠商品结构

单项进口商品中，含脂量大于1.5%的固态乳及奶油、冻带骨绵羊肉两项商品受惠货值超过2亿美元，分别达2.95亿美元和2.42亿美元，位居前两位。在受惠进口货值前 10 位的商品中，除固态乳及奶油和未梳含脂剪羊毛分别下降 10% 和 1% 外，其余商品同比均有较大幅增长，成为拉动整体进口增长的主要因素。实施以来受惠进口货值的前 10 位商品，详见表 4 – 13。

表 4 – 13　实施以来受惠进口货值前 10 位商品

商品编码及名称	受惠货值（万美元）
04022100 未加糖的固态乳及奶油，含脂量 > 1.5%	29493.22
02044200 冻带骨绵羊肉	24178.82
19011000 供婴幼儿食用的零售包装食品	15165.91
03062190 未冻的龙虾，种苗除外	12288.73
04021000 固态乳及奶油，含脂量≤1.5%	11624.96
08105000 鲜猕猴桃	11189.04
15021000 牛、羊油脂	8122.75
51011100 未梳含脂剪羊毛	7317.74
51012100 未梳脱脂剪羊毛，未碳化	7053.03
35019000 酪蛋白酸盐及其他酪蛋白衍生物，酪蛋白胶	6209.85

（二）关税优惠幅度超过 35% 的 54 种产品（详见表 4 – 14）

《中国—新西兰自由贸易协定》的全面实施，大大降低了新西兰产品进入中国市场的门槛，也给我国消费者以更低廉的价格享用到优质新西兰产品带来了机遇。《中国—新西兰自由贸易协定》项下进口商品关税优惠幅度较高，其中部分商品关税优惠幅度甚至达到 65%。

表4－14 《中国—新西兰自由贸易协定》项下优惠幅度超过35%的产品

序号	税号	品名	最惠国税率（%）	协定税率（%）	优惠幅度（%）
1	11042910	经其他加工的大麦	65	0	65
2	22051000	小包装的味美思酒及类似酒	65	0	65
3	22059000	其他包装的味美思酒及类似酒	65	0	65
4	24031100	本章子目注释所述的水烟料	57	0	57
5	24031900	其他供吸用的烟草	57	0	57
6	24039100	“均化”或“再造”烟草	57	0	57
7	24039900	其他烟草及烟草代用品的制品；烟草精汁	57	0	57
8	37025200	彩色摄影用未曝光彩色胶卷，宽度≤16 mm	47	0	47
9	37025300	幻灯片用未曝光彩色摄影胶卷，16 mm＜宽度≤35 mm，长度＜30m，用纸、纸板及纺织物以外任何材料制成	47	0	47
10	87111000	汽油型微马力摩托车及脚踏两用车	45	0	45
11	87112010	装有往复式活塞发动机，气缸容量超过50毫升，但不超过100毫升的汽油型小马力摩托车及脚踏两用车	45	0	45
12	87112020	装有往复式活塞发动机，气缸容量超过100毫升，但不超过125毫升的汽油型小马力摩托车及脚踏两用车	45	0	45
13	87112030	装有往复式活塞发动机，气缸容量超过125毫升，但不超过150毫升的汽油型小马力摩托车及脚踏两用车	45	0	45

续表

序号	税号	品名	最惠国税率（%）	协定税率（%）	优惠幅度（%）
14	87112040	装有往复式活塞发动机，气缸容量超过150毫升，但不超过200毫升的汽油型小马力摩托车及脚踏两用车	45	0	45
15	87112050	装有往复式活塞发动机，气缸容量超过200毫升，但不超过250毫升的汽油型小马力摩托车及脚踏两用车	45	0	45
16	87113010	汽油型中小马力摩托车及脚踏两用车	45	0	45
17	87113020	汽油型中大马力摩托车及脚踏两用车	45	0	45
18	87119010	电动的或电动助力的摩托车（包括机器脚踏两用车）	45	0	45
19	87119090	装有其他发动机的摩托车及边车	45	0	45
20	22060010	黄酒	40	0	40
21	22060090	其他发酵饮料	40	0	40
22	22071000	浓度≥80%的未改性乙醇	40	0	40
23	37023190	彩色摄影用未曝光无齿孔彩色胶卷，宽度≤105 mm，用纸、纸板及纺织物以外任何材料制成	40	0	40
24	37025590	未曝光彩色摄影用胶卷，16mm＜宽度≤35mm，长度＞30m，用纸、纸板及纺织物以外任何材料制成，电影胶片除外	40	0	40
25	37025690	未曝光的彩色摄影用胶卷，宽度＞35mm，用纸、纸板及纺织物以外任何材料制成，电影胶片除外	40	0	40
26	87114000	汽油型大马力摩托车及脚踏两用车	40	0	40

续表

序号	税号	品名	最惠国税率（%）	协定税率（%）	优惠幅度（%）
27	21069010	制造碳酸饮料的浓缩物	35	0	35
28	22029000	其他无酒精饮料	35	0	35
29	37032010	未曝光的彩色摄影用感光纸及纸板，非成卷或宽度≤610mm	35	0	35
30	37039010	未曝光的非彩色摄影用感光纸及纸板，非成卷或宽度≤610mm	35	0	35
31	71131921	镶嵌钻石的铂制首饰及其零件	35	0	35
32	71131929	其他铂制首饰及其零件	35	0	35
33	71131991	镶嵌钻石的其他贵金属制首饰及其零件	35	0	35
34	71131999	其他贵金属制首饰及其零件	35	0	35
35	71132010	镶嵌钻石的以贱金属为底的包贵金属制首饰	35	0	35
36	71132090	其他以贱金属为底的包贵金属制首饰	35	0	35
37	71141100	银器及零件	35	0	35
38	71141900	其他贵金属制金银器及零件	35	0	35
39	71142000	以贱金属为底的包贵金属制金银器	35	0	35
40	71159090	其他用途的贵或包贵金属制品	35	0	35
41	71161000	天然或养殖珍珠制品	35	0	35
42	71162000	宝石或半宝石制品	35	0	35
43	71171100	贱金属制袖扣、饰扣	35	0	35
44	71179000	未列名材料制仿首饰	35	0	35
45	84191100	燃气快速热水器	35	0	35
46	84191910	太阳能热水器	35	0	35
47	84191990	其他非电热的快速或贮备式热水器	35	0	35

续表

序号	税号	品名	最惠国税率（%）	协定税率（%）	优惠幅度（%）
48	85162100	电气储存式散热器	35	0	35
49	85163200	其他电热理发器具	35	0	35
50	85163300	电热干手器	35	0	35
51	85164000	电熨斗	35	0	35
52	85221000	拾音头	35	0	35
53	85258012	非特种用途的广播级电视摄像机	35	0	35
54	85258013	非特种用途的其他电视摄像机	35	0	35

二、潜在商机

那么,《中国—新西兰自由贸易协定》项下货物贸易中还有哪些尚未被充分发掘的潜在商机呢?

（一）从新西兰龙虾里看商机：澳洲龙虾冤家对头

一提起龙虾，中国的消费者想到的都是澳洲龙虾。事实上，新西兰龙虾由于产自深海，品质有过之而无不及，是有产业优势的主要出口产品之一，极具市场竞争力。更关键的是自中国—新西兰自贸区实施后，随着龙虾关税税率逐年下降，新西兰产的龙虾已经比澳洲龙虾更具价格竞争力。

自中国—新西兰自贸区实施后，从新西兰进口的龙虾（商品编码03062190）关税以每年3个百分点的幅度逐年下降，至2012年起已降为零关税。相比之下，如果现在从澳大利亚进口同样的龙虾，则要交纳高达15%的关税。

税率连续下调使得龙虾成为近年来发展最迅速的新西兰受惠进口产品。数据显示2012年未冻的龙虾受惠货值为1.23亿美元，同比迅猛增长1105倍，远远高于其他进口产品的增幅。

（二）点石成金：潜力巨大的低受惠率商品

事实上，龙虾只是新西兰众多被忽略的具有巨大潜在商机之一。

1. 受惠进口额占我国自新西兰应税进口额比率较低的章有哪些

2012 年进口数据显示，应税进口额居前 15 位的章中，除第 4 章和第 11 章受乳制品保障措施和羊毛、毛条产品配额管理措施影响，以及第 44 章大多数商品最惠国税率已降为零关税导致受惠率较低外，第 19 章、26 章、39 章、84 章受惠率均较低，从 7% 到 33% 不等，显示这部分商品中有较大比率在进口时由于种种原因未能享受《中国—新西兰自由贸易协定》税率，今后尚有较大提升空间。

2012 年，受惠货值超过 100 万美元的货物中，共涉及 26 章，其中受惠率低于 50% 的有 12 章，如第 44、85、26、39、90、17、01、84、05、23、19、72 章，如表 4－15：

表 4－15　2012 年按《税则》章计受惠进口额超过 100 万美元的货物受惠情况

商品	受惠进口额（美元）	受惠率（%）
02 章 肉及食用杂碎	641 807 524	97
35 章 蛋白类物质、改性淀粉、胶、酶	295 868 115	87
19 章 谷物粉、淀粉等或乳的制品，糕饼	255 514 199	33
08 章 食用水果及坚果，甜瓜等水果的果皮	233 131 425	99
41 章 生皮（毛皮除外）及皮革	225 500 468	81
29 章 有机化学品	193 940 205	81
15 章 动、植物油、脂、蜡，精制食用油脂	192 148 954	69
03 章 鱼及其他水生无脊椎动物	191 998 475	71
22 章 饮料、酒及醋	43 088 982	70
21 章 杂项食品	30 327 173	67
84 章 核反应堆、锅炉、机械器具及零件	26 616 756	22

续表

商品	受惠进口额（美元）	受惠率（%）
26 章 矿砂、矿渣及矿灰	20 580 213	7
44 章 木及木制品、木炭	13 870 081	0. 37
72 章 钢铁	12 035 828	43
07 章 食用蔬菜、根及块茎	9 478 223	93
39 章 塑料及其制品	7 905 123	8
23 章 食品工业的残渣及废料、配制的饲料	6 710 819	30
85 章 电机、电气、音像设备及其零附件	2 617 122	3
90 章 光学、照相、医疗等设备及零附件	2 494 182	10
05 章 其他动物产品	2 421 290	25
01 章 活动物	1 807 494	20
89 章 船舶及浮动结构体	1 772 292	75
17 章 糖及糖食	1 243 689	19
18 章 可可及可可制品	1 199 013	83
33 章 精油及香膏、芳香料制品、化妆盥洗品	1 104 553	67
20 章 蔬菜、水果等或植物其他部分的制品	1 080 119	55

以第 19 章为例，该章商品为谷物粉、淀粉等或乳的制品及糕饼等，其中我国自新西兰进口的商品主要以供婴幼儿食用的零售包装食品（商品编码 19011000）为主。为方便计算，假定 2012 年自新西兰进口的第 19 章商品全部为供婴幼儿食用的零售包装食品（商品编码 19011000），则 7. 69 亿美元应税进口额中，除去已经享受协定税率进口的 2. 56 亿美元外，尚有 5. 13 亿美元未享受协定税率。由于 2012 年我国对商品编码 19011000 设定了 5% 的暂定税率（详见表 4 - 16），按照 5% 的暂定税率计算，如该部分商品也按照协定税率的零关税进口，则可免交关税约 1. 5 亿元人民币。

表 4－16 《中国—新西兰自由贸易协定》项下第 19 章商品税率表（2012 版）

税号	品名	最惠国税率（%）	协定税率（%）	暂定税率（%）
19011000	供婴幼儿食用的零售包装食品	15	0	5
19012000	供焙烘面包糕点用的调制品及面团	25	0	—
19019000	其他麦精制的其他税号未列名食品	10	0	5
19021100	未包馅或未制作的含蛋生面食	15	0	—
19021900	其他未包馅或未制作的生面食	15	0	—
19022000	包馅面食	15	0	—
19023010	米粉干	15	0	—
19023020	粉丝	15	0	—
19023030	即食或快熟面条	15	0	—
19023090	其他面食	15	0	—
19024000	古斯古斯面食	25	0	—
19030000	珍粉及淀粉制成的珍粉代用品	15	0	—
19041000	谷物或谷物产品经膨化或烘炒制的食品	25	0	—
19042000	未烘炒谷物片制成的食品	30	0	—
19043000	碾碎的干小麦	30	0	—
19049000	其他谷物制品	30	0	—
19051000	黑麦脆面包片	20	0	—
19052000	姜饼及类似品	20	0	—
19053100	甜饼干	15	0	—
19053200	华夫饼干及圣餐饼	15	0	—
19054000	面包干、吐司及类似的烤面包	20	0	—
19059000	其他面包、糕点、饼干及其焙烘糕饼	20	0	—

2. 8 **种具有潜力的商品**（《税则》8 **位税号**）

具体到 8 位税号，2012 年有 8 种商品进口量较大，且《中国—新西兰自由贸易协定》税率和最惠国税率间存在较大税差，但商品受惠进口额占我国自新西兰应税进口额较低，值得国内相关企业予以关注，详见表4－17。

表4－17 2012年8种具有潜力商品的进口受惠情况

税号	品名	受惠进口额（美元）	受惠率（%）	协定税率（%）	最惠国税率（%）
02044300	冻去骨绵羊肉	12 007 522	73.3	5	15
21069090	未列名食品	10 787 285	68.6	0	20
03062290	未冻的大螯虾，种苗除外	2 848 902	71.5	0	15
41051010	蓝湿绵羊或羔羊皮	2 276 980	69.9	4.7	14
90192000	（臭氧、氧气、喷雾）治疗器、人工呼吸器等	1 834 031	49.2	0	4
84341000	挤奶机	1 398 197	52.6	3.3	10
41041111	全粒面未剖层及粒面剖层蓝湿牛皮	1 247 125	64.9	0	7
84223030	其他灌装机、包装机	1 056 008	37.7	0	10

（1）冻去骨绵羊肉（商品编码02044300）

以农牧立国的新西兰，肉类食品必然首屈一指！没错，新西兰的羊肉素以肉质鲜美而享有盛名，被称为“羊肉王国”。每年羔羊肉产量约70万吨，主要销往欧美等发达国家，约3%进入中国，尽管价格较高，但备受欢迎。据统计，2012年我国共进口冻去骨绵羊肉（商品编码02044300）货值1 639万美元，其中有价值1 201万美元的冻去骨绵羊肉享受5%的《中国—新西兰自由贸易协定》税率进口，约占全部货值的73%，其余均为按照15%的最惠国税率进口。由于税率差达10个百分点，粗略计算，如果全部受惠进口，则可免交税款约300万元人民币。

（2）未列名食品（商品编码21069090）

本商品编码下自新西兰进口的商品主要是特殊配方婴幼儿奶粉，包括乳蛋白部分水解配方、乳蛋白深度水解配方、氨基酸配方特殊婴幼儿奶粉等。特殊配方奶粉是将牛奶成分改变，使其接近人乳成分，再加入各种维生素和微量元素以及水解蛋白、氨基酸等特殊成分后制成，适宜于喂哺婴儿。我国对《中国—新西兰自由贸易协定》项下大部分进口乳制品采取特殊保障措施，但特殊配方婴幼儿奶粉并未列入特殊保障措施之列，不受进口数量限制。2012 年，特殊配方婴幼儿奶粉受惠率接近七成，我国对特殊配方奶粉设定了按照远远低于最惠国税率（20%）的暂定税率（10%）。如果其余三成享受《中国—新西兰自由贸易协定》税率零关税进口，可免交税款约 300 万元人民币。

（3）蛋白胨衍生物，未列名蛋白质及衍生物，皮粉（商品编码 35040090）

蛋白胨为蛋白质通过水解或在某些酶的作用下所得的可溶性物质。它们通常是白色或浅黄色粉末，因其吸湿性很强，所以一般装于密封容器中。蛋白胨也可制成溶液。主要的品种有肉胨、酵母胨、血胨及酪蛋白胨，主要用于医药、食品制造及细菌培养等方面。胨酸盐是蛋白胨的衍生物，主要用于制药，最主要的品种有铁胨酸盐及锰胨酸盐。其他品目未列名的蛋白质及其衍生物主要包括谷蛋白及醇溶谷蛋白、球蛋白、大豆球蛋白、角蛋白、核蛋白、离析蛋白等。皮粉实际上是纯净的胶原蛋白，用新鲜皮张精制而得，用以测定天然鞣料物质及植物鞣膏中的鞣酸。

2012 年自新西兰进口的此类商品受惠进口额占我国自新西兰应税进口额的比率极低，仅 2.3%；同时，最惠国税率与《中国—新西兰自由贸易协定》税率之间税率差为 8 个百分点，潜力较大。

（4）品目 8419 的机器设备用零件（商品编码 84199090）

品目 8419 主要是指利用温度处理材料的机器，主要包括热水器、消毒器、干燥器、蒸馏器、制氧机等，本商品编码商品主要就是以上机器设备的零件。2012 年自新西兰进口的此类商品仅有 0.03% 享受了《中国—新西兰自由贸易协定》税率。因此，尽管最惠国税率与《中国—新西兰自由贸易协定》税率之间的税差仅有 4 个百分点，但是极低的受惠率表明该商品尚有较大的潜力。

（5）未冻的大螯虾，种苗除外（商品编码 03062290）

新西兰大螯虾（Scampi），又称新西兰挪威海螯虾、南极深海螯虾，音译名字斯干比。新西兰大螯虾主要生长在南极和新西兰之间的海域，全世界只有在新西兰少数特定深海海域中才能捕捞到。这些海域赋予了南极虾天然、纯净、无污染的生活环境。新西兰大螯虾体态娇小，形似龙虾，长有一对细长大螯；色泽鲜艳清新，周身玛瑙红配以羊脂白，晶莹剔透；肉质细嫩，富有弹性，口感顺滑鲜甜，是做刺身和螯粥的极品原材料。由于新西兰大螯虾生长海域狭小，资源极其稀缺，新西兰政府为了保护这一珍贵资源，自 2012 年起只批准限量捕捞 600 吨。其中，最优质的新西兰大螯虾多数出口至欧美，只有少量出口到中国内地。现在，越来越多的中国内地人士熟知新西兰大螯虾，并将其作为高档礼品赠送。越来越多的酒店、餐厅也意识到这一点，这使得新西兰大螯虾刺身在中国内地市场开始活跃起来。

尽管 2012 年新西兰大螯虾受惠进口额占我国自新西兰应税进口额比例超过七成，但由于其因为日益增长的市场需求具有的巨大潜力以及最惠国税率和《中国—新西兰自由贸易协定》税率之间 15 个百分点的税率差，使之成为《中国—新西兰自由贸易协定》项下最具商业潜力的进口商品之一。

（6）（臭氧、氧气、喷雾）治疗器、人工呼吸器等（商品编码 90192000）

2012 年此类商品受惠进口额占我国自新西兰应税进口额比例仅四成多，最惠国税率和《中国—新西兰自由贸易协定》税率之间存在 4 个百分点的税率差，尚有较大潜力可挖。

（7）蓝湿绵羊或羔羊皮（商品编码 41051010）

新西兰是羔羊和公绵羊的主要生产国，因此盛产绵羊皮，每年大量出口。绵羊皮的特点是皮板轻薄，手感柔软光滑而细腻，只是强度不如牛皮和猪皮。绵羊皮在皮革服饰中是比较上档次的一种原料，大多制作皮革服装、皮手套，也可以制作鞋面革。

尽管 2012 年新西兰蓝湿绵羊或羔羊皮受惠进口额占我国自新西兰应税进口额比例接近七成，但由于最惠国税率和《中国—新西兰自由贸易协定》税率之间近 10 个百分点的税率差，使得其仍是最具商业潜力的进口商品之一。

（8）未列名静止式变流器（商品编码 85044099）

静止式变流器是应用电力半导体器件，将直流电能变换成交流电能的一种装置。在以直流发电机、蓄电池为主直流电源的二次电能变换和可再生能源（太阳能、风能等）的并网发电场合，静止式变流器具有广泛的应用前景。2012 年该商品受惠进口额占我国自新西兰应税进口额比率仅 6.2%，同时最惠国税率和《中国—新西兰自由贸易协定》税率之间近 10 个百分点的税率差，使得其成为最有商业潜力的进口商品之一。

(9) 其他受惠率较低的产品

1) 其他灌装机、包装机 (商品编码 84223030)

2012 年，该商品受惠进口额占我国自新西兰应税进口额比率为 37.7%，同时最惠国税率和《中国—新西兰自由贸易协定》税率之间存在 10 个百分点的税率差，具有一定的商业潜力。

2) 挤奶机 (商品编码 84341000)

2012 年，该商品受惠进口额占我国自新西兰应税进口额比率为 52.6%，同时最惠国税率和《中国—新西兰自由贸易协定》税率之间存在 6.7 个百分点的税率差，具有一定的商业潜力。

3) 其他白蛋白、白蛋白盐及其他白蛋白衍生物 (商品编码 35029000)

2012 年，该商品受惠进口额占我国自新西兰应税进口额比为 46.8%，同时最惠国税率和《中国—新西兰自由贸易协定》税率之间存在 10 个百分点的税率差，具有一定的商业潜力。

4) 其他未列名测量或检验仪器、器具及机器 (商品编码 90318090)

2012 年，该商品受惠进口额占我国自新西兰应税进口额比仅为 5%，同时最惠国税率和《中国—新西兰自由贸易协定》税率之间存在 5 个百分点的税率差，具有一定的商业潜力。

5) 全粒面未剖层及粒面剖层蓝湿牛皮 (商品编码 41041111)

新西兰是南半球主要的牛皮产地之一，产量仅次于澳大利亚。新西兰的牛皮声誉很好，质量上乘，发货时包装得也很好。2012 年新西兰蓝湿牛皮受惠进口额占我国自新西兰应税进口额比例超过六成，但由于最惠国税率和《中国—新西兰自由贸易协定》税率之间 7 个百分点的税率差，同样值得业内企业关注。

(三) 期待零的突破：八成以上种类商品没有享受协定税率进口

2012 年，《中国—新西兰自由贸易协定》项下中方关于新方原产货物的关税减让表中共涉及 7 319 个 8 位商品编码商品，几乎涵盖全部《税则》商品；其中有实际进口的商品种类涉及 1 502 个 8 位商品编码商品，而实际享受协定税率进口的仅有 285 个 8 位商品编码商品，仅占关税减让表 8 位商品编码商品个数的 3.9%，占实际进口的 1 502 个 8 位商品编码商品的

19.0%。详见表4-18。

表4-18 进口商品种类情况（按8位商品编码计）

项目	个数（8位商品编码）
关税减让表商品个数	7 319
实际受惠及未受惠进口的商品个数	1 502
实际受惠进口商品个数	285

以上数据表明，首先，目前在从新西兰发生实际进口的商品中，有超过八成的种类（按8位商品编码计）并未享受《中国—新西兰自由贸易协定》的协定税率，而是按照最惠国税率或其他税率进口。未享受《中国—新西兰自由贸易协定》协定税率进口可能有多种原因，但不排除有相当一部分企业是由于不了解《中国—新西兰自由贸易协定》相关关税优惠政策或由于其他技术原因导致的。因此，建议相关企业多加留意，尽量将《中国—新西兰自由贸易协定》项下货物贸易关税优惠政策用好用足。

第五章　前景无限的“特别优惠关税待遇”

“特别优惠关税待遇”的实施直接增加了相关最不发达国家对我国的出口量，商品受惠额基本年年保持稳步上升的趋势，这让受惠国的货物出口商和我国的进口商都从中尝到了不少甜头，真可谓是双赢的贸易良机。尤其是近些年，我国与非洲国家间对外贸易额的飞速上升，很多人产生了到非洲掘金的念头，这使得大家更加关注“特别优惠关税待遇”的实施和影响。

什么是“特别优惠关税待遇”？它和其他优惠贸易协定有什么区别？什么样的货物适用特别优惠关税待遇？其中蕴藏何种商机？申请特别优惠关税的门槛高吗？相关手续复杂吗？能节省多少成本？在进口货物申请享受特别优惠税率的过程中，贸易方又应该注意什么问题……对于还比较陌生的“特别优惠关税待遇”，您的心里可能充满了疑问。别着急，下面本章将为您逐一讲述。

第一节　初识“特别优惠关税待遇”

我国作为发展中国家中的大国，一直以来重视对广大发展中国家的经济贸易援助，给予部分最不发达国家“特别优惠关税待遇”就是其中的一项重要举措。与大家所熟悉的一般优惠贸易协定不同，“特别优惠关税待遇”并不是一种互惠协定，而是我国单方面给予与我国建交的最不发达国家（Least developed countries，简称 LDCS）的优惠关税待遇。也就是说，“特别优惠关税待遇”仅适用于我国从与我国建交的最不发达国家进口的大部分货物，而我国与上述最不发达国家间有贸易关系的出口企业是不在该项优惠政策受益范围之内的。

小贴士 **最不发达国家**是指那些在持续性发展上受严峻结构性障碍困扰的低收入国家。最不发达国家的标准制定、进入最不发达国家名单及毕业问题，是由联合国经济社会理事会（ECOSOC）下属发展政策委员会（Committee for Development Policy，简称 CDP）负责，每三年审定一次。

CDP 判别最不发达国家标准主要有三条（2011 年标准）：（1）人均国民总收入（GNI）（以 2006 年公布的人均国民总收入三年平均水平为例，低于 745 美元的国家可认为是低收入国家，高于 900 美元则符合最不发达国家毕业条件）；（2）人力资本标准（HAI）：包括营养不良的人口百分比、五岁以下孩童死亡率、中等教育入学率、成人文盲比率；（3）经济脆弱指数（EVI）：包括人口、偏远性、商品出口集中度、农渔林比重、低海拔沿海地带人口分布、受自然灾害影响的灾民、农业生产不稳定性、货物及服务出口不稳定性。

除此以外，人口总数不超过 7 500 万的低收入国家方可成为最不发达国家。根据以上标准，截至 2012 年，全世界经联合国认可的最不发达国家总共有 49 个。如读者想深入了解详细的指标解释及具体国家的相关指标值，可浏览下列网址：http：//esango. un. org/sp/ldc_ data/web/StatPlanet. html。

该书旨在增进对最不发达国家以及其成员国可获得好处的了解。该书涵盖了对标准的综合解释，以及 CDP 用于判断哪些国家符合资格进入最不发达国家名单或从名单中毕业的程序和方法等内容。

图 5－1 《最不发达国家目录指南：进入、毕业以及特别支持措施》封面

一、受惠成员国最多，八成为非洲国家

为加强中非经贸合作，巩固中非友好关系，从 2005 年 1 月 1 日起，中国对已与完成政府换文的 25 个非洲最不发达国家的 190 个税目对华出口商品实施零关税特别优惠待遇；从 2006 年 7 月 1 日起，中国对原产于也门、

马尔代夫、阿富汗、萨摩亚和瓦努阿图的278个税目输华商品给予了零关税特别优惠待遇；从2006年9月1日起，在《亚太贸易协定》框架下，中国对原产于老挝、孟加拉国的162个税目进口货物实行零关税特别优惠关税待遇；从2007年7月1日起，中国宣布给予已完成政府换文的26个非洲最不发达国家的440个税目对华出口商品零关税特别优惠待遇；从2008年10月1日起，对原产于东帝汶的290个税目输华商品给予零关税特别优惠待遇。

从2010年7月1日起，中国对已完成政府换文的33个最不发达国家原产的4 762个税目（2010年《税则》）输华商品实施零关税，约占全部税则税目的60%；自2013年7月1日起，我国给予与我国建交的最不发达国家的7 831个税目产品零关税待遇，占全部《税则》（2013）税目的95%。

特别要指出的是，“特别优惠关税待遇”的受惠国中绝大多数都为非洲国家。而自2009年以来，中国就一直稳坐非洲第一大贸易伙伴交椅，因此随着中非贸易的稳步发展，“特别优惠关税待遇”的魅力更是日益凸显。据海关数据显示，2012年，我国从非洲最不发达国家进口的“特别优惠关税待遇”项下货物总额为6亿美元，比协议实施之初增长逾500%。而2013年仅第一季度就比去年同期新增近9 000万美元，大幅飙升76.7%，增势十分强劲。同时，被喻为“希望的大陆、发展的热土”的非洲，已连续10多年保持5%～6%的经济增速，无可争议地成为世界经济新的增长点。因此，“特别优惠关税待遇”实施的潜力定将随着非洲经济的腾飞而不断突显。包括“特别优惠关税待遇”措施在内的多项中非经贸合作政策，不仅能让中非双方的企业和消费者得利，更能让中非各国在经济上实现共同发展，互利共赢。

小贴士 “特别优惠关税待遇”项下的受惠国条件

“特别优惠关税待遇”下的受惠国需满足两个条件：一是属于世界“最不发达国家”，二是必须与我国建交并完成相应的政府换文手续。因此，“特别优惠关税待遇”的受惠国名单不是固定不变的，只要其中某个受惠国的经济发展到一定程度，脱离了最不发达国家的名单，一般也就不能再享受我国给予的“特别优惠关税待遇”了。

小贴士 “特别优惠关税待遇”下的受惠国名单

进口企业在准备申请享受“特别优惠关税待遇措施”项下的优惠税率前，一定要注意查看海关总署相关公告，确认进口货物的原产国在有效的“特别优惠关税待遇”受惠成员国名单上。最新调整的“特别优惠关税待遇”的受惠国名单可查海关总署公告2013年第34号。海关总署公告可到海关总署网站（www. customs. gov. cn）进行查询。

二、进口关税直降为零，受惠商品税目范围不断扩大

在关税定义上，特惠关税指的是给予特定国家或地区部分产品特别优惠的低关税或免税待遇。我国实施的“特别优惠关税待遇”项下进口商品所适用的优惠税率全部为零，因此也称作“免关税待遇”、“零关税待遇”。

“特别优惠关税待遇”自实施以来，其受惠商品的税目范围一直在逐步扩大。从2005年1月1日至2013年7月1日，“特别优惠关税待遇”项下享受零关税的对华出口商品范围已由实施之初的190个税目扩大到了7 831个税目（2013年《税则》）。自此，我国面向最不发达国家实施的特别关税优惠措施已接近发达国家特惠制的水平，这标志着我国的特惠制进入了新的发展阶段。

小贴士 什么是特惠制

关税特惠制，是指一国对另一国，某些国家对另一些国家的全部或部分产品的出口，给予减免税等特惠待遇，而他国不得分享的一种关税制度。一般而言，特惠税税率会低于最惠国税率和协定税率。

三、进口贸易量蓬勃发展，商品涵盖税目范围较窄

根据海关统计，自“特别优惠关税待遇”实施至2012年底，我国进

口的“特别优惠关税待遇”项下的受惠货物的货值合计逾32亿美元，关税优惠额超过20亿元人民币。从2010年的受惠进口额5.35亿美元到2012年的8.31亿美元，贸易量增长超过55.3%，呈现出一派蓬勃生机。2010年至2012年间“特别优惠关税待遇”项下进口的受惠货值及优惠关税情况详见图5－2。

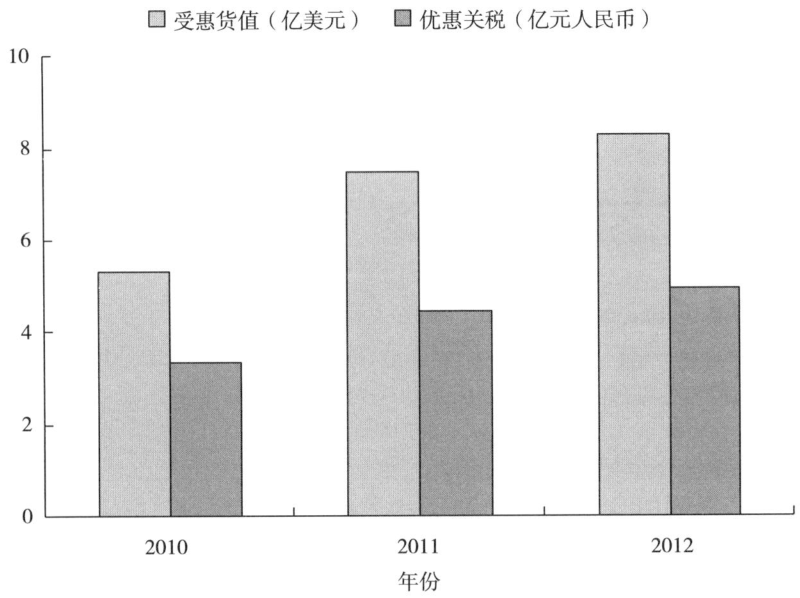

图5－2　2010年—2012年“特别优惠关税待遇”项下进口的受惠货值及优惠关税一览

尽管“特别优惠关税待遇”项下涵盖的进口货物范围已经相当广，但受到受惠成员国经济结构和出口产品种类较为单一的限制，实际上我国目前“特别优惠关税待遇”的利用水平还比较低，也就是说，实际进口商品的税目范围与可享受优惠税率的商品税目范围相比还比较窄。以2012年为例，我国进口的“特别优惠关税待遇”项下货物共涉及125项商品（按《税则》8位税目来计），仅占我国全部给惠商品税目（2012年《税则》）的2.5%，进口的受惠商品主要集中在动植物产品、贱金属、废塑料、纺织用品和皮革几大类。2012年我国“特别优惠关税待遇”项下进口的受惠商品结构情况详见图5－3。

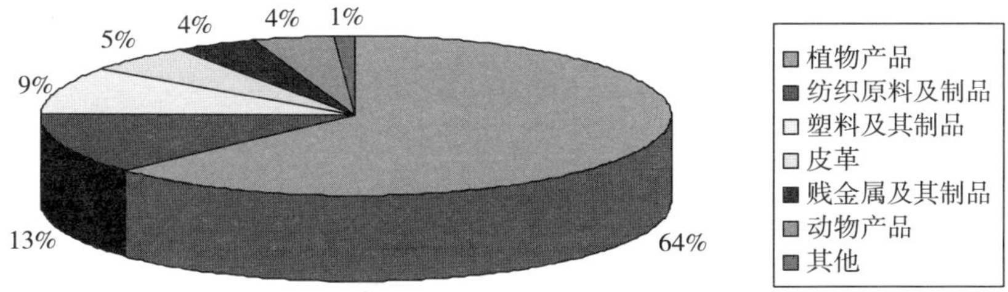

图 5－3　2012 年我国“特别优惠关税待遇”项下进口的受惠商品结构图

四、国内进口“特别优惠关税待遇”项下货物的主要关区

从近些年的进口情况来看，从天津、青岛和上海海关进口的“特别优惠关税待遇”项下货物的货值一直稳居全国海关前三位，合计占受惠总货值的八成。

进口量居前的受惠商品主要包括：芝麻、聚对苯二甲酸乙二酯的废碎料及金属钴，合计占到受惠总值的七成以上，其中仅芝麻一项的进口货值就占据了全部受惠总值的半壁江山。

据海关数据显示，埃塞俄比亚和孟加拉国是“特别优惠关税待遇”实施以来受惠最多的国家。以 2012 年数据为例，从这两国进口的受惠货值分别为 27 962. 5 万美元、15 845. 7 万美元，分别占受惠总货值的 33. 6%、19. 1%。埃塞俄比亚受惠商品主要包括芝麻、皮革、乳香和棉纱等；孟加拉国受惠商品主要有废塑料、纺织用品和鱼蟹。同时，从多哥、乌干达、马里和塞内加尔进口的受惠货值增长也十分迅速。

五、运输方式

在“特别优惠关税待遇”的受惠国中，除尼泊尔等少数亚洲国家与我国相邻外，其余绝大多数成员国与我国地理位置相距遥远，因此受惠货物主要通过海运方式运输到我国。以 2012 年为例，通过海运方式申报进境的“特别优惠关税待遇”受惠货值超过九成，其次是通过保税仓储和航空运输方式。详见图 5－4。

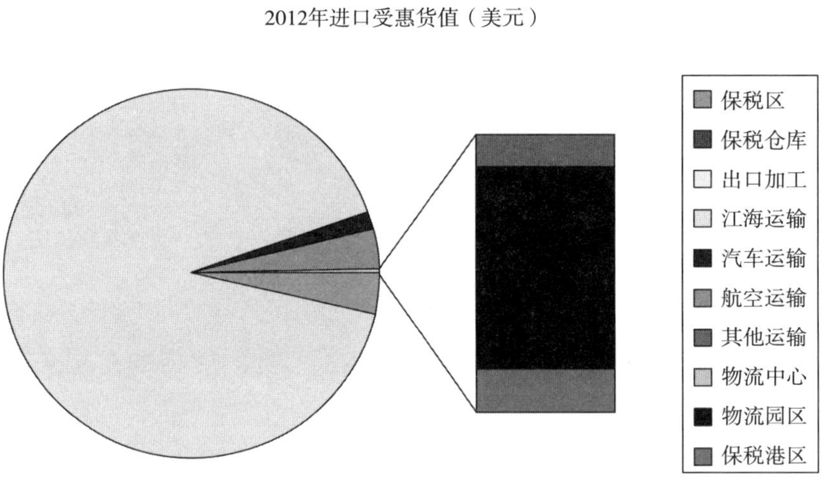

图5－4　2012年度“特别优惠关税待遇”项下受惠货物运输方式一览

六、贸易方式

“特别优惠关税待遇”项下货物进口主要通过一般贸易方式申报进口，也有极少量受惠货物通过边境小额贸易等方式申报进口。

第二节　如何充分利用“特别优惠关税待遇”措施享受优惠

一、协议总体概况

中国始终把加强同发展中国家的团结与合作作为对外关系的一个基本立足点。在经济上，努力向一些发展中国家，特别是最不发达国家提供力所能及的帮助和援助，包括减免债务、优惠贷款和增加援助等，这其中就包括了给予与中国建交的最不发达国家“特别优惠关税待遇”措施。

“特别优惠关税待遇”属于我国单向给惠而非双向互惠的优惠贸易政策。配合双向贸易政策而实施的优惠原产地规则，一般由缔约方之间通过谈判商定，并以优惠贸易协议等形式确定下来。因此，严格来说，“特别优惠关税待遇”并不能称之为优惠协议，其相应的原产地规则是由我国根据最不发达国家的实际情况而制定的。但为确保“特别优惠关税待遇”的有效实施，两国代表需签署中国政府给予受惠国政府关于该国输华商品享受免关税待遇的文书，文书一般为函件形式，内容还包括了受惠产品清单、原产地规则及原产地证书的签发和核查程序。中方的去函与对方国家的复函即成为中国政府与受惠国政府之间的共同协议，即俗称的“换文”。

小贴士 申请享受特定优惠协定项下特惠税率，必须根据相应的管理办法要求提交单证。

二、原产地规则

原产地规则（Rules of Origin）是指判定进出口货物原产地的标准和方法，是一个国家（地区）原产地有关法律、法规及规章的总和。一般来说，原产地规则既包括用以判定进出口货物原产地的实体性判定标准和规范，也包括判定货物原产地的各种程序性管理措施。按适用范畴的不同，原产地规则可分为优惠原产地规则和非优惠原产地规则。优惠原产地规则（Preferential Rules of Origin）是指各国（地区）为实施各种优惠贸易政策而制定的原产地规则，作为优惠贸易政策实施的重要配套工具，具有很强的排他性。一般来说，优惠原产地规则比非优惠原产地规则严格。非优惠原产地规则（Non－Preferential Rules of Origin）是各国为实施本国（地区）海关税则和其他贸易政策的需要而自主制定的原产地规则。其适用于除优惠贸易政策以外的各种商业政策工具，主要包括贸易统计、最惠国待遇、反倾销、反补贴、保障措施、原产地标记、数量限制和政府采购等领域。

我国对最不发达国家“特别优惠关税待遇”措施项下的原产地规则属于优惠原产地规则，其主要内容如下：

（一）原产地标准

原产地标准（Origin Criterion），是指一国（地区）用来衡量某项货物是否属于本国（地区）生产或制造的标准或尺度。一般情况下，凡是符合原产地标准的货物，即可视为原产货物；否则，应视为非原产货物。

“特别优惠关税待遇”措施规定，完全在最不发达国家获得或者生产的，或者非完全在最不发达国家获得或者生产，但在该国最后完成实质性改变的货物是该国原产货物，可以享受特惠税率。

1. 完全获得标准

完全获得产品的特点是不含有任何国外的原材料或部件，且生产制造过程自始至终都是在一个国家（地区）境内完成的，通俗地说就是土生土长，一般多适用于初级动植物产品和矿产品。“特别优惠关税待遇”原产地规则中的“完全获得标准 ”分 10 种情况，具体包括：

（1）在该受惠国出生并饲养的活动物；

（2）在该受惠国从本条第（1）项所指的动物中获得的货物；

（3）在该受惠国收获、采摘或者采集的植物和植物产品；

（4）在该受惠国狩猎或者捕捞获得的货物；

（5）在该受惠国注册或者登记，并合法悬挂该受惠国国旗的船只，在该受惠国根据符合其缔结的相关国际协定可适用的国内法有权开发的境外水域得到的鱼类、甲壳类动物及其他海洋生物；

（6）在该受惠国注册或者登记，并合法悬挂该受惠国国旗的加工船上加工本条第（5）项所列货物获得的货物；

（7）在该受惠国开采或者提取的矿产品及其他天然生成物质，或者从该受惠国根据符合其缔结的相关国际协定可适用的国内法有权开采的境外水域、海床或者海床底土得到或者提取的除鱼类、甲壳类动物及其他海洋生物以外的货物；

（8）在该受惠国收集的该受惠国消费过程中产生的仅适用于原材料回收的废旧物品；

（9）在该受惠国加工制造过程中产生的仅适用于原材料回收的废碎料；

（10）利用本条第（1）项至第（9）项所列货物在该受惠国加工所得的货物。

小贴士 怎么理解“完全获得”

如赞比亚境内开采的钴矿石，属于原产于赞比亚的“完全获得”产品；在多哥境内种植、收获的可可即为原产于多哥的“完全获得”产品；在塞内加尔境内注册并悬挂着塞内加尔国旗的合法渔船在公海上打捞的渔产品也视为原产于此国的“完全获得”产品。

海关提醒 从受惠国进口的“废旧物品”、“废碎料”不等同“洋垃圾”

上述“完全获得标准”中（8）、（9）中所提到的“废旧物品”和“废碎料”是在受惠国产生或制造并收集的，而且仅适用于以原材料回收为目的的，与人们俗称的“洋垃圾”有本质的区别。国家允许进口的固体废物，是可用作原料的重要再生资源，而“洋垃圾”，则是对国外无利用价值废物的俗称，如工业垃圾、电子垃圾、医疗废物、核废料等，这些对环境和人民身体健康都有着很大的危害，是国家明令禁止进口的固体废物。

2. 实质性改变

“特别优惠关税待遇”措施中的“实质性改变”是指“税则归类改变标准”或者“从价百分比标准”。“税则归类改变标准”是指在最不发达国家境内，部分或完全使用非原产于该国的材料进行制造或者加工后所得产品在《协调制度》中四位数级税则归类发生了变化。“从价百分比”标准，是指在最不发达国家对非该国原产材料进行制造、加工后的增值部分不低于所得货物船上交货价格（FOB）的40%。其计算公式如下：

$$\frac{\text{货物船上交货价格}-\text{非原产材料价格}}{\text{货物船上交货价格}}\times 100\% \geq 40\%$$

其中，“货物船上交货价格”是指该货物的出口价格（FOB），无论货物以何种方式运输，该价格为其在最终装运港口或者地点的价格。

“非原产材料价格”，是指非受惠国原产材料的进口成本、运至目的港口或者地点的运费和保险费（CIF）。与“完全获得”标准不同，“实质性改变”标准是针对最不发达国家在产品生产过程中使用了非原产于该受惠国的原材料的情况，其加工、生产后得到的产品要么满足四位数级税则归类改变标准，要么产品加工后的增值比率达到了最终制成品出口价格的40%以上。

案例5-1 尼泊尔从印度进口棉花65美元（CIF价），在本国纺成纱并织成棉布后出口至我国，棉布的出口价格（FOB价）为100美元。棉布的原产地是否为尼泊尔？

案例分析：从“税则归类改变标准”看，尼泊尔使用非原产的棉花（商品编码52030000）生产加工，所得产品棉布（商品编码52081100）发生了四位数级税则归类改变，因此，凭这条可以认定棉布原产地是尼泊尔。

但是从“从价百分比标准”看，以公式计算：

$$\frac{100-65}{100}\times 100\% = 35\%$$

尼泊尔使用印度棉花加工成棉布增值仅35%，达不到“特别优惠关税待遇”措施规定的对非该国原产材料进行制造、加工后的增值部分不低于所得货物船上交货价格（FOB）40%的要求，因此，凭这条不能认定棉布的原产地是尼泊尔。

棉花的原产地是不是尼泊尔？尼泊尔生产的棉布出口到中国，能否享受特惠税率？根据“特别优惠关税待遇”措施规定，对非原产材料进行制造、加工后，所得产品只要满足“税则归类改变标准”或者“从价百分比标准”中任一标准，都视为该国原产，并具有享受特惠税率的资格。这也是“特别优惠关税待遇”措施原产地规则与其他优惠原产地规则最大区别之处，它体现了我国对最不发达国家实实在在的支持。

综上所述，棉布原产地为尼泊尔。

（二）微小加工

下列加工或处理，无论是单独的还是相互结合的，均视为微小加工或处理，不赋予原产地资格。其中包括：

（1）为在运输或者贮存期间使货物保持良好状态而进行的加工或者处理；

（2）为便于货物装卸而进行的加工或者处理；

（3）为便于货物销售而进行的包装、展示等加工或者处理；

（4）简单的稀释、混合、干燥、装配、分类或者装饰；

（5）动物屠宰。

例如，我国某企业与莫桑比克一出口商签订了一份大额冻牛肉合同。因合同执行时间很紧，莫桑比克出口商在本国一时难以找到足够货源，为能如期完成合约，该出口商选择从与莫桑比克西边国界接壤的津巴布韦紧急进口了一批肉牛并运回国内进行屠宰。但在申领原产地证书时遇到了麻烦——根据原产地规则中的“完全获得标准”，这一批肉牛应为津巴布韦原产货物，而津巴布韦不是我国“特别优惠关税待遇”项下的受惠成员国。尽管这批肉牛在莫桑比克进行了屠宰加工，但按照“微小加工”标准要求，“动物屠宰”工序无法赋予产品原产资格，所以这批牛肉不能获得莫桑比克的原产地证书，自然也就无法享受我国给予的“特别优惠关税待遇”项下的零关税优惠了。

海关提醒 不赋予原产地资格的其他情况

若企业生产或者定价措施的目的是为了规避“微小加工”的规定，则不应当视其为实质性加工。

（三）直接运输

申报享受特别优惠关税待遇的进口货物，应当直接从受惠国运输至我国境内，途中未经过中国和该受惠国以外的其他国家（地区）。货物经过其他国家（地区）运输至我国境内的，应当同时符合下列条件，才能视为直接运输：

（1）经过其他国家（地区）是由于地理原因或者运输需要；

（2）该货物在经过其他国家（地区）时，除装卸和为使货物保持良好状态或者运输所必需的处理以外，未作其他处理；

（3）未进入该国家（地区）进行贸易或者消费。

严格来说，直接运输规则本身并不是一项原产地规则，而是确保各项原产地规则有效实施的保障条款。其主要目的就是鼓励优惠贸易安排缔约各方之间进行直接贸易，防止因第三方通过“搭便车”骗取相关税收优惠而抵消了优惠关税安排，对扩大缔约各方之间贸易起到引导作用，更好地保障了缔约各方的优惠贸易利益。

小贴士 有关货物在第三国的停留时间限制

货物在其他国家（地区）停留时间最长不能超过3个月，否则视为不符合直接运输的条件。

（四）其他规则

此外，我国在最不发达国家特别优惠关税待遇措施原产地规则中，还对中性成分、间接材料、包装材料及容器等规则作了规定。

1. 间接材料及中性成分

在确定货物的原产地时，对一些材料或物品在货物生产过程中虽有使用，但是其本身并不构成最终制成品的物质成分，也不成为最终制成品组成部件，那么这些材料或物品的原产地不会影响到最终制成品原产地的确定。这些材料或物品可分为以下七种情况：

（1）燃料、能源、催化剂及溶剂；

（2）用于测试或者检验货物的设备、装置及用品；

（3）手套、眼镜、鞋靴、衣服、安全设备及用品；

（4）工具、模具及型模；

（5）用于维护设备和厂房建筑的备件及材料；

（6）在生产中使用或者用于运行设备和维护厂房建筑的润滑剂、油（滑）脂、合成材料及其他材料；

（7）在货物生产过程中使用，未构成该货物组成成分，但能够合理表明其参与了该货物生产过程的任何其他货物。

小贴士 在确定货物的原产地时，不应考虑不构成货物物质成分，也不成为货物组成部件的材料或者物品的原产地。

2. 成套货品

根据《协调制度》归类总规则三规定的成套货品，其中全部货物均原产于某一最不发达国家的，该成套货物即为原产于该国；若其中部分货物非原产于该国，但只要非原产货物的价格比率未超过该成套货物 FOB 价格 15% 的，该成套货物仍应当视为原产于该国。

例如，我国从多哥进口的咖啡礼品套装内有一瓶咖啡、一个碟子和一个勺子，根据归类总规则三，这个咖啡礼品套装可视为归在同一税号下的成套货物。咖啡礼品套装的 FOB 价为 22 美元，内有一罐原产于多哥的咖啡（价值 19 美元），而碟子和勺子都原产于南非（总价值为 3 美元），尽管南非不属于“特别优惠关税待遇”下的受惠成员国，但由于非原产于多哥的货物价格（3 美元）占整个咖啡礼盒的出口 FOB 价格（22 美元）的比率未超过 15%，所以这个咖啡礼品套装可以视为原产于多哥。进口至我国时，只要进口商的相关材料和手续都完备，就可以顺利享受“特别优惠关税待遇”项下的零关税优惠。

如果礼盒内包含的货品是一瓶多哥原产的烈性酒（4 位税号 1602）和一小瓶南非原产的葡萄酒（4 位税号 2204），那么这个礼盒因不符合《协调制度》归类总规则三（二）中对“零售的成套货品”的有关条件不能视为成套货物，只能分开归类，即使葡萄酒的价格未超出整个礼盒 FOB 价格的 15%，也不能赋予其多哥的原产资格。

3. 包装、容器及包装材料，附件、备件及工具

货物适用税则归类改变标准的，在确定货物的原产地时，与货物一起申报进口并在《税则》中与该货物一起归类的包装、容器和包装材料的原产地，以及正常配备的附件、备件、工具及介绍说明性材料的原产地，不影响货物原产地的确定。

货物适用从价百分比标准的，在计算货物的增值百分比时，与货物一起申报进口并在《协调制度》中与该货物一并归类的包装、包装材料和容器，以及正常配备的附件、备件、工具及介绍说明性材料的价格应当予以计算。

案例 5－2 易拉罐装热带水果饮料

莫桑比克某饮料厂生产的饮料是由本国生长和采摘的热带水果原料压榨制成，而饮料的易拉罐包装则是从其他非受惠国集中采购而来。这种罐装饮料出口至我国时，易拉罐包装（非原产材料）与饮料（原产材料）都是一并归类至此种饮料所属税号。

案例分析：在采用税则归类改变标准认定这种灌装饮料原产地时，可以不考虑易拉罐包装的原产地，所以不论该易拉罐包装原产于什么国家，饮料的原产地都将确定为莫桑比克。

案例 5－3 莫桑比克生产的瓶装果味酒

莫桑比克某饮料厂生产的果味酒（FOB 价 10 美元/瓶），该酒主要是以本国生长和采摘的热带水果以及从南非原产的酒为原料配制而成的，价格为 6 美元，装酒的玻璃酒瓶也是南非原产的，价格为 1 美元/个。

案例分析：采用“从价百分比标准”时，按照公式计算

$$\frac{10-(6+1)}{10}\times 100\% = 30\%$$

莫桑比克某饮料厂生产的果味酒增值 30%，不符合“特别优惠关税待遇”原产地规则规定的从价百分比 40% 的标准。因此，将不能认定原产地为莫桑比克。

三、操作程序

在确定进口货物的原产地是最不发达国家后，进口人仍必须按照相关操作程序办理，相关货物才能够享受特惠税率。

（一）原产地证书签发机构

原产地证书应由最不发达国家政府指定的机构签发。我国在与相关受惠国就“特别优惠关税待遇”原产地规则进行换文确认时，要求有关受惠国家对原产地证书签证机构的名称、地址及签章式样等资料，在换文的同时或其后必须在海关总署备案，作为海关审核相关原产地证书的依据，以加强单证管理，确保特惠政策真正落到实处。

（二）原产地证书应符合的条件

（1）由签证机构在货物出口时或出口后 5 天内签发；

（2）以英文填制并符合其他填制要求；

（3）使用印章与受惠国通知并在中国海关备案的印章样本等安全要求相符；

（4）具有出口受惠国海关加盖的印章；

（5）所列的一项或多项货物为同一批次的进口货物，即俗称的“一批一证”；

（6）原产地证书编号不重复；

（7）注明确定货物具有原产资格的依据；

（8）证书距签发日期未超过 1 年。

小贴士 空白原产地证书的印制

“特别优惠关税待遇”专用原产地证书是由我国统一印制并免费发放给各受惠成员国的。

海关提醒 审核原产地证书

进口人在收到原产地证书后，应注意审核原产地证书各项内容是否填写，且填写的是否正确，同时保持原产地证书整洁，避免涂改，以免影响货物通关。

（三）原产地证书补发

原产地证书可以在货物出口之日起 12 个月内予以补发，并且证书上应当注明“补发”字样。补发情形有以下两种：

（1）由于不可抗力没有在货物出口时或者出口后 5 日内签发原产地证书的，补发证书自货物实际出口之日起一年内有效；

（2）授权机构确信已签发原产地证书，但由于原产地证书不符合相关条件导致在进口时未被接受的可补发证书。补发证书的有效期应当与原原产地证书的有效期相一致。

例如，某企业在货物申报进口时提供的原产地证书为 2013 年 3 月 2 日签发，那么这份原产地证书的有效期应为从签发之日起至 2014 年 3 月 1 日。如果这份原产地证书因商品编码错误等问题未被中国海关接受的，经企业向原签发机构提出申请，签发机构又于 2013 年 7 月 10 日补发了一份符合条件的原产地证书，这份补发的原产地有效期并不是从重新签发之日起计算，仍然是同原原产地证书一样截至 2014 年 3 月 1 日，在此期间有效。

（四）申报进口时应提交的单证

货物申报进口时，进口货物收货人应当按照海关的申报规定，填制进口货物报关单，主动申明适用特惠税率，并同时提交下列单证：

（1）由出口受惠国政府指定的原产地证书签发机构签发，并由该国海关加盖印章的有效原产地证书正本以及第二副本。

（2）货物的商业发票正本。

（3）货物的运输单证：

1）货物从受惠国直接运输至我国境内，进口货物收货人或者其代理人应当提交在出口受惠国签发的运输单证。

2）货物经过其他国家或者地区运输至我国境内，进口货物收货人或者其代理人应当提交在出口受惠国签发的联运提单，以及证明符合直接运输条件的相关文件等。

海关提醒 运输单证等证明材料的详细要求

（1）对从他国起运的货物：若受惠国为内陆国家，因运输原因货物必须从其他国家起运的，进口货物收货人或者代理人在提交由起运国（地区）签发的国际联运提单的同时，也要一并提供从出口受惠国运输至签发联运提单的国家或地区的运输单证（如汽车载货清单）以及起运国海关出具的相关监管证明，以证实此批货物在起运国期间，未做除装卸或者其他为使货物保持良好状态所必须处理以外的其他处理等。这样海关才能掌握货物的全程运输路线，以确保货物与原产地证书下货物一致。

（2）对在第三国（地区）存在临时储存行为的货物：报关时除提供货物全程运输单证外，还要提交临时储存国（地区）海关出具的相关监管证明，如未再加工证明等。

（五）原产地核查

货物原产地核查，既包括对原产地证件的进一步跟踪验核，又包括对进出口货物的核查。我国海关对“特别优惠关税待遇”项下货物原产地核查的方式主要有随机核查、专项核查、境内核查和对外核查等四种方式。对外核查主要是通过我驻外使领馆经济商务参赞处协助开展核查。必要时，海关总署也可派员访问受惠国的出口商或者生产商所在地，对受惠国主管机构的核查程序进行实地考察。为了保护进口商的合法权益，防止有关货物在核查期间滞港、压港，应进口货物收货人或代理人的要求，在原产地核查期间，海关可在缴纳与应缴税款等值保证金的前提下，先行放行有关货物。

四、附件

附件为“原产地证书格式以及填制说明”，详见表5－1。

表 5－1

<table>
<tr><td>1. Exporter (fullname, address and country):</td><td rowspan="3">Certificate No.:
CERTIFICATE OF ORIGIN
DUTY-FREE TREATMENT
Granted by China
(Combined Declaration and Certificate)
Issued in ____________________
(See Instruction Overleaf)</td></tr>
<tr><td>2. Producer's name and address, if known:</td></tr>
<tr><td rowspan="2">3. Consignee (full name, address and country):</td></tr>
<tr><td rowspan="2">For official use only:</td></tr>
<tr><td rowspan="2">4.Means of transport and route (as far as known)
Departure date
Vessel /Flight/Train/Vehicle No.
Port of loading
Port of discharge</td></tr>
<tr><td>5.Remarks</td></tr>
</table>

6.Item number	7.Marks and numbers on packages	8.Number and kind of packages; Description of goods	9. HS Code (6-digit)	10. Origin Criterion	11. Gross weight, quantity (quantity unit) or other measures (litres, m^3,etc)	12. Number, date of invoice and invoiced value

13.Declaration by the exporter	14.Certification	15.Customs verification
The undersigned hereby declares that the above details and statements are correct, that all the goods were produced in .... (country) and that they comply with the origin requirements specified for these goods under the Duty-Free Treatment exported to China. .... Place and date,signature of authority signatory.	It is hereby certified, on the basis of control carried out, that the declaration by the exporter is correct. .... Place and date, signature and stamp of issuing body.	This is to certify that the goods declared for exportation correspond to what is stated under this certificate. .... Place, date, signature and stamp of exporting customs authority.

Page 1 of

Certificate No:

6. Item number	7.Marks and numbers on packages	8.Number and kind of packages; Description of goods	9. HS Code (6-digit)	10.Origin Criterion	11. Gross weight, quantity (quantity unit) or other measures (litres, m^3,etc)	12. Number, date of invoice and invoiced value

13. Declaration by the exporter	14.Certification	15.Customs verification
The undersigned hereby declares that the above details and statements are correct, that all the goods were produced in .... (country) and that they comply with the origin requirements specified for these goods under the Duty-Free Treatment exported to China. .... Place and date, signature of authority signatory.	It is hereby certified, on the basis of control carried out, that the declaration by the exporter is correct. .... Place and date, signature and stamp of issuing body.	This is to certify that the goods declared for exportation correspond to what is stated under this certificate. .... Place, date, signature and stamp of exporting customs authority.

Overleaf Instruction

Certificate No. : Serial number of Certificate of Origin assigned by the issuing body.

Box 1: State the full legal name, address (including country) of the exporter and the exporter should be in the beneficiary country.

Box 2: State the full legal name, address (including country) of the producer and the producer should be in the beneficial country. If more than one producer's good is included in the certificate, list the additional producers, including name, address (including country). If the exporter or the producer wishes the information to be confidential, it is acceptable to state "Available to the authorized body upon request". If the producer and the exporter are the same, please complete field with "SAME". If the producer is unknown, it is acceptable to state "UNKNOWN".

Box 3: State the full legal name, address (including country) of the consignee, and the consignee should be in the customs territory of China.

Box 4: Complete the means of transport and route and specify the departure date, transport vehicle No., port of loading and discharge.

Box 5: Any additional information such as Customer's Order Number, Letter of Credit Number, etc. may be included.

Box 6: State the item number.

Box 7: State the shipping marks and numbers on the packages.

Box 8: Number and kind of package shall be specified. Provide a full description of each good. The description should be sufficiently detailed to enable the products to be identified by the Customs Officers examining them and relate it to the invoice description and to the HS description of the good. If goods are not packed, state "in bulk". When the description of the goods is finished, add "* * *" (three stars) or " \ " (finishing slash).

Box 9: For each good described in Box 9, identify the HS tariff classification of China to six digits.

Box 10: If the goods qualify under the Rules of Origin, the exporter must indicate in Box 10 of this form the origin criteria on the basis of which he claims that his goods qualify for preferential tariff treatment, in the manner shown in the following table:

The origin criteria on the basis of which the exporter claims that his goods qualify for Duty – Free Treatment.	Insert in Box 10
The good is wholly obtained or produced in the territory of the beneficiary country as set out and defined in Rule 4.	WO
When the good is subject to "ad valorem percentage" no less than 40% or CTH.	CTH or Ad Valorem Percentage (40%)
When the good is subject to a requirement stipulated in PSR, indicate the specified criteria.	Criterion as specified in PSR

Box 11: Gross weight in kilograms should be shown here. Other units of measurement e. g. volume or number of items which would indicate exact quantities may be used when customary.

Box 12: Invoice number, date of invoices and invoiced value should be shown here.

Box 13: The field must be completed, signed and dated by the exporter for exports from the beneficiary country.

Box 14: The field must be completed, signed, dated and stamped by the issuing body.

Box 15: The field must be completed, signed, dated and stamped by the customs authority of the beneficiary country.

In case where there is not enough space on the first page of a Certificate of Origin for multiple lines of goods, additional pages can be used. The Certificate number will be the same as that shown on the first page. The main characteristics including box 6 to box 15 will be presented, together with the stamp of the issuing body and the Customs authority of the beneficiary country.

中文参考：　　　　　　　　　　　　　　　　　　　　　　　　正本

<table>
<tr><td colspan="4">1.出口商的名称、地址：</td><td colspan="3" rowspan="3">证书编号：

中国给予特别优惠关税待遇
原产地证书

（申报与证书合一）
签发国＿＿＿＿
(填制方法详见证书背页说明)</td></tr>
<tr><td colspan="4">2.生产商的名称、地址（在已知情况下）：</td></tr>
<tr><td colspan="4" rowspan="2">3. 收货人的名称、地址：</td></tr>
<tr><td colspan="3">供官方使用：</td></tr>
<tr><td colspan="4">4.运输方式及路线
离港日期
船舶/飞机/火车/车辆编号
装货口岸
卸货口岸</td><td colspan="3">5.备注：</td></tr>
<tr><td>6.项目号</td><td>7.唛头及包装号</td><td>8.包装数量及种类；商品描述</td><td>9. HS编码（6位数编码）</td><td>10.原产地标准</td><td>11. 毛重、数量（数量单位）或其他计量单位（升、立方米等）</td><td>12.发票号码、发票日期及发票价格</td></tr>
<tr><td></td><td></td><td></td><td></td><td></td><td></td><td></td></tr>
<tr><td colspan="3">13. 出口商声明
下列签字人声明上述资料及申报正确无讹，所有货物产自

……………………………………
（国家）
且符合出口至中国的特别优惠关税待遇货物所适用的原产地要求。

……………………………
地点和日期，有权签字人的签字</td><td colspan="2">14.证明
根据所实施的监管，兹证明出口商所做申报正确无讹。

……………………………
地点、日期和签证机构印章</td><td colspan="2">15.海关验核
兹证明申报出口的货物与此证书之描述相符。

……………………………
地点、时间和出口国海关当局的印章</td></tr>
</table>

第 1 页（共　页）

6.项目号	7.唛头及包装号	8.包装数量及种类；商品描述	9. HS编码（6位数中国编码）	10.原产地标准	11.毛重、数量（数量单位）或其他计量单位（升、立方米等）	12.发票号码、发票日期及发票价格

13. 出口商声明	14.证明	15.海关验核
下列签字人声明上述资料及申报正确无讹，所有货物产自 …………………………………… （国家） 且符合出口至中国的特别优惠关税待遇货物所适用的原产地要求。 …………………… 地点和日期，有权签字人的签字	根据所实施的监管，兹证明出口商所做申报正确无讹。 …………………… 地点、日期和签证机构印章	兹证明申报出口的货物与此证书之描述相符。 …………………… 地点、时间和出口国海关当局的印章

第2页（共 页）

背页填制说明

证书编号：授权签证机构签发原产地证书的序列号。

第1栏：填写受惠国出口商的名称、地址（包括国家）。

第2栏：在知道实际生产商的情况下，填写受惠国生产商的名称、地址（包括国家）。如果出口货物由一家以上生产商生产，仅填写最后实际性加工生产的生产商的名称、地址（包括国家）。如果生产商和出口商相同，应填写“同上”。如果不知道生产商，可填写“不知道”。

第3栏：填写中国关境收货人的名称、地址。

第4栏：填写运输方式及路线、离港日期、运输工具编号、装货港口和卸货港口。

第5栏：可以填写顾客订货单号码、信用证号码等其他信息。

第6栏：填写货物项目号。

第7栏：填写唛头及包装号。

第8栏：填写货品名称、包装数量及种类。如果是散装货，应注明“散装”。在商品描述末尾加上“＊＊＊”（三颗星）或“\”（结束斜线符号）。

第9栏：填写货物对应的《协调制度》六位数编码。

第10栏：若货物符合原产地规则，出口商必须按照下表所示方式，在本证书第10栏中申明其货物享受优惠待遇所依据的原产地标准：

原产地标准	填入第10栏
该货物是根据第四条（完全获得货物）的相关规定，在受惠国境内完全获得或生产。	WO
货物适用从价百分比40%或者四位数税号改变规则。	CTH or RVC 40%
货物适用产品特定原产地规则所规定的标准，应具体注明适用的标准。	Criterion as specified in PSR

第11栏：毛重应填写“千克”，数量应填写数量单位，体积可填写升或立方米等。

第12栏：应填写发票号码、开发票日期以及发票价格。

第13栏：本栏目必须由出口商填写、签名并填写日期。

第 14 栏：本栏必须由授权签证机构的授权人员填写地点、签证日期并盖章。

第 15 栏：本栏必须由受惠国海关当局的授权人员填写地点、签证日期并盖章。

当原产地证书一页填制不下多项商品时，可以附页填制。第 2 页应列出原产地证书第 1 页所列的第 6 至 15 栏内容，并标注原产地证书号码，该号码与第 1 页证书号码相同，同时必须有签证机构的印章和出口国海关印章。

证书编号：

第三节　企业在利用“特别优惠关税待遇”措施时应该注意的几个问题

一、报关前的准备

要想顺利享受优惠税率，就必须先了解有哪些国家可以享受特惠税率，以及如何申领规定的原产地证书。

（一）“特别优惠关税待遇”措施适用国家

目前，共有 39 个与我国建交的最不发达国家适用“特别优惠关税待遇”，它们是埃塞俄比亚联邦民主共和国、安哥拉共和国、贝宁共和国、布隆迪共和国、多哥共和国、厄立特里亚国、刚果民主共和国、吉布提共和国、几内亚共和国、几内亚比绍共和国、科摩罗联盟、莱索托王国、利比里亚共和国、卢旺达共和国、马达加斯加共和国、马拉维共和国、马里共和国、莫桑比克共和国、尼日尔共和国、苏丹共和国、乌干达共和国、赞比亚共和国、中非共和国、阿富汗伊斯兰共和国、东帝汶民主共和国、柬埔寨王国、缅甸联邦共和国、尼泊尔联邦民主共和国、也门共和国、瓦努阿图共和国、赤道几内亚共和国、毛里塔尼亚伊斯兰共和国、塞拉利昂共和国、塞内加尔共和国、索马里联邦共和国、坦桑尼亚联合共和国、乍得共和国、孟加拉人民共和国、萨摩亚独立国。

其中，享受7 831个税号特惠关税的国家有29个，它们是：埃塞俄比亚联邦民主共和国、安哥拉共和国、贝宁共和国、布隆迪共和国、多哥共和国、厄立特里亚国、刚果民主共和国、吉布提共和国、几内亚共和国、几内亚比绍共和国、科摩罗联盟、莱索托王国、利比里亚共和国、卢旺达共和国、马达加斯加共和国、马拉维共和国、马里共和国、莫桑比克共和国、尼日尔共和国、苏丹共和国、乌干达共和国、赞比亚共和国、中非共和国、阿富汗伊斯兰共和国、东帝汶民主共和国、柬埔寨王国、缅甸联邦共和国、尼泊尔联邦民主共和国、也门共和国。

其中，9个最不发达国家继续享受海关总署公告2012年第63号附件6进口商品特惠税率表所列的特惠税率待遇，具体是：赤道几内亚共和国、毛里塔尼亚伊斯兰共和国、塞拉利昂共和国、塞内加尔共和国、索马里联邦共和国、坦桑尼亚联合共和国、乍得共和国、孟加拉人民共和国、萨摩亚独立国。

瓦努阿图共和国，在2013年7月1日至2015年12月31日期间有7 831个税目产品享受零关税待遇。

（二）“特别优惠关税待遇”原产地证书的样式

原产地证书用A4纸印制，所用文字为英文。原产地证书含1份正本和3份副本。正本为米黄色，副本为浅绿色。其中，第二副本为海关认为必要时核查之用，第三副本应当由出口国发证机构留存，第四副本由出口人留存。进口货物收货人向海关申报时应当提交正本及第二副本。原产地证书的样本可见本章第二节。

海关提醒 原产地证书格式必须符合规定，即使用由中国提供的空白原产地证书并按填制要求填制的海关才接受。

（三）原产地证书要去哪里申领

原产地证书应当由出口国指定的政府机构签发，但对于有些国家，指定的贸促会和商会签发的原产地证书，我国海关也予以接受。以下是部分国家的授权签证机构名单（英文/法文），详见表5－2。

表5－2

受惠国原产地证书签发机构序号	国家	签证机构
1	多哥	DIRECTION DU COMMERCE EXTERIEUR; MINISTERE DU COMMERCE ET DE LA PROMOTION DU SECTEUR PRIVE; REPUBLIQUE TOGOLAIBE DIRECTEUR DU COMMERCE EXTERIEUR
2	厄立特里亚	Ministry of Trade & Industry
3	吉布提	MINISTERE DE COMMERCE ET DE L INDUSTRIE
4	几内亚	CENTRE D APPUI AUX FORMALITES D EXPORTATION
5	几内亚比绍	MINISTERIO DO COMERCIO INDUSTRIA TURISMOE ARTESANATO; MINISTERIO DO COMERCIO, TURISMO E ARTESANATO DIRECCAO GERAL DO COMERCIO E DA CONCORRENCIA
6	科摩罗	DIRECTION GENERALE DES DOUANES
7	莱索托	Lesotho Revenue Authority
8	利比里亚	MINISTRY OF COMMERCE AND INDUSTRY
9	卢旺达	RWANDA REVENUE AUTHORITY

续表

受惠国原产地证书签发机构序号	国家	签证机构
10	马达加斯加	direction generale des douanes
11	马拉维	BLANTYRE PORT; LILONGWE PORT; Malawi Revenue Authority CHILEKA AIRPORT; Malawi Revenue Authority KAMUZU INTERNATIONAL AIRPORT; Malawi Revenue Authority BLANTYRE PORT; Malawi Revenue Authority LILONGWE PORT; Malawi Revenue Authority MULOZA STATION; Malawi Revenue Authority MWANZA STATION; Malawi Revenue Authority MZUZU STATION; MWANZA BORDER; MZUZU PORT
12	马里	DIRECTION NATIONALE DU COMMERCE ET DE CONCURRENCE; DIRECTION NATIONALE DU COMMERCE ET DE LA CONCURRENCE; DIRECTION REGIONAL DU COMMERCE
13	毛里塔尼亚	chambre de commerce d'industrie et agriculture de mauritanie
14	孟加拉国	EXPORT PROMOTION BUREAU (EPB) CHITTAGONG; EXPORT PROMOTION BUREAU (EPB) COMILLA; EXPORT PROMOTION BUREAU (EPB) DHAKA; EXPORT PROMOTION BUREAU (EPB) KHULNA; EXPORT PROMOTION BUREAU (EPB) NARAYANGANJ; EXPORT PROMOTION BUREAU (EPB) RAJSHAHI; EXPORT PROMOTION BUREAU (EPB) SYLHET

续表

受惠国原产地证书签发机构序号	国家	签证机构
15	莫桑比克	CENTER REGION – HEAD QUARTER – BEIRA；MOZAMBIQUE CUSTOMS； CENTRAL REGION – HEAD QUARTER – ZAMBEZIA；MOZAMBIQUE CUSTOMS； CENTRAL REGION – TETE；MOZAMBIQUE CUSTOMS； mozambique customs center region – head quarter – beira； NORTH REGION – HEAD QUARTER – CUAMBA； NORTH REGION – HEAD QUATER – NAMPULA； NORTH REGION – HEAD QUARTER – NACALA；MOZAMBIQUE CUSTOMS； SOUTH REGION – HEAD QUARTER – ALFANDEGAS DE MAPUTO；MOZAMBIQUE CUSTOMS； SOUTH REGION – HEAD QUARTER – GAZA；MOZAMBIQUE CUSTOMS； SOUTH REGION – HEAD QUARTER – TIMAR；MOZAMBIQUE CUSTOMS； SOUTH REGION HEAD QUARTER；MOZAMBIQUE CUSTOMS； SOUTH REGION HEAD QUARTER – INHAMBANE；MOZAMBIQUE CUSTOMS； SOUTH REGION HEAD QUARTER – INTERNATIONAL AIR TERMINAL，MOZAMBIQUE CUSTOMS； SOUTH REGION HEAD QUARTER – MAPUTO；MOZAMBIQUE CUSTOMS； SOUTH REGION HEAD QUARTER – MOZAL；MOZAMBIQUE CUSTOMS； SOUTH REGION – HEAD QUARTER TIAR； SOUTH REGION – HEAD QUARTER – MAPUTO； SOUTH REGION – HEAD QUARTER – MATOLA CUSTOMS TERMINAL

续表

受惠国原产地证书签发机构序号	国家	签证机构
16	尼泊尔	Bhaktapur Chamber of Commerce & Industry; Birgunj Chamber of Commerce & Industry; Butwal Chamber of Commerce & Industry; Chamber of Commerce & Industry – Chitwan; Chamber of Industries Morang; Federation of Nepalese Chambers of Commerce & Industry; Jhapa Chamber of Industry; Lalitpur Chamber of Commerce & Industry; Makwanpur Chamber of Commerce & Industry; Mechi Chamber of Commerce & Industry; Morang Merchants Association; Nepal Chamber of Commerce; Nepalgunj Chamber of Commerce & Industry; Pokhara Chamber of Commerce & Industry; Siddharthanagar Chamber of Commerce & Industry; Sindhupalchowk Chamber of Commerce & Industry
17	尼日尔	Chambre de commerce, d Industrie et d Industrie et d Artisanat du Niger (CCIAN); MINISTERE DES AFFAIRES ETRANGERES DE LA COOPERATION INTEGRATION AFRICAINE ET DES NIGERIENS A LEXTERIEUR DE LA REPUBLIQUE DU NIGER
18	萨摩亚	Customs Service of Ministry for Revenue
19	塞拉利昂	Sierra Leone Chamber of Commerce, Industry and Agriculture
20	塞内加尔	Agence Senegalaise de promotion des exportations
21	苏丹	Sudan Union of Chambers of Commerce
22	索马里	ministry of foreign affairs
23	坦桑尼亚联合	Tanzania Customs; TANZANIA CHAMBER OF COMMERCE INDUSTRY AND AGRICULTURE

续表

受惠国原产地证书签发机构序号	国家	签证机构
24	瓦努阿图	Department of Customs and Inland Revenue
25	乌干达	UGANDA EXPORT PROMOTION BOARD
26	也门	ADEN CHAMBER OF COMMERCCE AND INDUSTRY; ADEN DEPARTMENT OF COMMERCE & INDUSTRY; CCI; HADHRAMOUT CHAMBER OF COMMERCE AND INDUSTRY; HADHRAMOUT DEPARTMENT OF COMMERCE AND INDUSTRY; HAJJAH Chamber of Commerce & Industry; HAJJAH DEPARTMENT OF COMMERCE AND INDUSTRY; HODEIDAH CHAMBER OF COMMERCE&INDUSTRY; SANA, A CHAMBER OF COMMERCE AND INDUSTRY; SANA, A DEPARTMENT OF COMMERCE AND INDUSTRY; TAZE CHAMBER OF COMMERCE AND INDUSTRY; TAZE DEPARTMENT OF COMMERCE AND INDUSTRY
27	赞比亚	Customs and Excise Division (ZAMBIA REVENUE AUTHORITY); customs services division
28	乍得	chambre de commerce, d'industrie, d'agriculture, des mines et d'artisanat (CCIAM)

小贴士 “特别优惠关税待遇”原产地证书都是由我国印制并免费发放给受惠国使用的，有特定的安全防伪标记。原产地证书虽由出口国指定机构予以签发，但原产地证书签发机构的名称和地址，以及签发原产地证

书的印章和签章式样，必须事先在中国海关总署备案才能生效。原产地证书自签发之日起1年内有效。

货物出口时，出口国海关在原产地证书第15栏加盖海关印章。

原产地证书货物出口时或出口后5日内签发。

海关提醒 先行核对原产地证书可提早发现问题

进口商拿到原产地证书后，可初步核对原产地证书的格式、内容、有效期等栏目是否准确有效，并确保报关单申报内容与原产地证书、商业发票等单证的内容相符。但只有经海关最后认定原产地证书及相关文件有效，进口货物才能享受特别优惠关税。若使用的原产地证书不符合要求，进口商应积极与出口方联系，及时换领符合规定的原产地证书。

二、直接运输

直接运输是指在各项优惠贸易安排中原产货物应当从出口方直接运至进口方，也就是说，申报享受特别优惠关税待遇的进口货物，应当直接从受惠国运输至我国境内，途中未经过中国和该受惠国以外的其他国家或者地区。但是，对最不发达的许多内陆国，其的对外贸易运输必然要通过第三方的领土。此外，即使是沿海国家，也会因运输的需要，经第三方转运，转口贸易已为国际贸易的常态。因此，对申报享受特别优惠关税待遇的进口货物，在运经第三方境内时，首先，进口人一是要确保提交国际联运始发地签发的、目的地为中国的联运提单；其次，争取获得第三方海关出具未再进一步加工的证明文件；再次如果是集装箱货物，确保集装箱商业封志完好。

案例5－4 埃塞俄比亚原产的芝麻出口到中国享受特惠税率。由于埃塞俄比亚是内陆国，其出口的芝麻经过吉布提港口，直运到青岛。进口人应提交什么单证？

案例分析：由于货物经过第三方（吉布提），根据“特别优惠关税待遇”措施直接运输规定，进口人需提交下列单证：

（1）符合规定的原产地证书；

（2）运输单证，包括从埃塞俄比亚到吉布提港的运输单证、吉布提签发的从吉布提到青岛的联运提单；

（3）吉布提海关出具的货物未进一步加工的证明文件或者其他证明文件；

（4）商业发票等。

三、进口申报

（一）报关单怎样填制才算规范

按照《中华人民共和国海关进出口货物报关单填制规范》（海关总署公告 2008 年第 52 号）及其他规范性文件的相关要求，中国对“特别优惠关税待遇”项下进出口货物均应按照以下要求填报：

（1）由于中国对“特别优惠关税待遇”暂未实行原产地证书联网管理，报关单“备案号”栏不填写原产地证书编号，而在“随附单证”栏填报原产地证书代码和编号。

（2）随附单证代码栏填写“Y”，即为原产地证书代码；随附单证编号栏“< >”内填写的优惠贸易协定代码为“13”，其后需填上需证商品序号。例如，某报关单中第 1 ~ 3 项和第 5 项为中国对“特别优惠关税待遇”项下商品，则应填报为：“<13：1 – 3，5 >”。

（二）报关时还没拿到原产地证书，是否可以申报享受特惠

若在货物进口时还暂不能提交有效原产地证书，也不用担心。进口货物收货人应当按照《中华人民共和国海关进出口货物优惠原产地管理规定》（海关总署令第 181 号）的要求，就该进口货物是否具备原产资格向海关进行补充申报，其实质就是货物原产资格的申明（详见表 5 – 3）。海关可以应进口货物收货人要求，按照该货物适用的最

惠国税率收取应缴税款的等值保证金后放行货物。但对于进口货物属于国家限制进口的，或者有违法嫌疑的，在原产地证书核查完毕前海关不得放行货物。

表5－3　原产资格申明格式

《中华人民共和国海关进出口货物优惠原产地管理规定》进口货物原产资格申明

本人______（姓名及职务）为进口货物收货人/进口货物收货人代理人（不适用的部分请划去），兹声明编号为________的报关单所列第____项货物原产自__________，且货物符合《中华人民共和国海关进出口货物优惠原产地管理规定》以及相应优惠贸易协定项下所确定的原产地规则的要求。

本人特申请对上述货物适用相应优惠贸易协定项下协定税率/特惠税率（不适用的部分请划去），并申请缴纳保证金后放行货物。本人承诺自货物进口之日起1年内补交相应优惠贸易协定项下规定的原产地证书。

签名：________

日期：________

海关提醒　如果进口货物收货人在货物申报进口时既未提交原产地证书，又未就进口货物是否具备受惠国原产资格进行补充申报，进口货物将无法享受特惠税率。

（三）原产地补充申报

当进口人在已经提交了相关单证（如原产地证书、联运提单等）基础上，主动或应海关要求对货物原产地做进一步补充信息。这种在报关单之外采用补充申报单的形式，向海关进一步申报为确定货物原产地等所需信息的行为就是原产地补充申报。补充申报按照申报环节不同可分为收发货人或代理人向海关申报时的主动补充申报、申报后未办结海关手续前的补充申报和海关后续管理中要求的补充申报。补充申报单详见表5－4。

表 5－4　中华人民共和国海关进出口货物原产地补充申报单

补充申报单编号：

<table>
<tr><td>报关单号</td><td colspan="2"></td><td colspan="3">报关单 第　　项商品</td></tr>
<tr><td>商品名称
（中英文）</td><td colspan="2"></td><td>商品编号</td><td colspan="2"></td></tr>
<tr><td>规格型号</td><td colspan="2"></td><td>标记唛头</td><td colspan="2"></td></tr>
<tr><td>品牌</td><td colspan="2">中文：</td><td colspan="3">英文：</td></tr>
<tr><td rowspan="2">买方</td><td colspan="3">名称：</td><td colspan="2">联系人：</td></tr>
<tr><td colspan="3">地址：</td><td colspan="2">电话：</td></tr>
<tr><td rowspan="2">卖方</td><td colspan="3">名称：</td><td colspan="2">联系人：</td></tr>
<tr><td colspan="3">地址：</td><td colspan="2">电话：</td></tr>
<tr><td rowspan="2">生产厂家</td><td colspan="3">名称：</td><td colspan="2">联系人：</td></tr>
<tr><td colspan="3">地址：</td><td colspan="2">电话：</td></tr>
<tr><td>合同协议号</td><td colspan="2"></td><td>签约日期</td><td colspan="2"></td></tr>
<tr><td>发票编号</td><td colspan="2"></td><td>发票日期</td><td colspan="2"></td></tr>
<tr><td>运输方式</td><td colspan="5">□ 联运　□ 空运　□ 海运　□ 陆运</td></tr>
<tr><td>直接运输</td><td colspan="2">□ 是　□否</td><td colspan="2">中转国（地区）</td><td></td></tr>
<tr><td>到货口岸</td><td colspan="2"></td><td colspan="2">申报口岸</td><td></td></tr>
<tr><td>提单编号</td><td colspan="5"></td></tr>
<tr><td>原产国
（地区）</td><td></td><td>原产国（地区）
标记的位置</td><td colspan="3">□ 外包装　□ 内包装
□ 产品本体　□ 无</td></tr>
<tr><td>原产地证书签发机构及所在国家（地区）</td><td colspan="3"></td><td>原产地
证书编号</td><td></td></tr>
<tr><td>适用的原产地标准</td><td colspan="5">□完全获得　□税号改变　□制造或加工工序　□从价百分比
□混合标准　□其他标准</td></tr>
<tr><td colspan="6">其他需要说明的情况（针对上述项目需要进一步说明的）：</td></tr>
</table>

续表

申报申明：对本申报单各项填报内容及所附单证的真实性和完整性承担法律责任，并愿意提供与海关归类有关的其他任何资料和单证，如有不实，由海关按有关规定处理。 对上申报内容是否需要海关予以保密？　　（是　　（否 申报人签名：　　　　填报日期： 单位地址：　　　　　申报单位： 邮编：　　　　　　　□ 进出口货物收发货人 电话：　　　　　　　□ 委托申报的报关企业 （盖　章）	海关批注：

填报说明

一、总体说明：

（一）“中华人民共和国海关进出口货物原产地补充申报单”（以下简称“原产地补充申报单”）应当由进出口货物收货人或者其委托的报关企业填写。

（二）每一份“原产地补充申报单”只能填写一项商品，对应一份报关单。如一份报关单中涉及多项商品需要进行补充申报原产地情况的，一份报关单可以对应多份“原产地补充申报单”。

（三）除特殊说明的栏目外，“原产地补充申报单”每一栏目均应填写。

（四）凡“原产地补充申报单”中有“□”符号的选择项目，根据实际情况在选择项目前面的“□”中打“√”。

（五）在原产地相关管理规定中已有解释的有关概念在以下说明中不再重复解释。

（六）阅读本说明后，仍然无法准确填报的，请及时向海关有关工作人员询问。

二、具体栏目填报说明：

（一）“补充申报单编号”由海关填写。

（二）“报关单号”应填写补充申报单所对应的报关单编号。

（三）“报关单 第 项”是指作补充申报的商品在报关单中的排列序号，该项目与报关单中该商品的“项号”一致。

（四）“商品名称”是补充申报的进口货物规范的中英文商品名称，内容应当与报关单相应项目相符。

（五）“商品编码”应填报由《中华人民共和国进出口税则》确定的进出口货物的税则号列和《中华人民共和国海关统计商品目录》确定的商品编码，以及符合海关监管要求的附加编号组成的10位商品编码，该项目应与报关单填报内容一致。

（六）“规格型号”内容应当与报关单相应栏目相符，但应当比报关单所填报的规格型号内容更详细全面。

（七）“标记唛头”是指标记唛码中除图形以外的文字、数字。

（八）“品牌”栏根据实际情况，有中英文的则填写中英文，仅有一种的则填一种。

以上“规格型号”、“品牌”栏要求填写的项目较多，如果填写空间不够，应当选择能够反映进出口货物特征的主要项目填写。对部分重点商品海关将以清单形式明确商品规格型号及品牌的填制规范。

（九）“买方”是指直接与境外的卖方谈判达成交易，自行或者委托具有对外贸易经营权的企业与卖方签订并实际执行合同的我国境内法人或其他组织。买方也就是成交单位，同时也可以是经营单位。该栏目必须填写中英文全名，主要办公地点、地址、联系人姓名以及联系电话。

（十）“卖方”是指与买方谈判达成交易，并直接与成交单位或与成交单位委托的经营单位签订进口货物销售合同的境外法人或其他组织。卖方就是成交外商，也可以是生产厂商。该栏目必须填写中英文全名，主要办公地点、地址、联系人姓名以及联系电话。

（十一）“生产厂商”指进口货物的生产企业，该栏目必须填写其中英文全名、主要办公地点、地址、联系人姓名以及联系电话。

（十二）“合同协议号”应与报关单填报内容一致。

（十三）“发票编号”填写生产厂商销售货物开出的商业发票编号。如果涉及反倾销商品，本栏目必须填写原产商发票编号。

（十四）“运输方式”栏，按照实际情况在“□”内打“√”，如果是采用“联运”方式的，除了在“联运”前的“□”内打“√”外，还要确定具体的运输方式，如海陆联运的，则选“联运”、“海运”、“陆运”三个选项。

（十五）“直接运输”栏，按照实际情况在“□”内打“√”，如非直接运输，还应在“中转国（地区）”栏中，填写实际中转国（地区）名称。

（十六）“中转国（地区）”是指货物在运输过程中因需要而中间停留、变换运输工具或方式的国家或地区，有多个则填写多个。

（十七）“到货口岸”是指进口货物到达我国关境的第一个口岸。

（十八）“申报口岸”是指进口货物办理报关手续的口岸。

（十九）“提单编号”是填写进口货物运输全过程中所有的提单编号。

（二十）“原产国（地区）”是指依据《中华人民共和国进出口货物原产地条例》（国务院令第416号）、《中华人民共和国海关关于执行〈非优惠原产地规则中实质性改变标准〉的规定》（海关总署令第122号）以及海关总署关于各项优惠贸易协定原产地管理规章规定的原产地确定标准填报。

（二十一）“原产地证书签发机构及所在国家（地区）”按实际情况如实填写，有中英文的则按中英文填写。如果涉及反倾销商品，本栏目必须填写。

（二十二）“适用原产地标准”栏应当依据《中华人民共和国进出口货物原产地条例》（国务院令第416号）和《中华人民共和国海关关于〈关于非优惠原产地规则中实质性改变标准的规定〉》（海关总署令第122号）的有关规定进行选择。

（二十三）“其他需要说明的情况”栏填写在其他栏目中不能说明清楚的问题，空间不足的还可另附页说明。

（二十四）“申报申明”栏中，申报人签字由进出口货物收货人或者其委托的报关企业填报人签字；申报单位盖章应当加盖申报人单位公章，报关企业填报该表时必须提交由进出口货物收发货人出具的书面委托书。

（二十五）“海关批注”栏是指供海关内部作业时签注的总栏目，由海关关员手工填写在纸质“补充申报单”上。

小贴士 补充申报时限

海关要求进口人补充申报时，海关会以书面通知的形式告知进口人。进口人应自收到海关书面通知之日起5个工作日内及时向海关办理补充申报手续。

（四）如何应对原产地证书正本遗失

原产地证书被盗、遗失或者损毁，只要原证书未经使用过，进口货物收货人或其代理人可以要求出口商凭原产地证书第四副本向原签发机构书面申请签发经核准的原产地证书副本。经核准的原产地证书副本向海关提交后，原正本失效。但若原产地证书正本已经被使用，则新签发的副本也无效。同时，新签发的原产地证书副本上的有效期必须与原证书时间一致，并且其备注栏应注明“原产地证书正本（编号　日期）经核准的真实副本”字样。

四、原产地预确定制度

为便利企业合法进口，提高通关效率，中国海关推出了原产地预确定制度，即在货物实际进口前，货物进口地直属海关可应申请人书面申请对有关货物的原产地预先进行确定。

（一）如何申请原产地预确定

在有正当理由的情况下，进口货物的收货人或者其代理人，或者与进口货物直接相关的其他当事人可以在货物实际进口的3个月前，向货物申报进口所在地直属海关关税职能部门提出书面申请，请求海关对其拟进口货物的原产地预先进行确定。

海关提醒 若申请人已就同一厂商使用相同材料生产的同一型号产品向海关申请原产地行政裁定的，不得再向海关申请对该货物做出原产地预确定。

（二）申请材料有什么要求

填写“进出口货物原产地预确定申请书”，并如实提供以下信息：

（1）申请人的基本情况，包括企业名称、地址等；

（2）申请原产地预确定的目的。对于原产地预确定适用于优惠贸易还是非优惠贸易，以及所适用的优惠贸易协定的名称，申请人应当予以注明；

（3）商品描述（包括商品名称、规格、型号、税则号列等），必要时，海关可要求申请人提供货物样品、产品说明书、货物成分说明等资料；

（4）货物进口合同、意向书、询价和报价单，或者发票等商业文件；

（5）货物制造或者加工过程中所使用的原材料的商品名称、规格、型号、税则号列、价格、原产地等情况；

（6）货物生产企业的名称、加工地点、制造或者加工工序、流程、工艺和加工增值等情况；

（7）可以是货物生产国或者出口国有关机构签发的原产地证书，也可以是货物生产商或者出口商出具的货物原产地证明文件；

（8）海关认为需要提供的其他资料。

（三）预确定的受理与签发

直属海关关税职能部门自受理申请之日起150天（自然日）内，依照货物所适用的原产地确定标准作出原产地预确定决定，并向申请人制发《进口货物原产地预确定决定书》（以下简称《预确定决定书》）。

（四）预确定决定的效力有多长时间

《预确定决定书》自制发之日起3年内有效，并在制发该《预确定决定书》的直属海关关区内对申请人或者《预确定决定书》中指明的货物进口人所进口的与预确定决定所述货物相符的进口货物适用。

小贴士 | 预确定决定的作用

货物实际进口时，经海关审核，若进口货物与《预确定决定书》所述货物相符，并且预确定决定所依据的原产地确定标准未发生变化的，海关将不再重新确定该货物的原产地，这样做有利于货物的快速通关。

案例 5 – 5

进口人在货物到达进口口岸时发现没有规定的原产地证书，此时，进口人马上向直属海关提交原产地预确定申请，希望海关出具原产地预确定决定书，以此替代原产地证书享受“特别优惠关税待遇”措施的特惠税率。

案例分析：根据原产地预确定规定，进口人需在货物实际进口的 3 个月前提出原产地预确定申请。因此，海关将不受理货物进口时提出的预确定申请。另外，根据《中华人民共和国海关最不发达国家特别优惠关税待遇进口货物原产地管理办法》规定，享受特惠税率的货物，在货物进口时，进口人必须提交原产地证书正本。因此，不能以原产地预确定决定书代替原产地证书。

五、原产地对外核查

根据规定，海关对原产地证书的真实性、相关货物是否原产于相关最不发达国家或者是否符合《中华人民共和国海关最不发达国家特别优惠关税待遇进口货物原产地管理办法》其他规定产生怀疑时，海关总署可以直接或者通过中国驻相关受惠国使领馆经济商务参赞处（室）向受惠国海关或者原产地证书签证机构提出核查要求，并要求其在自收到核查要求之日起的 180 日内予以答复。必要时，经受惠国相关主管部门同意，海关总署可派员访问受惠国的出口商或者生产商所在地，对受惠国主管机构的核查程序进行实地考察。

小贴士 缴纳保证金

在等待核查结果期间，海关可以依法选择按照该货物适用的最惠国税率、普通税率或者其他税率收取相当于应缴税款的等值保证金后放行货物，并且按照规定办理进口手续。核查完毕后，海关应当根据核查结果，立即办理保证金退还手续或者保证金转为进口税款手续。

海关提醒 切忌使用伪造的原产地证书

由于对外核查需要一定的时间，建议国内经办方提醒出口人到指定签证机构申请原产地证书。如果由其他部门或个人出具原产地证书，那么这份原产地证书将被认定为虚假或伪造的原产地证书，进口人提交虚假或伪造的原产地证书申报，不仅将给进口人的货物通关带来极大的麻烦和风险，而且不利于其在海关的企业诚信记录。

六、进口货物不享受特惠税率的情况

进口人应注意以下几种情况，进口货物不能够享受特惠税率：

（1）货物原产地不是申报的最不发达国家；

（2）货物进口时，没有提交原产地证书，或者也没有原产地资格申明；

（3）原产地证书所用的签证机构印章与海关备案资料不一致；

（4）原产地证书所列货物与实际进口货物不一致；

（5）对于核查货物，海关在180天内没有收到核查答复，或者答复结果不能够确定货物原产地。

第四节　寻觅商机

一、国内特惠项下货物进口的分布及特点

从近些年的货物进口情况来看，特别优惠关税待遇项下进口量居前的受惠商品主要为芝麻、聚对苯二甲酸乙二酯的废碎料及金属钴，合计占到受惠总值的7成以上，而仅其中芝麻一项的进口货值就占据了全部受惠总值的半壁江山。

近两年，全国范围内进口免关税待遇货物的关区共有24个，其中天津、青岛和上海关区进口的“特别优惠关税待遇”项下货物货值一直稳居全国各关区前三，合计占全国受惠总货值的8成。另外，据海关数据显示，2012年度，广州、南京、合肥及拉萨关区进口的“特别优惠关税待遇”项下货物的货值增长也十分迅猛。其中，广州、南京、合肥及拉萨关区进口货值分别为2586.8万美元、2051.1万美元、1777.3万美元、1157.0万美元，同比分别增长1.7倍、2.8倍、1.3倍、5倍。广州关区进口的主要商品有鱼蟹、纺织用品和皮革等，南京关区进口的主要商品有皮革和纺织用品，合肥关区进口的主要商品为芝麻，拉萨关区进口的主要商品有药用植物和地毯等。

海关数据显示，埃塞俄比亚和孟加拉国是特别优惠待遇实施以来受惠最多的国家。以2012年数据为例，“特别优惠关税待遇”项下货物的进口地有包括埃塞俄比亚、孟加拉国、坦桑尼亚在内的24个国家。其中从埃塞俄比亚和孟加拉国两国进口的受惠货值分别为27962.5万美元、15845.7万美元，分别占到了受惠总货值的33.6%、19.1%。埃塞俄比亚受惠商品主要有芝麻、皮革、乳香和棉纱等；孟加拉国受惠商品主要有废塑料、纺织用品和鱼蟹。但根据2013年海关提供的1—5月的进口数据来看，苏丹、多哥、乌干达、马里和塞内加尔进口的受惠货值增长十分迅猛，苏丹甚至取代了孟加拉国一直以来第二的位置，坦桑尼亚则由以往的前三甲排名滑出了前十名以外，而其中起到决定性因素的就是芝麻的进口货值。详见表5－5。

表5－5　2012年度“特别优惠关税待遇”项下进口货值在1 000万美元以上的受惠国家

商品名称	货值（万美元）	同比
埃塞俄比亚	27 969.5	15%
孟加拉国	15 845.7	49%
坦桑尼亚	10 440.4	42%
马里	5 203.1	53%
苏丹	3 585.1	－57%

续表

商品名称	货值（万美元）	同比
赞比亚	3 403.1	-42%
莫桑比克	3 259.4	7%
也门共和国	3 032.9	-11%
乌干达	2 918.8	-7%
多哥	2 820.9	-10%
尼泊尔	1 342.4	468%
塞内加尔	1 093.1	31%

二、“特别优惠关税待遇”项下部分优势产品介绍

受到经济及技术水平滞后的制约，绝大部分最不发达国家的深加工产业发展也较为落后，其出口的产品主要集中在矿产品、初级农产品和纺织原料等。由于当地政府对矿产类等资源性产品一般较少施行严格的出口管制，再加上资源丰富、出产量大、劳动力成本低廉等原因，所以这些国家出口的相关产品一般都具备较明显的价格优势。接下来，本文将重点介绍我国近些年从受惠成员国进口较多的几类优势产品。

（一）金色的纤维——孟加拉国黄麻

黄麻是孟加拉国的主要商品作物。孟加拉国的国徽顶端画着三片相连的黄麻叶子，由此可见黄麻在孟加拉国人民生活中所占的地位很高。目前，孟加拉国是世界上仅次于印度的第二大黄麻生产国，也是世界上最大的黄麻出口国。

孟加拉国黄麻按品种分为五个区：硬区、软区、北孟区、JAT 区、一般区，这些区内所产的黄麻出口都按一个标准，即 TOSSA 标记为 BTA - E 和 BTR，WHITE 标记为 BWA - E 和 BWR 等，各区的黄麻在颜色和强力以及纤维支数上是有区别的。孟加拉国的出口商按进口国又分为很多等级，如巴基斯坦级、英国唐地级、印度级、中国级等，但目前出口到中国的主

要还是低标准黄麻，我国企业应能鉴别黄麻的等级，避免以次充好。

每年七月份正是孟加拉国黄麻的收割季节，所以若在这个时段进口黄麻，则品种可供选择的范围大，价格较公正合理。

（二）犹如踏雪般的感觉——尼泊尔纯手工羊毛地毯

地毯工业是尼泊尔的基础工业，也是尼泊尔第二大产业和出口创汇部门。在该国产品出口额中，地毯出口额就占了近三分之一。

作为世界著名地毯之一，尼泊尔地毯多采用西藏或新西兰优质羊毛为原料，弹性强、光泽好，加上棉花、大麻、丝、荨麻、黄麻，再经手工纺纱，编制而成。毯面富有弹性、立体感强，踩上去嘎吱嘎吱响，像是踏在雪地中，感觉独特，可用于茶几下、餐桌下、卧室或书房等。

编织艺术是尼泊尔古老传统艺术，尤其山区用本土羊毛生产的 Fadii、Pakhi、Bakkhu 和 Darhi 都是早年著名编织品，但主要用于本土需求。

根据打结密度，尼泊尔地毯有很多与众不同的品质。主要产品是 60 结的，也生产 80、100 和 100 以上结的。目前，60 结尼—藏地毯每平方米有 56 000 密度，重量为 4. 5 到 5. 0 公斤；80 结尼—藏地毯每平方米有 80 000 密度，重量为 3. 5 到 4. 25 公斤；100 结尼—藏地毯每平方米有 125 000 密度，重量为 2. 5 到 3. 5 公斤。

尽管近些年受次贷危机和欧债危机的不利影响，尼泊尔地毯在以往主要的出口地——欧美市场的销售不断受挫，但同时段，向中国的出口量却增长了 9 倍，出口额增长了 5 倍。

（三）价格低廉的埃塞俄比亚皮革

埃塞俄比亚拥有丰富的畜牧资源，其数量排非洲第一，世界第十。该国的皮革和皮革产品生产具有相对优势，除拥有丰富的畜牧资源外，还有极具竞争力的廉价劳动力。但因为埃塞俄比亚的张皮大部分通过小的中间商向农户收购，除自然损坏外，传统的屠宰、储藏、存放等也同样有一定程度的损坏，因此皮革品质较为一般。

埃塞俄比亚张皮大多在国内加工成泡腌皮、蓝湿皮和硬外皮等半成品皮后供出口。

（四）埃塞俄比亚、苏丹的芝麻

近年来随着我国国内消费水平的提高，芝麻供需缺口不断加大，我国已从此前的芝麻净出口国变为净进口国，尤其是近几年来已成为非洲芝麻的最大进口国。埃塞俄比亚和苏丹是我国芝麻进口的主要生产国。

埃塞俄比亚高原面积占全国面积的2/3，平均海拔近3 000米，素有“非洲屋脊”之称。经济以农业为主导，主要作物是谷物，豆类及油籽。埃塞俄比亚油籽出口收入仅次于排名第一的咖啡，而在油籽出口中芝麻又占了90%的份额。埃塞俄比亚芝麻种植土地很多，开发利用的潜力很大。其芝麻主要生长在西北和西南部低地，每年7月播种，11月收获，与我国芝麻5月播种，9月收获的生长期有所不同。主要品种有HUMERA、GONDAR和WOLLEGA（均以产区命名）。其中HUMERA、GONDAR色白，颗粒饱满，质量上乘，与我国优质白芝麻较为相似。但由于各方面投入水平较低，所以埃塞俄比亚芝麻产量不高，约为0.4～0.8吨/公顷，但全部是有机芝麻。

芝麻是苏丹的主要经济作物，除棉花外的第二大出口农产品。种植区域主要集中在雨水种植区，种植面积100多万公顷。苏丹芝麻主要有3个品种：西部的棕色芝麻、青尼罗河流域的白芝麻以及加达里夫的白芝麻。其中，棕色芝麻主要用于国内榨油，白芝麻部分用于国内制作甜点，其余部分用于出口。

与世界其他主要的芝麻生产国如印度、缅甸相比，苏丹所产芝麻水分低、油分高，在质量上要更胜一筹，因此也深受我国市场的欢迎。

（五）战略储备型金属——钴

钴是一种重要的金属，主要用在军事、航空航天、硬质合金、催化剂、磁性材料、锂离子电池材料、陶瓷等关系到国计民生的重要工业。由于钴的优良性质，在制造耐高温、耐腐蚀合金方面很难被其他金属代替，在热能高效化、消减二氧化碳等方面也具有极高的应用价值。因而也被世界很多国家作为战略储备型金属。而钴是我国非常稀缺的资源，所以我国原来主要通过从刚果、赞比亚、加拿大和澳大利亚等国进口钴来满足国内生产需求。自2005年，钴被列为享受免于征收进口关税的产品以来，便成为“特别优惠关税待遇”项下最主要的受惠产品之一。据海关统计，2012年我国“特别优惠关税待遇”项下九成受惠进口的钴产自赞比亚。

矿产品是赞比亚的传统优势经济支柱产业。钴是赞比亚除铜以外的另一种重要矿产资源，在世界上占有重要地位，储量和储量基础分别为36万吨和68万吨，约占世界钴探明储量的5.2%，居世界第五位，产量居非洲第二位。钴伴生于砂岩型铜矿床中，主要矿区有木富里纳和基特韦附近的恩卡纳等。赞比亚钴矿是分布在铜矿带中，所以该国钴的生产主要是作为铜矿采选的副产品。但近两年，由于钴的市场行情疲软，加之劳资纠纷、工人罢工、高强度开采等诸多因素，导致赞比亚钴产量大幅下滑，我国进口的钴的受惠货值也同比有较大降幅。

（六）渔产品——以塞内加尔为例

非洲位于东半球的西南部，东濒印度洋，西临大西洋，东北以红海和苏伊士运河与亚洲为邻，北隔直布罗陀海峡和地中海与欧洲相望。可以说，非洲是一个被水包围着的热带大陆。非洲四面临海，境内河流密布，湖泊众多，鱼类资源非常丰富，尤以海洋鱼类众多而闻名遐迩。非洲西北沿海盛产沙丁鱼、金枪鱼等，南部盛产鲐、鲸、沙丁鱼等，均为世界著名渔场。

塞内加尔渔业以海洋渔业为主，是塞内加尔经济的四大支柱产业之一，也是外汇收入主要来源之一，约占年出口贸易收入的30%，其产值约占塞内加尔国内生产总值（2008年为105亿美元）的3.5%。塞内加尔全国从事海洋渔业生产的人员约60万人，占劳动人口的15%。目前，我国从塞内加尔进口的渔产品主要为冻带鱼。

（七）西非的棉花——以马里为例

俗称“棉花四国”的贝宁、马里、乍得、布基纳法索位于西非，是非洲主要的产棉国。其中，除布基纳法索外，其他三国均为“特别优惠关税待遇”项下的受惠成员国。

西非的棉花出口在历史上曾经十分风光，高峰时占据全球棉花出口市场15%的份额。2000年以后，受到美国棉花补贴对该地区的棉花生产带来的巨大冲击，许多棉农被迫改种其他作物，马里等产棉国几乎被逼近经济崩溃的边缘。

棉花是马里出口贸易的重要商品之一。随着近些年国际棉价的上涨，马里的不少棉农又回心转意，加之该国政府在对棉花种植的宣传推广及加大补贴力度等方面的不断努力，马里的棉花种植面积已增加了2/3（47.7万公顷）。2011年至2012年期间，马里的棉花产量为44.5万吨，棉花行业在国内生产总值中所占的比重为8%。而据马里纺织发展公司（Compagnie malienne du développement des Textiles，CMDT）的预测，2012年至2013年期间，该国的棉籽产量有望达到大约60万吨。

马里的棉花种植活动主要集中在尼日尔河南部地区，包括锡加索（SIKASO）大区、塞古（SEGOU）和库里克罗（KOULIKORO）部分区域以及西部的基塔（KITA）地区。棉花生长期为每年5月至10月，棉花市场年度从11月至次年4月。马里棉花颜色偏乳，更适合纺针织纱。由于日照充足，马里棉花纤维品质较好，马值好，可纺性高，色泽洁白，一般年份80%原棉属于中上等或中等，纤维平均长度29.3mm，纤维细度3.7～4.2，强度28～30cN. tex^{-1}，但缺点在于杂质偏多，加工级别不匀，同样一箱棉花级别有时相差一个等级。而且同其他西非产棉国的问题一样，马里个别年份棉花也有含糖问题。另外，由于马里是历史上法属殖民地国家，主要以法郎计价，而出口以美元计价，欧元和美元汇率的变化对其报价影响较大，棉花价不像美棉和澳棉那样紧跟纽约期货的波动而波动。

我国曾在2011年12月14日在日内瓦与“棉花四国”共同发表公报，宣布在棉花领域开展合作。合作方式主要包括建立双边棉花合作项目，提供优良棉种和农机、化肥等物资，进行棉花种植技术示范和推广，开展多边、双边管理和技术人员培训，支持双边企业合作项目技术升级改造和产业链拓展等。由此，相信马里等国的棉花产业将迎来一轮大发展。

（八）其他优势产品汇总

优势产品	主要生产国	产品特点
咖啡	埃塞俄比亚、安哥拉、布隆迪、乌干达、肯尼亚	香味浓郁，粉末细腻，质量上乘，在国际上久负盛名。
腰果	坦桑尼亚、莫桑比克	果实香脆可口，可食用或酿酒。果实榨出的油，可以用于制作绝缘油漆、防水纸、厚纸板等的胶粘剂。
茶叶	肯尼亚、马拉维、乌干达	质地优良、在国际市场上受追捧。
香料	科摩罗、马达加斯加、坦桑尼亚	主要产品有香草、鹰爪兰、丁香、天竺葵，栽培历史悠久，在国际市场享有盛誉。
乳香和没药	索马里	乳香性温和，味辛苦，可用作活血、止痛的药物，治疗胸腹疼痛、跌打损伤以及痈肿等症有显著疗效。没药可以制成消炎镇痛、活血通脉的药物。
除虫菊	肯尼亚、坦桑尼亚、卢旺达	纯天然除虫剂，效果极佳。
剑麻	坦桑尼亚	可用于制作刨光材料、缆绳、汽车内衬、光缆衬料、地毯等，如果将其纺成纱锭，利润率远比初级产品高，此外，剑麻加工副产品可用于制药和生产沼气发电。产麻期结束后，其根茎中的汁液可用于酿酒。
金鸡纳	卢旺达	亦称金鸡纳霜，是治疗疟疾的特效药。
阿拉伯树胶	苏丹、乍得、埃塞俄比亚、塞内加尔	溶于水，无色无味，作为食品工业中用途最广及用量最大的水溶胶，是天然乳化稳定剂、增稠剂、悬浮剂、黏合剂、成膜剂、上光剂和水溶性膳食纤维等。

三、潜在商机

（一）农产品深加工发展大有作为

“特别优惠关税待遇”项下绝大部分受惠国都以农业为支柱，农产品资源异常丰富。就以受惠国集中的非洲而言，世界上约60%未开发的农业土地都在这里，粮食生产系统年产值为3 130亿美元，农业、农民和涉农产业占非洲经济活动的比重接近50%。但由于种种历史、社会原因，在过去相当长的一个时期，非洲农产品加工业较为落后，所以主要作为农产品初级产品的提供者。将农产品深加工，提高农产品附加值，是非洲农业产业化的必由之路。当地政府长久以来也一直努力推进农产品加工，并把它作为维持经济稳定增长的途径之一。

改革开放以来，我国农产品加工业产值年均增长速度超过13%，明显高于同期GDP增长速度，在新产品开发、技术设备创新到产品包装、运输的能力都实现了较大的提高。由于在非洲发展农产品加工业，不仅有利于利用非洲独特的产品资源优势拓展海内外市场，更有助于非洲农业的发展，非洲多国政府官员在不同的场合向中国投资者们发出了邀请。

以莫桑比克为例，因为气候适宜、土质肥沃，该国几乎适合种植任何作物。目前，除种植其本国国民最主要的粮食作物木薯外，还大量种植了腰果、香蕉、茶叶、棉花、芝麻和甘蔗等经济作物。莫桑比克还是非洲最大的腰果生产国。近些年，为发展本国农业，该国制定了“十年农业发展规划”。据此规划，莫桑比克在农业领域每年至少增长7%。目前，在农产品加工业方面，当地除了一些食用油的加工企业之外，缺乏相应的农产品加工技术和企业。为此，莫桑比克政府大力欢迎农产品加工业方面的投资，并赋予相关的激励政策。目前，在莫桑比克投资所用资金可以自由地汇入和汇出该国。当投资者在农业领域投资时，其海外雇工的人数低于10%时，政府会给予减免税收的鼓励政策。此外，在项目运行的前五年，农资设备等农业相关产品还可以享受免税进口。

小贴士 农产品加工项目推荐

（1）非洲盛产花生、大豆、玉米、向日葵、蓖麻、棕榈油、油橄榄等油类、果类经济作物，可建立榨油厂对此榨油并精炼。原料价格低，市场销量大，利润丰厚。

（2）番茄加工：非洲沿海国家一般建有鱼罐头加工厂，在加工海鱼过程中，需要添入大量的番茄酱。所以，寻求鱼罐头加工厂配套产业商机，建立一个番茄酱加工厂也是一个不错的项目。

(3) 热带水果深加工：非洲大陆盛产热带水果，果品资源极为丰富，因此可以开展果干及果汁生产、水果罐头及果酱制作、椰酒酿制等等，这些制成品不仅在当地畅销且价格不菲，而且在中国国内市场也很受欢迎。

（二）传统医药合作潜力巨大

尼泊尔农业气候环境多样，药物和芳香植物非常丰富，共有 700 多种。自古以来，人们便从野外采摘这些植物。随着 1962 年皇家药物研究实验室的成立，尼泊尔便鼓励对药物植物进行商业开发，已经选出 300 多种此类植物加以研究，对利血平、颠茄生物碱、洋地黄属配糖体、柠檬草油、松香、松脂和薄荷脑的提取也已经开始。尼泊尔是传统的药草进口国，当前正逐渐成为成品草药和芳香植物出口国。近来，对颠茄等药物植物和棕榈、柠檬草、香茅醇和薄荷等芳香植物进行商业培植，已经成为重要的活动。最近研究表明，培植和加工除虫菊、麦角、甘草、荜拨和印度缬草等，有着良好的前景。

药物和芳香植物可用来开发生产以下产品：从柠檬草、香茅醇和薄荷中提取香精油，利用姜、大豆蔻等提取油树脂，从手松中提取松脂油和松香，利用印度缬草等制造药品。除传统药物和香油外，药草和香精作为生产化妆品、香水、药茶和天然保健品的原材料，也很具开发潜力。

（三）柬埔寨淡水渔业和木薯种植有竞争优势

1. 淡水渔业

柬埔寨的渔业生产主要在内陆水域，淡水鱼产量丰富。柬埔寨境内大部分是湄公河及其支流的冲积平原。平原上的洞里萨湖（又称金边湖）是中南半岛上最大的湖泊，向东与湄公河相通，水深一般不到 2 米，是名副其实的世界最丰富的淡水渔区。柬埔寨的淡水渔业就是以该湖为支柱，在渔业生产中占有最重要的地位。捕鱼旺季从 11 月至翌年 1 月。内陆渔业加工呈季节性，生产规模不同，沿河岸和大湖边主要是家庭式和小规模作业加工，主要在 12 月到翌年 2 月从事传统产品加工。大规模加工一般由卸鱼处的承包人进行，主要由妇女在1月至2月、5月至6月进行加工。优质高价鱼类出口加工主要在金边和西哈努克市。

由于湄公河的特定水文周期，天然的水库、大湖内陆鱼类产量总是具有很强的季节性，所以人工养殖在柬埔寨渔产业中也占有十分重要的地位。目前网箱养殖仍是柬埔寨最为流行的水产养殖方式，全国至少有网箱1 300个以上，产量占水产养殖总产量的80%左右。栏网养殖是大湖部分地区和首都周围河流湖泊中惯用的养殖技术，栏网养殖产量一般每年不超过1 500吨。近些年，柬埔寨也逐步突破传统养殖方式，开始发展池塘养殖。目前池塘养殖的主要品种有白鲢、鳙、草鱼、鲤以及最盛行的本地种印尼须鱼巴，仅印尼须鱼巴的产量就占全国水产养殖总产量（约1.5万吨）的三分之一。

目前，柬埔寨对外商投资的占地5公顷以上的淡水养殖给予支持和优惠待遇，包括有：项目在实施后，从第一次获得盈利的年份算起，可免征盈利税的时间延长为8年；政府只征收9%的纯盈利税；对分配投资盈利，不管是转移到国外，还是在柬埔寨国内分配，均不征税；对投资项目需进口的建筑材料、生产资料、各种物资、半成品、原材料及所需零配件，均可获得100%免征关税及其他赋税，但该项目必须是产品的80%供出口的投资项目。

2. 农产品种植——以木薯为例

木薯素有“地下粮仓”、“淀粉之王”和“特用作物”之称，与甘薯、马铃薯并称为世界三大薯类。木薯的加工产品有淀粉、酒精及变性淀粉、淀粉糖、有机酸等深加工产品，其中，淀粉是木薯最基本、最重要的加工产品。近年来，随着我国燃料乙醇、木薯淀粉、食品、化工、纺织等下游行业的发展，带动了对木薯的强劲需求，我国也已从原来的木薯出口国变成了世界第一大木薯进口国。尤其是近几年来，国内木薯的市场需求量巨大，仅酒精加工业每年需木薯干片300余万吨（约合鲜薯750万至840万吨），而目前国内万吨木薯生产企业仅6到8家，供应量远远无法满足国内市场的巨大需求。

柬埔寨是一个以农业为主的国家，大量土地没有开发，土地使用成本很低，甚至只有越南、泰国等其他国家的五分之一到十分之一，土地优势十分明显。近年来，柬埔寨政治比较稳定，治安状况也不错，由于历史原因，柬埔寨人对中国人也很友好，再加上中柬两国合作力度的不断加大，可以预见柬埔寨的投资环境将越来越好。目前，若在柬埔寨投资木薯种植企业，经柬埔寨发展理事会批准后，可享受一系列投资优惠，包括：免征投资生产企业的生产设备、建筑材料、零配件和原材料等的进口关税；企业投资后可享受3到8年的免税期（含所得税、增值税和营业税，经济特区最长可达9年），免税期后按税法交纳税率为9%的利润税；用于再投资的利润可免征利润税；分配红利不征税；产品出口，免征出口税等。

木薯产品进口至我国时也可以享受零关税，加上柬埔寨离我国距离不远，运输成本也不高，企业甚至只要把收获的新鲜木薯简单地切成块，晒干后就可以运回国内。因此，有条件的中国企业不妨考虑赴柬埔寨投资木薯种植产业和开设相关产品的深加工工厂，然后再将产品进口至国内市场进行销售。

书目介绍

乐 贸 系 列

书名	作者	定价	书号	出版时间

外贸操作实务子系列

书名	作者	定价	书号	出版时间
1. 出口营销实战(第三版)	黄泰山	45.00 元	978-7-80165-932-3	2013 年 1 月第 3 版
2. 外贸实务疑难解惑 220 例	张浩清	38.00 元	978-7-80165-853-1	2012 年 1 月第 1 版
3. 外贸高手客户成交技巧	毅 冰	35.00 元	978-7-80165-841-8	2012 年 1 月第 1 版
4. 外贸纠纷处理实务——案例与技巧	熊志坚	35.00 元	978-7-80165-789-3	2011 年 1 月第 1 版
5. 报检七日通	徐荣才 朱瑾瑜	22.00 元	978-7-80165-715-2	2010 年 8 月第 1 版
6. 实用外贸技巧助你轻松拿订单	王陶(波锅涅)	25.00 元	978-7-80165-724-4	2010 年 4 月第 1 版
7. 外贸业务经理人手册(第 2 版)	陈文培	39.00 元	978-7-80165-671-1	2010 年 1 月第 1 版
8. 外贸实用工具手册	本书编委会	32.00 元	978-7-80165-558-5	2009 年 1 月第 1 版
9. 外贸实务经验分享 33 例	沱沱网中文站	28.00 元	978-7-80165-560-8	2009 年 1 月第 1 版
10. 外贸实务案例精华 80 篇	刘德标 吴珊红	29.80 元	978-7-80165-561-5	2009 年 1 月第 1 版
11. 外贸七日通(最新修订版)	黄海涛(深海鱿鱼)	22.00 元	978-7-80165-397-0	2008 年 8 月第 3 版
12. 金牌外贸业务员找客户——17 种方法·案例·评析	陈念祥 张思羽	35.00 元	978-7-80165-543-1	2008 年 8 月第 2 版
13. 出口营销策略(《出口营销实战》升级版)	黄泰山 冯斌	35.00 元	978-7-80165-459-5	2008 年 5 月第 1 版

出口风险管理子系列

书名	作者	定价	书号	出版时间
1. 轻松应对出口法律风险	韩宝庆	39.80 元	978-7-80165-822-7	2011 年 9 月第 1 版
2. 出口风险管理实务(第二版)	冯 斌	48.00 元	978-7-80165-725-1	2010 年 4 月第 2 版
3. 50 种出口风险防范	王新华 陈丹凤	35.00 元	978-7-80165-647-6	2009 年 8 月第 1 版

外贸单证操作子系列

书名	作者	定价	书号	出版时间
1. 跟单信用证一本通	何源	35.00 元	978-7-80165-849-4	2012 年 1 月第 1 版
2. 信用证审单有问有答 280 例	李一平 徐珺	37.00 元	978-7-80165-761-9	2010 年 8 月第 1 版
3. 外贸单证经理的成长日记	曹顺祥	38.00 元	978-7-80165-716-9	2010 年 3 月第 1 版
4. 外贸单证解惑 280 例	龚玉和 齐朝阳	38.00 元	978-7-80165-638-4	2009 年 7 月第 1 版
5. 跟单高手教你做跟单	汪 德	32.00 元	978-7-80165-623-0	2009 年 4 月第 1 版

福步外贸高手子系列

1. 巧用外贸邮件拿订单	刘　裕	45.00 元	978-7-80165-966-8	2013 年 8 月第 1 版
2. 小小开发信　订单滚滚来——外贸开发信写作技巧及实用案例分析	薄如骢	26.00 元	978-7-80165-551-6	2008 年 8 月第 1 版
3. 外贸技巧与邮件实战	刘　云	28.00 元	978-7-80165-536-3	2008 年 7 月第 1 版

国际物流操作子系列

货代高手教你做货代——优秀货代笔记	何银星	25.00 元	978-7-80165-696-4	2010 年 1 月第 1 版

通关实务子系列

1. 外贸企业轻松应对海关估价	熊　斌　赖　芸　王卫宁	35.00 元	978-7-80165-895-1	2012 年 9 月第 1 版
2. 报关实务一本通(第 2 版)	苏州工业园区海关	35.00 元	978-7-80165-889-0	2012 年 8 月第 2 版

彻底搞懂子系列

1. 彻底搞懂信用证(第二版)	王腾　曹红波	35.00 元	978-7-80165-840-1	2011 年 11 月第 2 版
2. 彻底搞懂中国自由贸易区优惠	刘德标　祖月	34.00 元	978-7-80165-762-6	2010 年 8 月第 1 版
3. 彻底搞懂提单	张敏　赵通	29.80 元	978-7-80165-602-5	2009 年 6 月第 1 版
4. 彻底搞懂关税	孙金彦	29.00 元	978-7-80165-618-6	2009 年 6 月第 1 版

外贸英语实战子系列

1. 十天搞定外贸函电	毅　冰	38.00 元	978-7-80165-898-2	2012 年 10 月第 1 版
2. 外贸高手的口语秘籍	李　凤	35.00 元	978-7-80165-838-8	2012 年 2 月第 1 版
3. 外贸英语函电实战	梁金水	25.00 元	978-7-80165-705-3	2010 年 1 月第 1 版
4. 外贸英语口语一本通	刘新法	29.00 元	978-7-80165-537-0	2008 年 8 月第 1 版

外贸谈判子系列

1. 外贸英语谈判实战	王慧　吴旻　张海军　蒋晓杰　仲颖	32.00 元	978-7-80165-767-1	2010 年 9 月第 1 版
2. 外贸谈判策略与技巧	赵立民	26.00 元	978-7-80165-645-2	2009 年 7 月第 1 版

贸易展会子系列

外贸参展全攻略——如何有效参加 B2B 贸易商展(第二版)	钟景松	33.00 元	978-7-80165-779-4	2010 年 10 月第 2 版

区域市场开发子系列

中东市场开发实战	刘军　沈一强	28.00 元	978-7-80165-650-6	2009 年 9 月第 1 版

加工贸易操作子系列

1. 加工贸易实务操作与技巧	熊　斌	35.00 元	978-7-80165-809-8	2011 年 4 月第 1 版
2. 加工贸易达人速成——操作案例与技巧	陈秋霞	28.00 元	978-7-80165-891-3	2012 年 7 月第 1 版

乐税子系列

1. 外贸会计财务处理实务——经验·技巧分享	徐玉树	38.00 元	978-7-80165-958-3	2013 年 8 月第 1 版
2. 生产企业免抵退税实务——经验·技巧分享(第二版)	徐玉树	42.00 元	978-7-80165-936-1	2013 年 2 月第 2 版
3. 外贸企业出口退(免)税常见错误解析 100 例	周朝勇	49.80 元	978-7-80165-933-0	2013 年 2 月第 1 版
4. 生产企业出口退(免)税常见错误解析 115 例	周朝勇	49.80 元	978-7-80165-901-9	2013 年 1 月第 1 版
5. 外贸企业出口退税操作手册	中国出口退税咨询网	42.00 元	978-7-80165-818-0	2011 年 5 月第 1 版
6. 生产企业免抵退税从入门到精通	中国出口退税咨询网	98.00 元	978-7-80165-695-7	2010 年 1 月第 1 版
7. 出口涉税会计实务精要(《外贸会计实务精要》第 2 版)	龙博客工作室	32.00 元	978-7-80165-660-5	2009 年 9 月第 2 版

外贸企业管理子系列

小企业做大外贸的四项修炼	胡伟锋	26.00 元	978-7-80165-673-5	2010 年 1 月第 1 版

国际贸易金融子系列

1. 国际贸易金融服务全程通(第二版)	郭党怀 张丽君 张贝	43.00 元	978-7-80165-864-7	2012 年 1 月第 2 版
2. 国际结算与贸易融资实务	李华根	42.00 元	978-7-80165-847-0	2011 年 12 月第 1 版

毅冰谈外贸子系列

1. 毅冰私房英语书——七天秀出外贸口语	毅　冰	35.00 元	978-7-80165-965-1	2013 年 9 月第 1 版

"实用型"报关与国际货运专业教材

1. 进出口商品归类实务(2012 修订版)	林　青	45.00 元	978-7-80165-902-6	2013 年 1 月第 2 版
2. 现代关税实务(第 2 版)	李　齐	35.00 元	978-7-80165-862-3	2012 年 1 月第 2 版
3. 国际贸易单证实务(第 2 版)	丁行政	45.00 元	978-7-80165-855-5	2012 年 1 月第 2 版
4. 报关实务(第 3 版)	杨鹏强	45.00 元	978-7-80165-825-8	2011 年 9 月第 3 版
5. 海关概论(第 2 版)	王意家	36.00 元	978-7-80165-805-0	2011 年 4 月第 2 版

6. 电子口岸实务	杨鹏强　林青	30.00 元	978-7-80165-771-8	2010 年 9 月第 1 版
7. 国际集装箱班轮运输实务	林益松　郑海棠	43.00 元	978-7-80165-770-1	2010 年 9 月第 1 版
8. 报检实务	孔德民	30.50 元	978-7-80165-717-6	2010 年 5 月第 1 版
9. 国际货运代理操作实务	杨鹏强	45.00 元	978-7-80165-709-1	2010 年 1 月第 1 版

待出：

供应链管理实务

“精讲型”国际贸易核心课程教材

1. 外贸单证实训精讲	龚玉和　齐朝阳	42.00 元	978-7-80165-937-8	2013 年 4 月第 1 版
2. 外贸英语函电实务精讲	傅龙海	42.00 元	978-7-80165-935-4	2013 年 2 月第 1 版
3. 国际结算实务精讲	庄乐梅　李　菁	49.80 元	978-7-80165-929-3	2013 年 1 月第 1 版
4. 报关实务精讲	孔德民	48.00 元	978-7-80165-886-9	2012 年 6 月第 1 版
5. 国际电子商务实务精讲	冯晓宁	45.00 元	978-7-80165-874-6	2012 年 5 月第 1 版
6. 国际贸易实务精讲（第 5 版）	田运银	45.00 元	978-7-80165-863-0	2012 年 2 月第 5 版
7. 国际贸易单证精讲（第 3 版）	田运银	45.00 元	978-7-80165-852-4	2012 年 1 月第 3 版
8. 国际商务谈判实务精讲	王　慧　唐力忻	26.00 元	978-7-80165-826-5	2011 年 9 月第 1 版
9. 国际贸易操作实训精讲	田运银　胡少甫　史　理　朱东红	49.80 元	978-7-80165-823-4	2011 年 8 月第 1 版
10. 国际会展实务精讲	王重和	38.00 元	978-7-80165-807-4	2011 年 5 月第 1 版
11. 国际货运代理实务精讲	杨占林	39.00 元	978-7-80165-636-0	2009 年 6 月第 1 版
12. 海关法教程（第 2 版）	刘达芳	40.00 元	978-7-80165-605-6	2009 年 3 月第 2 版

“实用型”国际贸易课程教材

1. 外贸跟单实务	罗　艳	48.00 元	978-7-80165-954-5	2013 年 8 月第 1 版
2. 国际贸易实务	丁行政　罗艳	48.00 元	978-7-80165-962-0	2013 年 8 月第 1 版

中小企业财会实务操作系列丛书

1. 小企业会计疑难解惑 300 例	刘华　刘方周	39.80 元	978-7-80165-845-6	2012 年 1 月第 1 版
2. 做顶尖成本会计应知应会 150 问	张　胜	38.00 元	978-7-80165-819-7	2011 年 8 月第 1 版
3. 会计实务操作一本通	吴虹雁	35.00 元	978-7-80165-751-0	2010 年 8 月第 1 版

“关务通”品牌图书

书名	作者	定价	书号	出版时间

关务通·原产地系列

书名	作者	定价	书号	出版时间
1.《原产地实务操作与技巧》	“关务通·原地产系列”编委会	70.00 元	978-7-80165-981-1	2013 年 10 月第 1 版
2.《原产地疑难解惑 470 例》	“关务通·原地产系列”编委会	70.00 元	978-7-80165-983-5	2013 年 10 月第 1 版
3.《如何从原产地淘金》	“关务通·原地产系列”编委会	90.00 元	978-7-80165-982-8	2013 年 10 月第 1 版

关务通·监管通关系列

书名	作者	定价	书号	出版时间
1.《便捷通关一本通》	“关务通·监管通关系列”编委会	60.00 元	978-7-80165-984-2	2013 年 10 月第 1 版
2.《快速通关自查手册》	“关务通·监管通关系列”编委会	60.00 元	978-7-80165-979-8	2013 年 10 月第 1 版
3.《进出境物品通关攻略》	“关务通·监管通关系列”编委会	60.00 元	978-7-80165-978-1	2013 年 10 月第 1 版
4.《通关典型案例启示录》	“关务通·监管通关系列”编委会	60.00 元	978-7-80165-980-4	2013 年 10 月第 1 版
5.《监管通关政策实用指导手册》	“关务通·监管通关系列”编委会	78.00 元	978-7-80165-907-1	2012 年 10 月第 1 版
6.《通关实务操作与技巧——货物、运输工具篇》	“关务通·监管通关系列”编委会	48.00 元	978-7-80165-909-5	2012 年 10 月第 1 版
7.《通关实务操作与技巧——进出境物品篇》	“关务通·监管通关系列”编委会	26.00 元	978-7-80165-905-7	2012 年 10 月第 1 版
8.《通关疑难解惑 720 例》	“关务通·监管通关系列”编委会	48.00 元	978-7-80165-903-3	2012 年 10 月第 1 版

关务通·加贸系列

书名	作者	定价	书号	出版时间
1.《加工贸易实务操作与技巧》	“关务通·加贸系列”编委会	60.00 元	978-7-80165-927-9	2013 年 3 月第 1 版
2.《海关特殊监管区域和保税监管场所实务操作与技巧》	“关务通·加贸系列”编委会	60.00 元	978-7-80165-926-2	2013 年 3 月第 1 版
3.《加工贸易疑难解惑 280 例》	“关务通·加贸系列”编委会	60.00 元	978-7-80165-928-6	2013 年 3 月第 1 版

关务通·稽查系列

书名	作者	定价	书号	出版时间
《小王在海关稽查的日子——企业如何配合海关稽查》	“关务通·稽查系列”编委会	70.00 元	978-7-80165-925-5	2013 年 3 月第 1 版

关务通·双语系列

《国际海关新视野》	上海海关	60.00 元	978-7-80165-918-7	2012 年 12 月第 1 版

关务通·电子口岸系列

1.《电子口岸实用功能》	“关务通·电子口岸系列”编委会	32.00 元	978-7-80165-904-0	2012 年 11 月第 1 版
2.《电子口岸实务操作与技巧——通关篇》	“关务通·电子口岸系列”编委会	55.00 元	978-7-80165-906-4	2012 年 11 月第 1 版
3.《电子口岸实务操作与技巧——加贸篇》	“关务通·电子口岸系列”编委会	55.00 元	978-7-80165-908-8	2012 年 11 月第 1 版
4.《电子口岸疑难解惑 400 例》	“关务通·电子口岸系列”编委会	38.00 元	978-7-80165-910-1	2012 年 11 月第 1 版

待出系列与书目

关务通·加贸系列

1.《< 中华人民共和国审定内销保税货物完税价格办法 > 实用指导手册》	“关务通·加贸系列”编委会
2.《加工贸易政策实用指导手册》	“关务通·加贸系列”编委会
3.《加工贸易典型案例启示录》	“关务通·加贸系列”编委会

以上图书均可在中国海关出版社网上书店（www. hgcbs. com. cn）、当当网、卓越网、京东网及各地新华书店等处购买。若有其他购书意向，请与本社发行部联系，联系电话:(010)65195616/5127/4221/4238/4246。

若想了解更多书讯，可关注中国海关出版社官方微信平台，微信号：hgbook。